*Volker Schmidt-Sköries*
*mit Harald Friedl*

# Der Bäcker und sein Brot

Wie beseeltes Arbeiten und
nachhaltiges Wirtschaften gelingen

*Mit einem Vorwort von Gerald Hüther*

**Besuchen Sie uns im Internet:**
**www.droemer.de**

© 2019 Droemer Verlag
Ein Imprint der Verlagsgruppe
Droemer Knaur GmbH & Co. KG, München
Alle Rechte vorbehalten. Das Werk darf – auch teilweise – nur mit
Genehmigung des Verlags wiedergegeben werden.
Redaktion: Dr. Thomas Tilcher
Dieses Werk wurde vermittelt durch Aenne Glienke /
Agentur für Autoren und Verlage, www.aenneglienkeagentur.de
Covergestaltung: Geviert, Grafik & Typografie, Andrea Hollerieth
Coverabbildung: Robert Rowe / EyeEm
Bildnachweis: Seite 100: le-tex publishing services, Leipzig nach Ruth Cohn
Seite 102: le-tex publishing services, Leipzig nach Volker Schmidt-Skóries
Satz: Adobe InDesign im Verlag
Druck und Bindung: CPI books GmbH, Leck
ISBN 978-3-426-27791-1

5   4   3   2   1

# Inhalt

# Vorwort

Wir Menschen sind die einzigen Lebewesen, die ihre eigene Lebenswelt so rasch und so nachhaltig verändern, dass wir auf diesem Planeten nur überleben können, indem wir selbst uns ständig weiterentwickeln. Uns einfach nur an die von uns geschaffenen Verhältnisse und Gegebenheiten halten reicht nicht. So würden wir uns nur zu Sklaven der von uns ausgelösten Veränderungen machen. Um auf unserer Erde überleben zu können, müssen wir also in der Lage sein, uns selbst immer wieder zu fragen, ob das, was wir erzeugt und geschaffen haben, auch dem entspricht, was wir ursprünglich damit beabsichtigt haben. Ob es so, wie es geworden ist, immer noch gut für uns und unser Leben ist.

Tiere brauchen diese Fragen nicht zu beantworten. Sie müssen die Welt so nehmen, wie sie ist. Diejenigen, denen das am besten gelingt, setzen sich durch. Deshalb bezeichnen wir sie auch als die Fittesten (engl. to fit = passen, in etwas hineinpassen).

Aber sobald sich die Welt, in der die Vertreter einer Art durch Wettbewerb und Auslese in dieser Weise fit geworden sind, dann doch etwas tiefgreifender verändert, beginnt das große Sterben.

Sie haben diese Veränderungen ihrer bisherigen Lebenswelt, wie den Klimawandel oder die industrielle Landwirtschaft, nicht verursacht und konnten sich nicht schnell genug daran anpassen. Wir Menschen aber haben ein zeitlebens lernfähiges, plastisches Gehirn. Wir könnten unser Denken, Fühlen und Handeln ändern, wenn die von uns ausgelösten Veränderungen unserer bisherigen Lebenswelt irgendwann nicht mehr zu unseren bisher erworbenen Denk-, Fühl- und Handlungsmustern passen.

Aber dazu sind nicht alle Menschen in der Lage. Es gibt immer noch viele, die sich eine Lebenswelt zu schaffen versuchen, in der möglichst alles so bleiben soll, wie es einmal war. Verwaltungsbeamte zum Beispiel, auch viele Führungskräfte und Politiker, leider auch manche Lehrer, sogar Hochschullehrer. Eigentlich alle, die Angst vor Veränderungen haben, weil sie den Verlust ihrer so mühsam eroberten Machtpositionen befürchten. Die haben nicht nur keine Lust, sich selbst weiterzuentwickeln, die tun auch alles, was in ihrer Macht steht, um die Weiterentwicklung anderer zu verhindern.

In einem Bereich aber funktioniert das nicht – in der Wirtschaft. Wer hier versucht, so weiterzumachen wie bisher, und nicht auf die Veränderungen von Kundenwünschen und Märkten, von Produktionsabläufen und Technologien reagiert und seine Arbeitsweise und die seines Unternehmens entsprechend verändert, ist verloren. Der ist nicht fit für eine sich ständig verändernde Welt.

Wir spüren heute alle, wie sehr sich die Welt, in der wir leben, mit zunehmender Geschwindigkeit verändert. Wissenschaftliche Entdeckungen und technologische Entwicklung sind der Motor dafür, aber das Gaspedal, mit dem all das vorangetrieben und umgesetzt wird, bedient die Wirtschaft. Nicht deren graue Theoretiker in den Universitäten, sondern die Praktiker vor Ort, die

Unternehmer. Wer hier nicht mitdenkt und vorausdenkt, neue Ideen und Technologien entwickelt und umsetzt, ist verloren. Und wer dabei nur sein Unternehmen und nicht gleichzeitig das gesamte Umfeld, in dem es agiert und von dem es abhängig ist, im Auge behält, ebenfalls.

Deshalb ist es so wichtig, dass sich Unternehmer wie Volker Schmidt-Skóries zu Wort melden. Ihm ist es gelungen, seinen Betrieb, die dort etablierte Führungskultur, das dort herrschende Betriebsklima und auch die dort entwickelten Produktionsabläufe und nicht zuletzt die Beziehungen zu den Zulieferern und den Abnehmern seiner Produkte immer wieder so umzugestalten, dass alles immer wieder zu dem passt, was sich außerhalb der Firma ständig verändert. Von solchen Praktikern können wir lernen, wie es geht, wie ein Unternehmen in einer sich fortwährend verändernden Welt erfolgreich sein kann, indem er sich selbst und sein Unternehmen ständig weiterentwickelt.

Wer diese Herausforderungen nicht anzunehmen bereit ist und so weiterzumachen versucht wie bisher, wird viel zu spät bemerken, dass der Zug längst ohne ihn abgefahren ist. Ihm mit weiteren Effizienzsteigerungen nachzurennen, hilft dann auch nicht mehr.

All jene, die den Anschluss verpasst haben, erhoffen Rettung durch eine große Transformation. Begriffe wie digitale Transformation oder kulturelle Transformation werden leicht zu Schlagworten, die letztlich aber nur deutlich machen, dass dem wachsenden Veränderungsdruck nicht mehr nach dem Motto »noch mehr vom Alten« begegnet werden kann. Mit etwas mehr Bereitschaft zu einer eigenen Weiterentwicklung wäre das nicht passiert. »Wer zu spät kommt, den bestraft das Leben«, hatte schon Michail Gorbatschow den Führungskräften der untergehenden DDR prophezeit.

Der Unternehmer Volker Schmidt-Sköries beschreibt in diesem Buch, wie es ihm gelungen ist, seinen mit etwa 300 Mitarbeitern doch ziemlich großen Bäckereibetrieb so zu organisieren, dass er tatsächlich lebendig – und das heißt in fortwährender eigener Weiterentwicklung – geblieben ist.

Das allein schon macht sein Buch lesenswert und unterscheidet es von all den vielen anderen Büchern, in denen es um Effizienzsteigerungen, Profite, Wachstum und Marktanteile geht. Der vom Autor hier vorgestellte Ansatz reicht aber viel tiefer, es geht ihm nicht nur um sein Unternehmen, seine Mitarbeiter, seine Produkte, seine Handlungspartner und seine Kunden. Es geht – und das macht dieses Buch so wertvoll – um das Eingebettetsein des Einzelnen, auch eines einzelnen Unternehmens, in eine hochkomplexe und sich fortwährend weiterentwickelnde Welt. Es geht um die eigene Rolle, um Identität, um Nachhaltigkeit und Selbstverantwortung. Mutig nennt es Volker Schmidt-Sköries sogar ausdrücklich beim Namen: Es geht um Beseelung und Sinngebung – nicht nur des eigenen Lebensweges, sondern auch des Entwicklungsweges eines Unternehmens.

Erzeugen oder herstellen kann man das als Unternehmer freilich nicht. Aber man kann – und das zeigt Volker Schmidt-Sköries in diesem Buch auf ermutigende und inspirierende Weise – Rahmenbedingungen schaffen, innerhalb derer es sehr wahrscheinlich ist, dass diese beseelte Lebendigkeit in einem Unternehmen entsteht.

Das Handwerk des Backens macht es uns vor: Nur mit einem lebendigen Teig kann dem Bäcker sein Brot, einem

Unternehmen sein Anliegen und einer Gesellschaft ihre Weiterentwicklung gelingen. Der Teig ist angerührt, das Buch liegt in Ihren Händen, nun kann ich Ihnen und uns allen nur noch wünschen, dass es uns in einer gemeinsamen Anstrengung gelingt, unsere Welt in einen Ort zu verwandeln, den wir gestalten und in dem wir nicht länger von dem gestaltet werden, was wir selbst verursacht haben.

*Gerald Hüther*
*Göttingen, im Sommer 2019*

# 1

## *Der eine Laib*

Als ich ein kleiner Junge war, haben mich die Eltern oft zur Eulenbäckerei in unserem Dorf geschickt. Die lag nur ein paar Hundert Meter von unserem Haus entfernt. Ich erinnere mich noch an den alten August Eulen, wie er hinter dem Tresen stand, an den alten Holzofen, die Fächer mit den Roggenlaiben, an die kleine Kuchenvitrine und die Kisten mit den hellen Gebäcken. In einer Ecke stand der Ofenschießer. Das ist dieses einfache, für Handwerksbäcker typische Werkzeug, eine zumeist runde Holzplatte mit sehr langem Stiel zum Einschieben der Teige in den Backofen. Wenn Herr Eulen damit das frische Brot aus dem Ofen holte, duftete der Raum ganz wunderbar. Ich musste immer das typische längliche Mischbrot der Region heimbringen. Wenn die Laibe im Backofen einander berührten, bildete sich an der Kontaktfläche eine Art Narbe. Dort war die Kruste besonders markant und knusprig ausgebrochen, was meinen Appetit anregte.

Mir war damals natürlich noch nicht bewusst, dass am Übergang von der Kruste zur Krume die stärksten Aromen lagen. Aus Erfahrung wusste ich aber: An dieser etwas aufgerissenen Stelle schmeckt das Brot besonders gut. Also brach ich Stücke raus. Das widersprach meinem eigentlichen Auftrag. Ich sollte das Familienbrot vollständig heimbringen. Trotzdem knabberte ich es an und nahm die Schimpfe daheim in Kauf.

Ein weiteres unvergessliches Broterlebnis hatte ich in der Mittelstufe des Gymnasiums. Wir hatten Kurzgeschichten des Schriftstellers Wolfgang Borchert gelesen. Ein Kurzgeschichtenwettbewerb wurde ausgelobt. Daran wollte ich unbedingt teilnehmen. Also tat ich zum ersten Mal in meinem Leben einen Nachmittag lang nichts anderes, als am Schreibtisch zu sitzen und unentwegt zu schreiben. Heraus kam eine Geschichte mit dem Titel »Schon wieder diese Wurst«. Sie erzählte von einem Jungen, der tagtäglich von zu Hause das gleiche Pausenbrot mitbekommt. Eines Tages hat er genug davon, er wirft es weg.

Im Fach Sozialkunde wird dann über den Wert von Nahrungsmitteln und den Hunger in der Welt gesprochen. Der Junge meiner Geschichte empfindet Mitgefühl. Sein Gewissen macht ihm zu schaffen, schließlich hatte er gerade vorhin seine Stulle mit der Wurst weggeworfen. Meine Geschichte hatte einen offenen Ausgang: Sie endete mit der Frage, was es den Hungernden auf der Welt nützen würde, wenn er sein ungeliebtes Pausenbrot doch verzehrt hätte. Die Geschichte kam gut an. Sie belegte Platz zwei im Wettbewerb.

Ich wurde als Akademiker sozialisiert und hatte einen Spitzenhandwerker zum Vater. Mir lagen Handarbeiten früher nie besonders. Doch eines Abends backte ich in der Studentenwohngemeinschaft einen Laib Brot, der mir sehr gut gelang. Das war meine erste erfolgreiche Aktion dieser Art.

Einige Zeit später ließ ich das Akademische hinter mir und begann meinen Werdegang als Handwerker. Erst verfeinerte ich meine Techniken bei der Arbeit an einem Laib. Mit der Zeit lernte ich, zwei Laibe gleichzeitig zu kneten, mit jeder Hand einen. Ich wurde Backprofi und liebte diese neue Aufgabe. Sie war so sinnlich! Der ganze Arbeitsplatz duftete, ich konnte mich im Umgang mit dem Teig ausleben. Ich konnte zusehen, wie das Volumen eines Laibes im Backofen anschwoll, wie er sich hob, an einem Punkt seiner Entwicklung erstarrte und Farbe gewann. Wenn ich das heiße Brot aus dem Ofen nahm, konnte ich fühlen, wie es lebte. Was für eine schöne, sinnliche Erfahrung!

Irgendwann machte ich Hunderte Laibe täglich. Von da an stellte sich die Frage, wie ich es schaffe, nicht abzuschalten, wie ich Sinn in eine an sich monotone Arbeit legen kann, sodass sie weder nervt noch hohl wird und ich sie nicht entseelt verrichte.

Die theoretischen Ansätze Graf Dürckheims kamen mir zu Hilfe, der die jahrhundertealte europäische Trennung von Körper und Geist zu überbrücken versucht (»Einen Körper *hat* man, ein Leib *ist* man«) und im Buch *Der Alltag als Übung* vertritt, dass man auch Vorgänge, die man immerzu wiederholt, für ein inneres Wachstum nutzen kann. Vorausgesetzt, man vollzieht sie mit einer gereiften inneren Haltung.

Ich wollte für die Arbeit einen Rhythmus finden, der so organisch wie Ein- und Ausatmen war. Ich wollte der monotonen Verrichtung einen Sinn verleihen. Jedes Stück Brot landete in irgendeiner Wohnung auf irgendeinem Tisch. Ich vergegenwärtigte mir, dass mit Teig zu arbeiten eine Veredelung von Getreide bedeutete und dass das Getreide verkörpertes Sonnenlicht war. Egal, wie viele Laibe ich machte, knetete ich jeden als Einzelstück, nicht als einen unter vielen. Ich dachte immer an die Menschen, die das fertige Brot aus unserem Laden mit zu sich nach Hause nahmen – und damit auch etwas von der Haltung, mit der wir es gemacht hatten. Es wurde aufgeschnitten oder gebrochen, es passte zur Suppe, zum Aufstrich, zur Wurst, zum Eintopf. Es konnte zum Gelingen eines Abends beitragen.

Brot war und ist symbolisch aufgeladen. Es stand für Behaglichkeit und für das Göttliche in der spirituellen Sphäre. Wie natürlich und reich an Inhaltsstoffen das Brot war, hatte mit Krieg oder Frieden, mit dem Klima, mit der technologischen Entwicklung und mit Profitdenken zu tun.

Brot ist von eminenter sozialer Bedeutung. »Fehlt das Brot im Haus, zieht der Friede aus«, lautet ein deutsches Sprichwort. Umgekehrt kann man daraus ableiten, dass Brot ein Mittel zum friedlichen Miteinander sein kann. Gemäß dem Motto: Wo man das Brot teilt, da lass dich ruhig nieder. Ich begriff die tiefe Verbundenheit unserer Kultur mit dem Lebensmittel Brot, die seit rund 11 000 Jahren durchgehend belegt ist.

Ein Laib Brot veranschaulichte mir auch, wie sich der Begriff *Fortschritt* wandelte. In meinen Anfangszeiten als Bäcker verwendeten sogar Alternativbetriebe wie wir die üblichen Fertigmischungen. Wir kannten keine besseren Alternativen. Erst als uns die reichhaltigen Möglichkeiten traditioneller Methoden, die durchweg in Vergessenheit geraten waren, bewusst wurden, hatte das weitreichende Konsequenzen. Wir stiegen erst auf Vollkorn um und kauften uns dann eine kleine Mühle. Da uns in der Region keine Biobauern bekannt waren, holten wir uns das Biomehl mit einem geliehenen Kleinlastwagen aus der Schwäbischen Alb. Dann erst lernten wir, mit Backferment zu arbeiten und den Sauerteig so zu pflegen, dass er seine gesundheitlichen und geschmacklichen Potenziale natürlich entfaltete.

So ein Teig hat seine eigene Zeit, die sich nicht unbedingt in die betrieblichen Abläufe einer Backstube fügt. Man muss sich als Bäcker in Geduld und Hingabe üben, immer wieder tasten und schmecken, wie weit der Teig entwickelt ist. Denn im Teig wirken nicht nur die sichtbaren Elemente, die man mischt – Mehl, Salz, Wasser, eventuell Bäckerhefe –, da sind ebenso unsichtbare am Werk: die 30 000 Mikroben in einem Gramm Mehl beispielsweise, der Luftdruck, die Hefesporen im Raumklima. Ein Sauerteig ist ein Biotop voller Eigenleben, mit dem der Bäcker, wenn er pfleglich damit umgeht, die besten und bekömmlichsten Resultate erzielen kann.

Das Handwerk lehrte mich, das ganze Unternehmen wie einen Teig zu betrachten, der auf allen Ebenen behutsamen Umgang erfordert. Die Ansprüche wuchsen: Wenn es in der Backstube um so natürliche Prozesse geht, an denen alles rein organisch ist, soll die betriebliche Ebene ebenso ausbalanciert sein wie die Verhältnisse in einem Teig. Wenn das Brot ehrlich ist, sollen auch die sozialen und geistig-seelischen Elemente im Unternehmen ausgewogen sein. Heute darf ich Bäckermeister und -meisterinnen in Unternehmensführung nach dem Slow-Baking-Prinzip unterrichten und damit die umfassenden Ansprüche vermitteln, die ich in meiner Laufbahn als Handwerksbäcker und Biounternehmer als lebenswert und umsetzbar erfahren habe.

Das mag zunächst sonderbar anmuten: Ich glaube, dass man in einer Bäckerei für große Anliegen genau am richtigen Platz ist. Denn in einem Laib Brot steckt so viel an Überlegungen, an Arbeit, Geschichte und Kultur, an

Gefühl, Geschick und Verantwortung. Biologisch betrachtet, bringt man als Bäcker die Natur zum Menschen. Man baut auf dem auf, was Sonne und Regen schaffen, was Bodennährstoffe, Bakterien und Wurzeln in der Erde zum Gedeihen beitragen.

Im Brot zeigt sich unser Verhältnis zur Natur. Wie wir mit den Böden und dem Grundwasser umgehen, ob die immer gleichen Hochleistungssorten auslaugen und ein Ertrag nur mit Pestiziden gewonnen werden kann, zeitigt Auswirkungen in jeder Scheibe Brot. Wem das egal ist, der sollte sich bewusst machen, dass die Überreste dessen, was aufs Feld und ins Grundwasser kommt, irgendwann auch in unseren Körpern entsorgt werden.

Ich trete dafür ein, Wirtschaft integrativ zu betrachten. Ich will Ethik und Moral aus den höheren Sphären auf den Boden der Produktionsstätten holen und den Beweis erbringen, dass sie sich menschlich und wirtschaftlich lohnen. Das Ziel besteht darin, an Win-win-Situationen für alle zu arbeiten, und da spreche ich aus meiner reichen Erfahrung als Unternehmensberater. Ich will das Wir in der Wirtschaft betonen und sehe unsere Bäckerei als Wirkungsstätte einer ökologischen, ethischen Ökonomie. Viele theoretische Erwägungen in den folgenden Kapiteln beziehen sich auf Unternehmen allgemein.

Ich erzähle aus der Praxis unserer Bäckerei heraus, die seit über 40 Jahren besteht und in der wir in den letzten Jahren immer intensiver daran arbeiten, ökologisch und sozialethisch neue Wege zu gehen – neue Wege für unser Unternehmen, für die Zulieferer und Partner. Wir wollten ein attraktives Modell für zukunftsorientiertes Wirtschaften vorleben. Das gelingt nicht immer so, wie man es möchte, da das Wollen mitunter zu weit über das

Mögliche hinausgreift. Wir erleben im Alltag, wie schwierig die Umsetzung mancher Ziele ist, aber auch wie viel besser Unternehmen durch Beseelung funktionieren können. Und wird ein Ziel nicht erreicht, sollten Motivation und Haltung immer noch erkennbar sein.

## 2

## *Arbeitszeit ist Lebenszeit*

Es ist nicht lange her, dass ich bei einer Tango-Veranstaltung mit einer sympathischen Schauspielerin ins Gespräch kam. Während der Tanzpause erzählte sie von ihren Rollen am Theater und ich von meinen Wertvorstellungen und Zielen als Unternehmer.

Dass ein Bäcker Wert auf biologische Produkte legte, erschien der Tanzpartnerin normal. Dass ein Unternehmer aber umfassende Überlegungen zu Ethik, Sinn und immateriellen Werten äußert, widersprach ihren Erwartungen. Ihre Sorgen um Menschlichkeit und Mitgefühl hielt sie für nahezu naiv angesichts der verbreiteten Selbstsucht und Rücksichtslosigkeit. Ethische Erwägungen hätten im Wirtschaftsleben normalerweise keinen Platz, fand die Schauspielerin. Zwischen Seele und Ökonomie bestünden natürliche Gegensätze. Und sozial würden Unternehmen nur in dem Maß handeln, wie es ökonomische Vorteile brächte.

Für mich sind Unternehmen lebendige Organismen, keine mechanischen oder digitalen Konstrukte. Gehen einem Management die Zahlen über alles, kommen die Menschen zu kurz. Wirtschaftliche Prozesse sind soziale Prozesse, Akte zwischenmenschlichen Austausches. So weit konnte meine Tanzpartnerin alles lebhaft nachvollziehen. Doch einen Unternehmer leidenschaftlich davon sprechen zu hören, dass Betriebsziele nur unter Bedacht sozialethischer Werte gefasst werden sollten, erstaunte sie.

Kein Wunder, dass ich ihr wie ein Exot vorkam. Denn in den Wirtschaftsberichten der Medien dominieren Inhalte, die um Profite, Beschäftigtenzahlen, Bilanzen, Aktienkurse, Übernahmen, Marktanteile, Produktivität, Abstürze oder Rekorde kreisen, so als bildeten quantifizierbare Aspekte die gesamte wirtschaftliche Wahrheit ab. Soziale Verantwortung oder ökologische Nachhaltigkeit spielen in der öffentlichen Wahrnehmung der Ökonomie eine nachgeordnete Rolle. Freude, Sinn, Lebendigkeit, Respekt oder Achtsamkeit treiben keine Aktienkurse an. Das ist fatal, weil der Wert einer Firma nicht nur an der Rendite, sondern ebenso daran gemessen werden sollte, was es für die Menschen und ihr Gemeinwesen unter maximaler Schonung aller natürlichen Ressourcen leistet.

Vor Jahrzehnten habe ich mich entschieden, Teil der Veränderung unseres Wirtschaftslebens zu sein, denn Arbeit selbst ist ein wertvolles Kulturgut. Durch sie kann sich der Mensch in seinen fachlichen Fähigkeiten und in seiner seelischen Tiefe weiterentwickeln. Durch verantwortliches Arbeiten wird soziale Kompetenz kultiviert. Wenn wir die Seele ins Zentrum eines Unternehmens rücken, würdigen wir die Lebensfülle. Arbeit ist soziales Miteinander. Alle haben etwas davon, wenn Mitarbeiterinnen und Mitarbeiter die Möglichkeiten bekommen, sich nicht nur praktisch, sondern auch in ihren kognitiven und spirituellen Potenzialen weiterzubilden. Führungskräfte sollten die Beschäftigten stärken. Auch das soziale Miteinander – alles, was mit Freude, Verantwortung, Reife, Güte und Liebesfähigkeit zu tun hat. Sich dafür einzusetzen, ist keine verschwendete Zeit. Ich weiß aus Erfahrung, dass es immateriell wie materiell lohnend ist, mit hohen ethischen Maßstäben an wirtschaftliche Prozesse heranzugehen. Beseelung schafft Identität, Nachhaltigkeit und Sinn. Unter solchen Voraussetzungen arbeitet es sich besser, und die Chancen auf Erfüllung steigen.

Wie kommt der Bäcker dazu, ein Buch über beseeltes Arbeiten und Wirtschaften zu schreiben? Das hängt zuallererst mit der Biografie zusammen. Ende der 1960er-Jahre, in den Jahren des Aufbruchs und der Rebellion, schwirrten viele neue, ansteckende Ideen herum. Freiheit, Gesellschaft, Kunst, Natur, wie wir arbeiten und wohnen wollten – alles wurde diskutiert. Wir träumten von einer besseren Welt und wollten mit ihrer Verwirklichung bei uns selbst beginnen. Ursprünglich wollte ich Lehrer werden, begeisterte mich aber plötzlich fürs Backen. Gemeinschaftlich Brot herzustellen war eine Chance, um offener, fröhlicher und glücklicher zu leben – achtsam gegenüber Mensch und Natur. In manchen Dingen haben wir unseren Enthusiasmus vielleicht übertrieben, doch soweit es um Brot ging, lagen wir von Anfang an richtig. Biologisch, aus Vollkorn und handwerklich hergestellt musste es sein. Wenn wir beim Grundnahrungsmittel alles richtig machten, so dachten wir, könnten wir ein gutes Beispiel geben und Veränderungen im Großen anstoßen. Denn Brot ist mehr als das, was wir essen. Brot ist Natur, Brot ist Kultur, Brot ist Leben. Genuss und Freude bereiten muss es natürlich auch.

Backen hat schon seit Jahrtausenden einen Platz im Zentrum unserer Zivilisation. Der Beruf hat viel zu ihrer Entwicklung beigetragen, sich mit ihr verändert und wird dies auch weiterhin tun. In der Welt der Bäcker herrscht ein faszinierendes Nebeneinander von uralten Arbeitsweisen und beinahe vergessenen Mehlsorten einerseits sowie immer schnelleren, digitalisierten Industrien und modernem Hochleistungsgetreide andererseits. Der Trend zu Beschleunigung, Arbeits- und Preisdruck geht in der Branche weiter, während gleichzeitig immer neue Bäckerrebellen ihre Läden betreiben, um individuelle Produkte zu schaffen. Am Brot zeigt sich, wie wir arbeiten wollen, wie wir mit der Natur umgehen und welchen Stellenwert wir dem Genuss im Leben einräumen. Eine Kultur der Achtsamkeit gehört dazu.

Teig ist lebendig und sensibel, seine Bestandteile kommen aus der Natur. In einer Scheibe Roggenbrot sind rund 25 Ähren mit ungefähr 1000 Körnern verarbeitet. Jedes Brot hat seine Rezeptur, doch kommt es wesentlich auf das Einfühlungsvermögen der Bäcker an, wie es letztendlich gelingt. Zeit spielt eine ganz zentrale Rolle dabei – und damit das Verhältnis, das man zu Lebenszeit und Arbeitszeit an sich pflegt. Täglich kaufen mehr Menschen beim Bäcker ein als bei Amazon, behaupte ich mal. Somit sind Bäcker eine ökonomische Weltmacht. Die Art, wie die Bäcker wirtschaften, ist exemplarisch für die Wirtschaft insgesamt. Wir können uns dem Trend der Profitmaximierung beugen; wir können aber auch neue Formen des Wirtschaftens und der Organisation von Arbeit aus Bäckereien heraus entwickeln und vorleben – und das ist es, worum es mir ganz zentral geht. Mit unseren Zehntausenden Läden im deutschsprachigen Raum haben wir ein enormes Potenzial an Kommunikation und die Möglichkeit, Einsichten zu kommunizieren. Wenn wir wissen, was wir im Umgang mit Natur und Mensch besser machen können, müssen wir es nicht nur umsetzen, sondern wir können es auch verbreiten, andere einladen, es auch so zu machen, mitzudenken, sozial und ökologisch verantwortlich zu konsumieren. Wir können ansteckend sein durch unsere Leidenschaft.

Es ist wohltuend, Teil von etwas Gutem zu sein, und der Bäckerberuf bietet alle Voraussetzungen, grundsätzlich über ökologische und soziale Nachhaltigkeit nachzudenken. Schließlich stellen Bäckerinnen und Bäcker *das* Lebensmittel schlechthin her, das Grundnahrungsmittel Brot. Es entsteht aus den Elementen Erde, Wasser, Luft, Licht/Feuer – und, wie wir noch nicht so lange wissen, mithilfe der Mikroben im Teig.

Dass Brot in der religiösen Sphäre starke Symbolkraft entfaltete, kommt nicht von ungefähr. Es hat etwas Geheimnisvolles, wenn aus einigen wenigen Grundstoffen etwas so Unterschiedliches und Komplexes entstehen kann, das nahrhaft ist und eine kompakte Form einnimmt. Man kann es mit allen Sinnen erfassen. Es nährt körperlich und geistig. Brot hat Charakter. Wie es beschaffen ist, ob es zum Beispiel ein reines Naturprodukt ist oder nicht, drückt viel über unsere Kultur aus.

Als die *Kaiser Biobäckerei* vor über 40 Jahren als Alternativunternehmen seinen Anfang nahm, war der Zeitgeist von Optimismus getragen. Wir wollten Brot und Kuchen backen, gemeinsam leben und arbeiten – ohne Chefs – und der Zerstörung der Welt unser leidenschaftliches Engagement entgegensetzen. Lebensqualität und Arbeitsqualität sollten zusammen gedacht und erlebt werden. Politische Haltung sollte sich darin zeigen, *was* wir produzierten und *wie* wir produzierten und verkauften. Als die Ursuppe des Kollektivs Ende der 1970er-Jahre erkaltete und an Anziehungskraft für frische Kräfte verlor, musste sich das Unternehmen ändern oder scheitern. Wir verstärkten den Trend zu Bio, gesunder Ernährung und mehr Geschmack. Was blieb, war unser Eigensinn. *Kaiser* erfand sich neu. Weißes Mehl kam raus, Vollkorn rein – und Honig statt Zucker in die Kuchen und Gebäcke. Außerdem suchten wir nach Biobauern, um vertrauensvolle Kooperationen aufzubauen. Die Ziele waren weit gesteckt. Da uns die Standards zu lax waren, wollten wir sie übertreffen. Das galt nicht allein für die ökologischen Standards. Alles Mögliche, was unter gesellschaftlichen Konsens fiel, war unseren Kriterien nach fast automatisch verdächtig. Wir hinterfragten alles, auch die generellen Machtverhältnisse: Was ist der Markt? Erkennen wir seine bekannten Mechanismen an, oder verändern wir sie? Wer übt die Kontrolle aus? Was ist den Menschen adäquat und was zu ihrem Nachteil? Welche Verantwortung tragen Wirtschaft und Institutionen für die Gesellschaft? Der Begriff der Entfremdung stand im Mittelpunkt unserer Diskurse. Wir suchten nach Antworten und Alternativen. Wenn auf diesen Seiten also von unserer kleinen, aber wachsenden Bäckerei die Rede ist, wenn ich von Erfahrungen und Lernprozessen berichte, dann schwingt die Geschichte der Ökobewegungen mit. Um substanziell an den Verhältnissen etwas zu ändern, musste sich an den Gesetzen, den Formen der Produktion, des Konsums und am Zeitgeist vieles ändern. Soziale Bewegungen verliehen kritischen Geistern wie uns frische Schubkraft. So wuchsen wir im Lauf der 1980er-Jahre aus unserer kleinen Hinterhofbäckerei hinaus.

Trotz aller großartigen Ansprüche begingen wir viele Fehler. In den 1990er-Jahren versuchten wir uns als Filialbetrieb mit Subunternehmen. Das klappte nicht. Außerdem setzte uns der Zeitgeist, der im Slogan »Geiz ist geil« einen kompakten Ausdruck fand, übel zu. In den Nullerjahren bastelten wir mit alten Gefährten an frischen Ideen und einer neuen Struktur. Die weitere Professionalisierung ging mit einem vertieften Bewusstsein der Zusammenhänge von Regionalität, Ernährungsgewohnheiten, sozialen Visionen und Naturschutz einher. Unser Unternehmen wuchs äußerlich, reifte innerlich und fand schließlich zu seiner heutigen Rolle als ökologische und soziale Qualitätsmarke.

Derzeit erlebt das Unternehmen sehr gute Jahre, obwohl wir uns innerbetrieblich und in unseren langfristigen Partnerschaften so manches »leisten«, was nach gängigen Lehrmeinungen der Ökonomie als »unwirtschaftlich« gilt. Mit einigen unserer Partnerfirmen und Zulieferern haben wir keine detaillierten, juristisch ausgearbeiteten Verträge. Wir vertrauen einander. Squeezing, wie ein Preisdruck auf Zulieferfirmen zugunsten der eigenen Profitspanne genannt wird, käme uns nicht in den Sinn. Es beruhigt und stärkt, zu erleben, wie dauerhaft wir uns auf ethische Grundsätze verlassen können. Beseelt arbeiten und wirtschaften bedeutet auch, die Lage der anderen stets mitzudenken und ihre legitimen Interessen zu würdigen.

Mir ist klar, dass ich mit *Seele* den Erörterungen etwas Unfassbares zugrunde lege. Normalerweise ordnet man sie der spirituellen Sphäre zu. Im Bereich der Arbeitswelt ist sie normalerweise kein Faktor des Diskurses. Ich aber will Seele in Zusammenhang mit Ethik, Werten und Sinnstiftung sehen.

Erkennt man ein Unternehmen als einen Organismus

und die Wirtschaft insgesamt als komplexes Geflecht sozialer Vorgänge an, dann ist es meiner Ansicht nach unsere Pflicht, der Seele jenen Stellenwert einzuräumen, der ihr natürlich zukommt. Unternehmen leisten so viel an technologischen Innovationen, an Effizienzsteigerung, an smarten Produkten und kundenorientierter Vermarktung. Es ist Zeit, in sozialer Innovation und bei individuellen seelischen Anliegen aufzuholen.

*Seele* ist Teil der Kultur, ein komplexes Menschenbild ohne Seele ist für mich undenkbar. Kulturell ist sie eine uralte Idee, Tausende Jahre alt. Etwa zu der Zeit, als die alten Ägypter an die Existenz von *Ka* glaubten, an eine den Menschen bewohnende Quelle der Lebenskraft, fingen sie übrigens auch an, Backöfen zu bauen. Schon bei Zarathustra im alten Persien kommt die Seele ins Paradies oder in die Hölle. In der griechischen Antike galt *Psyche* als der Lebensatem, der, verkürzt gesagt, am Anfang kommt und am Ende geht (für den Philosophen Platon in eine andere Welt). Das hebräische Wort für Seele steht auch für »atmendes Geschöpf« und lebt bis in alle Ewigkeit. Nach dem christlichen Menschenbild sind wir eine Einheit aus Leib und Seele, nicht nur der Körper, auch die Seele ist verletzlich. Im Markus-Evangelium (Mk 8,36) heißt es: »Was nützt es einem Menschen, die ganze Welt zu gewinnen, wenn seine Seele dabei Schaden nimmt?« Wobei man das lateinische Wort »anima« mit *Leben* oder mit *Seele* übersetzt findet. *Leben* und *Seele* sind nicht zu trennen. Seit der Antike haben wir also nicht sehr viel Neues über die Seele dazugelernt (und einiges vielleicht vergessen). Heute ist es oft üblich, *Seele* mit *Psyche* gleichzusetzen, sie also als etwas zu sehen, das »behandelt« und geheilt werden kann.

Ich halte Seele für etwas, das allem Lebendigen zugrunde liegt. Sie vermittelt sich, wenn am Glanz in den Augen oder an einem Lachen etwas Ansteckendes ist. Sie ist gemeinschaftlich und individuell zugleich. Gemeinschaftlich verbindet sie uns, individuell ist sie der Kern jedes Einzelnen. Sie gibt Halt, und sie bewegt. Ob wir als Lebewesen Manifestationen einer »Weltseele« sind oder ob sie uns individuell verliehen ist, läuft zunächst auf dasselbe hinaus. Sobald wir irgendetwas wahrnehmen, egal, ob bewusst oder unbewusst, schwingen die Saiten der Seele mit. Manche Menschen sind zarter besaitet, andere robuster, manche offener, andere verschlossener. Nur wenn die Arbeitsverhältnisse die Seele würdigen, werden sie der Fülle des Lebens gerecht. Missachten sie die Seele, unterdrücken sie die Menschen in ihren Potenzialen. Das ist weder menschengerecht noch ethisch, noch ist es wirtschaftlich klug. Wer im unternehmerischen Sinn also *realistisch* agieren will, sollte wirtschaftliche Handlungen mit Blick auf das eigene seelische Befinden und auf das seiner Mitarbeiterinnen und Mitarbeiter setzen.

Ist es möglich, unser Wirtschaftssystem mit einer solchen Sichtweise zu durchdringen? Muss Ethik, muss eine ganzheitliche Sicht des menschlichen Wesens in einer rationalen, gewinnbesessenen Ökonomie nicht automatisch zu kurz kommen? Gibt es genug Anlass zu Optimismus, oder wäre es klüger, sich mit den Verhältnissen abzufinden, weil die Welt, die Menschen und ihre Wirtschaft nun einmal resistent gegenüber sensiblen Regungen sind?

Was Optimismus versus Pessimismus betrifft, halte ich es tendenziell mit dem italienischen Philosophen und Schriftsteller Antonio Gramsci, der für einen »Pessimismus des Verstandes« und einen »Optimismus des Willens« eintrat. Die Weltlage macht es einem wahrlich nicht leicht, optimistisch zu sein. Gleichzeitig ist es immer wieder erfrischend zu sehen, wie viele Menschen sich engagieren, wie viele gute Ideen in Umlauf kommen. Es macht Spaß, sich mit dem Gewagten zu verbünden.

Ich stecke das Feld meiner Überlegungen ab: Es beinhaltet die Sphäre der Autobiografie, der Prägungen, Motive und Träume. Ich erzähle von der Macht der Sehnsüchte und des Vertrauens, von der Ansteckung durch neue Ideen, in denen ich gemeinsam mit anderen aufging und aufgehe. Biografie heißt »Leben schreiben, Leben malen«. Da mir viel an Aufrichtigkeit liegt, wird keine eitle Erfolgsstory geboten. Sie würde nur einen Teil der Wirklichkeit beleuchten und anderes leugnen. Irrtümer und Fehlentwicklungen können ebenso nützliche Lehrbeispiele abgeben wie das Gelungene.

Unsere Arbeit war und ist von großen politischen Entwicklungen wie dem Neoliberalismus, der Globalisierung und den Folgen der sogenannten Finanzkrise beeinflusst. Kultur, Zeitgeist, Machtkonzentrationen, Wirtschaft und Soziales sind daher die zweite Sphäre, die ich parallel zur biografischen erörtere. Auch einige ökologische Katastrophen und die Versuche ihrer Korrekturen kommen zur Sprache.

Die dritte Sphäre ist die der Ideen, der Modelle und Konzepte kluger Menschen wie zum Beispiel von Erich Fromm oder Ruth Cohn, die mein Streben anregten und mir Orientierung boten – teils in ihren Seminaren, teils durch die Lektüre ihrer Bücher und Artikel.

Aus den drei genannten Sphären des Biografischen,

des Politischen und der Ideengeschichte versuche ich, Wege zu skizzieren, wie sich eines ins andere fügte. Einen Masterplan hatte ich nicht. Es lief meist so ab, dass im Zusammenwirken von Intuition, Experiment und Wollen etwas zustande kam, das an Schwung gewann und Bestand hatte.

Anfangs lautete der Slogan: *Wir wollen's anders.* Mittlerweile haben wir und viele andere gezeigt: *Es geht anders!* Anders in der ökologischen und sozialen Praxis, anders in der Art und Weise, sich darzustellen. Sportsgeist ja, aber fair und ohne Triumphgehabe.

Richtig wirtschaften bedeutet etwas anderes, als auf der Rennbahn zuerst durchs Ziel zu gehen. Es bedeutet, dafür Sorge zu tragen, dass möglichst viele Ziele erreicht werden, möglichst viele Ziele von möglichst vielen – Ziele, die quantifizierbar, und solche, die es nicht sind. Wenn man mit dieser Haltung an die Arbeit geht, wird man Gleichgesinnte finden, die mitziehen. Inzwischen ist ihre Zahl erstaunlich groß – alle Beschäftigten und Zulieferer von *Kaiser* eingeschlossen mehrere Hundert, die am selben Strang ziehen. Und wir sind ja zum Glück nicht das einzige Unternehmen, das nach neuen Wegen im Ethischen und Sozialen sucht. Ich sehe es als ein Work in progress, eine Mischung aus Baum und Garten. Der Baum, der von selber wächst und sich in den natürlichen Gegebenheiten ausbreitet und streckt, bis er seine richtige Größe erreicht. Der Garten, der immer wieder neu betrachtet, durchdacht, geplant und bewässert werden muss. In dem man rodet und umackert, bevor man etwas Neues pflanzt. Ein Garten, der Aufmerksamkeit und Fürsorge erfordert.

Ein Wirtschaftsunternehmen ist keine Maschine, sondern ein Organismus voller sozialer Prozesse, die ihren konkreten Ausdruck in Arbeit und Ökonomie finden. Die zentrale Unternehmensidee ist daher die Würdigung dieser Prozesse, die Würdigung alles Lebendigen – einschließlich individueller Gefühlsregungen.

Man kann viel dazu beitragen, dass Arbeitszeit als *Lebenszeit* empfunden wird. Damit meine ich, Arbeit so zu organisieren, dass Arbeitende nicht abschalten müssen, um die Zeit im Betrieb durchzustehen, sondern sich im Gegenteil öffnen wollen, weil sie durch ihre Arbeit in sinnlicher und emotionaler Hinsicht etwas gewinnen und sich weiterentwickeln können. Die Voraussetzungen dafür sind rund um das Brot günstig, weil sich alles um lebendige Produkte dreht. Hinter der romantischen Oberfläche der Bilder jedoch geht es heiß her – im wörtlichen Sinne. Backen ist anstrengend, es verlangt den Menschen einiges ab. Oft ist Eile geboten, Bestellungen warten. In der Bäckerei, der Auslieferung und im Verkauf muss es zügig und professionell zugehen. Oft herrscht erheblicher Stress.

Als ich kürzlich durch die Bäckerei ging, holte einer der Gesellen gerade Käsestangen aus dem Ofen. André und ich kennen uns lange. Er ist seit den frühen Tagen bei uns und kann recht pointiert auftreten – sowohl freundlich als auch kritisch. Wir nickten einander wohlwollend zu und grüßten uns. Er lachte und verwies auf die Palette: »Wenn es auch noch so stressig zugeht … Wenn ich dann so etwas aus dem Ofen holen kann wie diese Käsestangen, dann geht's mir wieder richtig gut.« Er genießt die knackige Oberfläche, diese frische Bräune, den Duft von gebackenem Käse und das Wissen, für andere etwas Gutes herzustellen, offenbar immer wieder.

Mein Traum ist, das Unternehmen so aufzustellen, dass es mit Leben durchdrungen ist. Tragen wir mehr Freude in den Arbeitsalltag. Stiften wir mehr Sinn und wirken wir mit am Wohlbefinden. Ich glaube nicht, dass ein Verständnis von Arbeit, welches Selbstverwirklichung ausschließlich an die Ebenen von Privatleben und Freizeit projiziert und die Arbeit als ein notwendiges Übel hinnimmt, dem Menschen guttut.

Wir können als Unternehmerinnen und Unternehmer mehr tun, als uns im Rahmen bestehender Gesetze zu bewegen. Wir können selbst neue Standards setzen. Wenn wir immer bessere Produkte schaffen, können wir auch die Bedingungen, unter denen sie entstehen, veredeln. Folglich sollten sich die Strategien so weit wie möglich den Prinzipien nachhaltigen Wirtschaftens unterordnen. Gute Arbeit macht Sinn. In ihr kann sich der Mensch ausdrücken und seine Potenziale entwickeln. Es fühlt sich immer besser an, Teil der Lösung statt Teil des Problems zu sein. Erst wenn Arbeitszeit als Lebenszeit begriffen wird, ist Identifikation möglich. Dann kann sie Teil der eigenen Identität werden – wie Gartenarbeiten, Basteln in der Werkstatt, Wandern oder Yoga.

Über zehn Jahre schon bin ich leidenschaftlicher Tangotänzer. Auch auf beruflichen Reisen besuche ich Milongas, Tanzveranstaltungen für Tango, um mich dem Rhythmus von Vals und Tango hinzugeben. Oft tanze ich stundenlang, weil mir die Einheit der Bewegung mit der Partnerin im Rhythmus der Musik so wohltut. Diese Einheit kann zu etwas ganz Eigenem abheben, bei dem niemand mehr nachdenkt, bei dem Führen und Folgen so ausbalanciert sind, dass die Tanzenden in einem gemeinsamen Fluss schwimmen und selbst zum Fluss werden. Glücksgefühle und Enthusiasmus stellen sich ein. Auch Arbeit kann so funktionieren.

Wenige Jahre nachdem ich als Bäcker begann, ging ich als Unternehmensberater in einige sehr große Firmen. Dort machte ich Erfahrungen, die ich niemals gewonnen hätte, wäre ich ausschließlich Biobäcker geblieben. Ich arbeitete in der Baubranche, der Umwelttechnik, auf Flughäfen, bei der Treuhandgesellschaft, in deutschen und österreichischen städtischen Verkehrsbetrieben, für Banken, ökologische Unternehmen, Biobäckereien, im Lebensmittelhandel und in Verlagen. Ich durfte Probleme, Fragen und Ansätze anderer Organisationen studieren. Wenn also hier von Unternehmenskultur die Rede ist, von großen Dingen wie beseeltem Arbeiten und Wirtschaft, so kann ich mich auf mehr berufen als den Erfahrungshintergrund des mittelständischen Unternehmers, der seinen Betrieb von klein auf stets weiterentwickelt und durch viele Krisen geführt hat.

Die Betriebswirtschaftslehre unterscheidet zwischen ökonomischen und außerökonomischen Kriterien. Ethik und Moral werden den außerökonomischen zugerechnet, den Humanwissenschaften. Fragt man Manager und Unternehmer, ob es ihre Aufgabe sei, die Welt zu verbessern, die Gesellschaft zu verändern, werden viele auf Anhieb abwehrende Antworten parat haben. Ihnen halte ich entgegen: Alles hat seinen Preis, auch der Status quo. Veränderung ist weder einfach noch gratis. Wir sollten die Ökonomie nicht den Rechnern überlassen. Erfolgsdruck muss menschliche Wärme nicht ersticken. Empathie kann Druck reduzieren und den Erfolg befördern. Der Mensch ist ein soziales Wesen, kooperatives Arbeiten macht sich bezahlt. Arbeit bietet nicht bloß

Verdienstmöglichkeiten und Aufstiegschancen, sondern auch Chancen zur Entwicklung der Persönlichkeit. Arbeit ist Lebensschule. Man lernt handwerklich, sinnlich, sehend, fühlend, kognitiv, im Sozialen, im Miteinander, im Wettbewerb, in der Kooperation.

Nun machen wir schon seit ein paar Tausend Jahren die Erfahrung einer progressiven Ermächtigung, die uns übersehen lässt, wie abhängig wir voneinander und von der Natur eigentlich sind. Die Betonung des Verstandes, also die rein kognitive Betrachtung der Welt, die seit der Aufklärung unsere Kultur durchdringt, hat Großartiges hervorgebracht – aber nicht nur Gutes. Der Druck, der in der Wirtschaft generiert wird, ist immens. Viele Menschen trennen ihre Lebens- und Arbeitszeiten so strikt voneinander, als wären sie separate Zonen. Damit spalten sie aber immer auch einen Teil von sich ab und betäuben ihn, wenn sich die Gefühle nicht abstellen lassen.

Von Anfang an war *Kaiser* mehr als eine Bäckerei. Es war und ist ein Unternehmen, um Brot, Arbeit und Lebensweise anders *gebacken zu kriegen*. Ich war immer schon ein sehnsüchtiger Mensch und wollte etwas bewirken, das die Grenzen sprengt. Sehnsüchte greifen ins Ungewisse. Sie können, metaphorisch gesprochen, in den Himmel reichen, während man mit beiden Beinen auf der Erde steht.

Wie viele andere auch, wollte ich über Alternativen nicht bloß diskutieren, sondern selbst eine Alternative *entwickeln*. Dabei ging es oft romantisch zu, manchmal auch hart. Viel bin ich gelaufen, habe mich oft verrannt – zum eigenen und zum Schaden anderer. Vorsichtig formuliert, ist mein Innenleben phasenweise aus der Balance geraten (ich will später noch darstellen, welche problematischen Begleiterscheinungen damit einhergehen können). Vielleicht gehört eine Grundausstattung Kindlichsein dazu, immer wieder frisch an die Dinge ranzugehen – ohne Brechstange nämlich. Ein reicher Erfahrungsschatz ist gut. Man sollte sich aber besser nicht darauf verlassen, sondern wie mit einem Sammelsurium von Referenzwerten umgehen, die man heranziehen kann, doch niemals absolut setzt.

Betrachten wir die Backbranche in ihrer Breite und Vielfalt, sehen wir einen Großteil der Probleme und Chancen unserer Zeit vor uns. Verschiedene Zivilisationsepochen existieren nebeneinander, das Traditionelle neben dem Hochmodernen. In Industrieländern gibt es digital voll erfasste Felder, deren Sättigung mit Düngemitteln und Herbiziden quadratmeterweise bestimmt wird. Es gibt Felder, die absichtlich tot gespritzt werden, und es gibt die traditionelle ökologische Landwirtschaft. In der einen Bäckerei gedeiht langsam ein natürlicher Sauerteig, anderswo werden Volumen, Haltbarkeit und Aromen mit Hydrokolloiden, Emulgatoren wie Lecithin und Diacetylweinsäureester, technischen Enzymen und anderen Zusatzstoffen erzielt. Es gibt Handwerk und Backstraße, den Laib in der Papiertüte oder das Baguette eingeschweißt in Plastik. Wir finden Handschlagverträge hier und Börsennotierungen dort.

Trotz der sehr deutlich gesetzten Pole ökologischhandwerklich versus industriell möchte ich den Mythos entkräften, früher wäre alles besser gewesen, vor allem Brot. Das stimmt keineswegs. Die allgemeine Brotqualität war in Friedenszeiten vermutlich nie schlechter als in den späten 1970er-Jahren. Ich weiß nicht, wie gut Brot vor 200 oder vor 2000 Jahren war, wage aber zu behaupten, dass die Qualität heutzutage allgemein besonders hoch ist. Das gilt für industrielle Massenware ebenso wie für den individuellen Handwerkslaib. Alle haben ihre Methoden verfeinert. Die Frage bleibt allerdings, welche man anwendet. Verlässt sich der Bäcker auf das Einfühlungsvermögen? Steuert er den Reifungsprozess des Teiges über ein sensibles Spiel mit Temperaturen und Feuchtigkeit oder mit immer neuen Zusatzstoffen, die nicht deklariert werden müssen? Nimmt man Pestizide hin und sagt sich, na ja, sind eh alle unter den vermeintlich für den Menschen unschädlichen Grenzwerten? Oder bedeuten einem vernichtete Bienenvölker auch etwas? Welches System wollen wir haben? Eines, das auf Ausbeutung der Natur setzt, oder eines, das der Natur zurückgibt, was es ihr entzieht?

Wofür oder wogegen diese Entscheidungen in den Unternehmen fallen, dafür kann es eine Fülle persönlicher und wirtschaftlicher Beweggründe geben, die oft rein quantitativ begründet sind. Für uns und unser Unternehmen waren Wachstum und Erfolg nie der Selbstzweck. Quantitative Beweggründe lassen wir nie außer Acht, setzen qualitative jedoch höher. Das funktioniert auch ökonomisch. Wenn wir eine gesunde Kosten-und-Gewinn-Struktur erreichen, dann im Rahmen ökologischer und sozialer Werte sowie im Klima eines partnerschaftlichen Umgangs aller in der Wertschöpfungskette. Ob wir in der Frische des Morgens in der Natur wandern, Essen kochen, meditieren, joggen, Filme schauen, auf dem Sofa die Katze streicheln, im Internet surfen, uns umarmen, Tango tanzen oder Bücher lesen – wir sind davon angetrieben, uns spüren zu wollen, von unserer Lebenszeit etwas haben zu wollen. Für mich gehört dazu, meine Träume von einem lebendigen, organischen Unternehmen zu verwirklichen und damit ein Modell für beseeltes Arbeiten und Wirtschaften zu gestalten. Ökologische und soziale Ideen sind der Mühe wert, weil es um die Würde, um ein besseres Leben für möglichst viele, um die Zukunft unserer Kinder und unseres Planeten geht.

Wissensbildung hilft bei der Gewissensbildung, Ökologisches und Soziales hängen zusammen. Wenn die Wirtschaft ihren Teil zu einer ökologisch nachhaltigeren Welt leisten will, dann muss sie auch im Sozialen nachhaltiger handeln. Das Ökologische, das Wirtschaftliche, das Ethische, das Soziale und das Produkt müssen in ihrer Bedeutung ausbalanciert sein. Wenn die Qualität in allen Bereichen stimmt – nicht nur beim Produkt im Laden –, ist ein Unternehmen richtig aufgestellt. Wer meint, in einem profitablen Unternehmen wäre Respekt ein Luxus, der reduziert das Leben auf seine quantifizierbaren Elemente. Die Vorstellung, unsere Spezies wäre ein egoistisch getriebener Homo oeconomicus und rein auf Nutzenmaximierung ausgerichtet, erwächst aus einem reduzierten, überholten Menschenbild. Ausbeutung von Mensch und Natur rechnen sich weder ethisch-moralisch noch finanziell, bezieht man die Beschädigungen mit ein. Wir dürfen jenen, die das negieren, die Welt nicht überlassen. Richtig und falsch sind keine Luftgebilde auf einer Spielwiese der Beliebigkeit.

Ein Wirtschaftsbetrieb wie *Kaiser* hat es sich zur Aufgabe gemacht, die Ökobewegung weiterzubringen. Heute tauschen wir uns unter Biounternehmen aus und erkennen die Notwendigkeit, bei aller Konkurrenz, die es auch gibt, integrativ zu wirken, um die gemeinsame Sache an sich und nicht allein unsere Firmen weiterzuentwickeln. Pioniere wie Götz Rehn von *Alnatura*, Götz Werner von der Drogeriekette *DM* oder Thomas Greim von *Dennree (Denns)* haben alle klein begonnen. Ihre Aufstiege erfolgten im Zuge der kulturellen Entwicklung, mit der eine Veränderung des Bewusstseins einherging. Und zwar an Kopf und Gliedern, im Hinterhof so sehr wie im Bundestag.

Überall sprießen neue Ideen. Die Sehnsucht nach einem achtsameren Umgang mit den Potenzialen von Mensch und Natur wächst. Dennoch halten sich »Parallelzustände« (Ernst Bloch sprach von der »Gleichzeitigkeit des Ungleichzeitigen«). Traditionell war der Markt ein Bereich des gesellschaftlichen Lebens. Heute ist die Gesellschaft das Spielfeld eines weitgehenden Marktabsolutismus. Die Freiheit der Märkte wird über die Freiheit der Menschen gestellt. Der Neoliberalismus hat sich ins kulturelle Gedächtnis eingeschrieben und in die individuellen Vorstellungen davon, was richtig und falsch, was rational und irrational ist. Doch wenn der Markt kritiklos idealisiert wird, wenn ihm nichts und niemand ethische Grenzen setzt, wenn der Markt als »säkularisierte Eschatologie« gleichsam naturgesetzlich und sozialanthropologisch als höchstes Wesen respektiert wird, »dann entartet das Ganze mit der Zeit zu einem Catchas-catch-can«. Diese Ansicht vertrat kein klassisch linker Wirtschaftswissenschaftler, sondern die liberale Verfechterin der Marktwirtschaft Marion Gräfin Dönhoff, bis zu ihrem Tod im Jahr 2002 Mitherausgeberin der Wochenzeitung *Die Zeit*.

Ich teile diesen Befund und lehne mich gegen die Verhältnisse auf, die er beschreibt. Denn ich habe den Glauben an zentrale Ideen unserer unternehmerischen Frühzeit nicht verloren.

Werden die propagierten Marktgesetze einfach so übernommen, lassen wir Marktlügen zu, oder wir setzen ein Marktfragment absolut. Solange der Mensch am Markt nur als Arbeitskraft und Kunde vorkommt, wird der eigentliche Zweck des Marktes als Ort sozialer Interaktion negiert.

Ich glaube, dass nicht der Mensch dem Markt zu dienen hat, sondern der Markt den Interessen des Menschen. Während ich dies formuliere, bin ich mir allerdings auch bewusst, dass ich eine heikle Aussage treffe. Denn gegen die These lässt sich einwenden, was ich verlange, wäre ohnehin der Fall. Der Markt dient ja den Interessen des Menschen – und zwar besser denn je. Der Markt liefert die gewünschten Produkte immer schneller und vielfach billiger als früher. Digitale Inhalte sind sogar gratis zu haben. Wunderbar! Warum stößt sich also einer an der Verfasstheit des Marktes?

Weil ihm zu viele Opfer gebracht werden. Opfer in der Vielfalt von Unternehmen, Produkten, Spezies. Opfer an Freizeit, Stadtleben und Naturlandschaften. Opfer aufgrund fehlender sozialer Sicherheit. Opfer an Gelassenheit, Freundlichkeit, Liebenswürdigkeit und Sinngebung. Wohlbefinden und Gesundheit, Liebe und Glück leiden darunter.

Was kann ein mittelständisches Unternehmen da tun? Es kann seine Produktivität nutzen, ethische Impulse zu setzen. Es kann sensibel auf seelische Bedürfnisse reagieren. Nur darauf zu warten, was die Politik einem in sozialer und ökologischer Hinsicht vorschreibt, ist für meinen Geschmack zu passiv. Gute Ideen darf man nicht auf die lange Bank schieben. Genau das tut man aber, wenn man darauf wartet, bis einen die Politik zur Umsetzung höherer Standards zwingt. Das kann nämlich lange dauern. Denn sie ist nicht unabhängig genug, der Wirtschaft Beine zu machen. In den Worten des Schriftstellers, Publizisten und Orientalisten Navid Kermani: »Um über sich selbst hinauszuwachsen, muss man nach oben streben, in den Himmel, der über allen Menschen derselbe ist.«

»Wir leben in einer Zeit, die …« – so beginnen viele Beiträge darüber, wie man sich am besten positioniert. Meist wird dadurch der Anschein erweckt, als wäre die Gegenwart besonders schwierig, besonders kompliziert.

Stimmt, die Welt wird komplexer. Doch das wird sie schon seit der Vertreibung aus dem Paradies.

# 3

## Da ruft Zukunft

Die Anfänge unseres Alternativunternehmens liegen in dynamischen, rebellischen Zeiten. Ein kräftiger »Wind der Veränderung« wehte durch Europa, Veränderung von unten. Und wir wollten Teil davon sein.

Die von Frankreich und den USA ausgehenden Rebellionen auf den Straßen hatten zwar das politische System nicht gestürzt und keine neue Gesellschaft geschaffen, aber enorme Energien freigesetzt. Die Kleidung, die man trug, die Musik, die man hörte, und die Bücher, die man las – so vieles konnte als Ausdruck der gesellschaftspolitischen Haltungen gelten. Je nach Gesinnung las man dieselben Zeitungen und Zeitschriften, sah dieselben TV-Magazine, dieselben Filme. Und natürlich musste ihre Relevanz diskutiert werden. Laufend erschienen Vinylplatten, die man kennen musste; behutsam wurden sie aufgelegt und auf Kompaktkassetten kopiert, deren Magnetbänder sich, wenn die Spulen verschmiert waren, leicht zu einem Bandsalat verhedderten. Wir analysierten gesellschaftspolitische Thesen, es gab so etwas wie Common Sense in der Jugendkultur. Ein fundiertes politisches Bewusstsein zu haben war nicht bloß cool, es war eine Voraussetzung, um von den interessanten Leuten ernst genommen zu werden. Bevor man etwas Altbackenes übernahm, betrachtete man es lieber von allen Seiten. Es könnte ja sein, dass sich darin etwas verbarg, was dem kritischen Bewusstsein nicht entgehen durfte. Wir sangen *Me and Bobby McGee* und hingen an der Zeile, dass *Freiheit* nur ein anderer Begriff dafür wäre, nichts zu verlieren zu haben außer der Selbstachtung. Das Lebensgefühl war nicht weltfremd, sondern getragen von Optimismus. Es war eine gute Zeit heranzuwachsen, weil alles dafür sprach, dass die Gesellschaft sich zwar langsam, aber konsequent zum Besseren verändern würde.

Ich wuchs in einem Dorf im Taunus auf. Das Alte und das Neue koexistierten nah beieinander. Da gab es auf der einen Seite die Fortschrittlichen, Christen, Liberalen und Sozialdemokraten, wie meine Familie. Gleichzeitig nahmen Leute, die sich für die Nazis engagiert hatten, repräsentative Posten ein und versuchten den Ton im Dorf anzugeben. Ausgerechnet die wollten uns Jungen weismachen, sie wüssten am besten, was die richtige und was eine falsche Einstellung wäre. Ihre Autoritätsanmaßungen haben mich abgestoßen. Uns beschäftigte weniger die Sorge um »alte Werte« als die Frage, warum es nahezu keinen Widerstand gegen den Krieg und den Holocaust gegeben hatte – und andererseits so viel Kollaboration. In der Summe wirkten sich die offenen und verdeckten Spannungen derart auf mich aus, dass ich eine tiefe Abneigung gegen jede Art von Autorität und Bevormundung entwickelte.

Nach dem Abitur und dem Zivildienst machte ich die Ausbildung zum Sonderschullehrer. Ich musste ein Praktikum absolvieren und vor den kritischen Augen der Kommilitonen und des Professors der Pädagogischen Akademie eine Stunde lang in einer Hauptschule unterrichten. Es lief gut. Die Schülerinnen und Schüler waren konzentriert, sie gaben ihr Bestes und schienen den angehenden Lehrer Volker zu mögen. Ich fühlte mich wie der Fisch im Wasser, der Unterricht fiel mir leicht, die Musterstunde verging wie im Flug. Ich war voller Selbstvertrauen und Zutrauen zu den Menschen ringsum. Danach folgte die Manöverkritik. Nach Ansicht der Kommilitonen war ich sehr gut vorbereitet gewesen, fachlich wie didaktisch einwandfrei. Mein Schwung hatte die Kinder motiviert, ein Mädchen war sogar richtig über seine sonstigen Leistungen hinausgewachsen. Der beurteilende Professor aber schien das alles gar nicht wahrgenommen zu haben. Er blieb ganz in Formalismen befangen. Freude, menschliche Interaktion, Lernerfolg schienen ihm nichts zu bedeuten.

Zwar konnte ich mich bei dieser Manöverkritik argumentativ behaupten, doch atmosphärisch brach in mir etwas auseinander. Ich spürte erstmals, dass ich mit meinen ausgeprägten Freiheitsgedanken in das starre Regelsystem einer Schule schlecht hineinpasste. Meiner Ansicht nach war Unterrichten Beziehungsarbeit. Ohne Leidenschaft hätte ich die inneren Kräfte nicht generieren können, um die Schülerinnen und Schüler zu begeistern. Meinen menschlichen Affekten einen Harnisch zu verpassen war für mich keine Option. Gleich aufzuhören kam dennoch nicht infrage; ich wollte schließlich nicht als Versager dastehen. Daher meldete ich mich zur pädagogischen Zwischenprüfung an. Wenn ich gehe, dann gehe ich in Freiheit, sagte ich mir. Unmittelbar nach der sehr gut bestandenen Prüfung stieg ich aus.

Dieser Schritt war problematisch. Mein Vater und mein Großvater waren gute Maurer gewesen, und der Lehrerberuf, den ich ergreifen sollte, war die typische Karriere für den Aufstieg aus der Arbeiterklasse. Papa wäre selbst gerne auf eine höhere Schule gegangen, doch er durfte nicht. Zu seiner Zeit unternahmen Arbeiterkinder nur selten diesen Schritt, denn er widersprach den gesellschaftlichen Konventionen. Vor diesem Hintergrund war ich nun der Sohn, der auf die Sehnsucht des Vaters einschwenken und seinen Traum erfüllen sollte. Ich sollte Kopfarbeiter werden. Dieser Plan hatte meinen Neigungen durchaus entsprochen, denn handwerklich, so fand ich damals, wäre ich ohnehin nicht zu gebrauchen. Trotzdem backte ich Mitte der 1970er in einer Wohngemeinschaft aus einer Laune heraus mein erstes Brot.

Es geriet mir nicht schlecht – gemäß den damaligen Standards. Die Backkultur war in jener Zeit an einem Tiefpunkt angelangt. Traditionelles Handwerk, Sauerteig zu ziehen und seine natürliche Entwicklung gefühlvoll zu begleiten, galt als überholt. Nicht nur große Firmen, sondern auch viele kleine Bäcker verwendeten Fertigmischungen, lange bevor Billigproduktion zum Mittel im Überlebenskampf wurde. Niemand schien daran etwas faul zu finden, dem Mehl unterzumischen, was die Chemiekonzerne boten, um die Arbeit am Teig zu beschleunigen und einfacher zu machen. Die Kundschaft war damals recht anspruchslos. Fast keinem kam es noch drauf an, für unseren Organismus bekömmliches Brot zu backen. Wenn ein Brot schön aussah und frisch roch, waren die Kunden schon zufrieden. Woher der Duft kam, vom Zusatzstoff oder von einem natürlichen Gärprozess, interessierte damals nur Exoten. Exoten wie uns. Im Teig meines ersten Brotes war ausschließlich, was reindurfte: Mehl, Salz, Wasser und Hefe. Und es war genießbar. Wir haben den Laib gemeinsam in der WG verzehrt. Er schmeckte, ich erntete Lob. Backen mit den Händen war also etwas, das ich noch lernen konnte.

Dann geschah etwas, das auch viele Linke, die sich immer noch politische Illusionen über den Kommunismus gemacht hatten, schockierte: Am 16. November 1976 wurde der Liedermacher Wolf Biermann aus der DDR ausgebürgert.

Wolf Biermann stammte ursprünglich aus dem Westen. Seine Eltern waren im Widerstand, den jüdischen Vater hatten die Nazis in Auschwitz ermordet. Biermann hatte den Feuersturm des schrecklichen Bombardements Hamburgs überlebt und gesehen, wie schon bald nach dem Ende des Naziregimes die alten Kader wieder auf ihre früheren Positionen im Justizwesen befördert wurden. Mit nicht einmal 17 Jahren emigrierte er 1953 in den Osten, weil er die DDR für den besseren deutschen Staat hielt. Biermann wollte, wie er schrieb, den Kommunismus aufbauen, die Menschheit retten und von den richtigen Leuten das Richtige lernen. Er sah Bert Brecht am Berliner Ensemble bei der Arbeit zu, überzeugte Helene Weigel von sich und kam unter den prägenden Einfluss des legendären Komponisten Hanns Eisler. Biermann machte Theater, schrieb Texte, komponierte und besaß 1961 die Dreistigkeit, in seinem selbst gegründeten Berliner Arbeiter- und Studententheater ein Stück über den Mauerbau zu inszenieren. Es sollte von den »menschlichen Kosten« der Mauer handeln. Die Proben mussten abgebrochen werden, das Theater wurde geschlossen.

Kritische Liedermacher wie Biermann genossen damals im Osten wie im Westen hohes Ansehen; sie wurden Leitfiguren. Biermann trat 1964 im Westen auf, ein Jahr später in einem Kabarettprogramm von Wolfgang Neuss. Am Ostermarsch 1965 in Frankfurt konnte er noch teilnehmen, ein Lyrikband erschien in Westberlin.

Was für die Westler ein Spottgedicht auf das System war, galt den »Canaillen der Nomenklatura« (Biermann) im Osten als staatsfeindliche Hetze. Die Schikanen gegen den Künstler nahmen zu, er erlebte die DDR zunehmend als »Menschenbrechmaschine«. Als Neuss auf der Titelseite seines Satireblattes *Neuss Deutschland. Komiker aller Länder, vereinigt euch!,* ohne Rücksprache zu halten, das erste Kapitel von Biermanns kritischem Gedicht *Wintermärchen* abdruckte, war das dem Apparat zu viel. Biermann wurde mit einem unbefristeten Auftritts- und Publikationsverbot im Arbeiter-und-Bauern-Staat belegt. Das Ministerium für Staatssicherheit entwickelte einen Plan zur, wie es in der Diktion der DDR hieß, »Zersetzung« seiner Person. Dazu gehörten Maßnahmen, die tief hinein in die Privatsphäre des »zu Zersetzenden« reichten, also Psychoterror. 1976 wurde ihm behördlich gestattet, einer Einladung der IG Metall zu einer Konzertreise durch Westdeutschland nachzukommen. Viele sahen darin ein Zeichen dafür, dass die DDR vielleicht doch noch reformierbar war, dass zumindest ihre Kulturpolitik sich liberaler geben wollte. Doch dass der Staat einem Liedermacher die Bürgerrechte entziehen und die Rückkehr nach Hause verweigern würde, damit hatte niemand gerechnet.

Wie dumm, brutal und gleichermaßen feige diese Ausbürgerung war! Das Kalkül des Politbüros der SED, den eloquenten Systemkritiker aus dem Gedächtnis der kulturinteressierten Menschen in der DDR zu tilgen, verfing nicht. Nur einen Tag nach der Ausbürgerung und vier Tage nach dem Konzert in Köln sendete der WDR eine zweistündige Zusammenfassung des Kölner Konzerts im Abendprogramm. Zwei Tage danach übernahm die ARD das Programm. Die Menschen in der DDR, die Westfernsehen empfangen konnten, sahen mit. Viele von ihnen hörten und sahen Wolf Biermann auf diesem Weg zum ersten Mal.

Die Ereignisse bedeuteten eine Zäsur. Im Osten begriffen immer mehr Menschen, wie verrottet das System war. Gleichzeitig wies auch Westdeutschland unübersehbare Züge eines Überwachungsstaates auf. Immer deutlicher war zu spüren, wie sehr das Wirken des Kapitalismus alle Lebensbereiche durchdrang. Der Systemkritik fehlte es aber an einem glaubwürdigen politischen Gegenentwurf. Die Sehnsucht nach Alternativen zum kapitalistischen wie zum kommunistischen System konzentrierte sich daher auf eine Suche im eigenen Wirkungsbereich. Wer etwas ändern wollte, musste es im Rahmen des bestehenden Wirtschaftssystems versuchen, ohne seinen Bedingungen zu erliegen. Möglichkeiten dazu boten sich.

Der Soziologe und Aktivist Rudi Dutschke engagierte sich Mitte der 1970er-Jahre, das System von innen her zu verändern. Schon zehn Jahre zuvor hatte er zum Marsch durch die Institutionen aufgerufen, zu dem es schließlich auch kam. Dutschke war in unseren Augen ein brillanter Kopf, ein exzellenter Redner, mutig, charismatisch und zäh. 1968 verübte ein Gelegenheitsarbeiter einen Mordanschlag auf ihn. Am selben Tag hatte Dutschke einem Journalisten des Senders Freies Berlin auf die Frage, ob er sich bedroht fühle, geantwortet: »Normalerweise fahre ich nicht allein rum. Es kann natürlich irgendein Neurotiker oder Wahnsinniger mal 'ne Kurzschlusshandlung durchführen.« Ein paar Stunden später schoss der Attentäter ihm zweimal in den Kopf und einmal in die Brust.

Dutschke überlebte das Attentat mit knapper Not, erlag aber dann den Spätfolgen im Dezember 1979. Doch bis dahin engagierte er sich in der Außerparlamentarischen Opposition für den Aufbau einer ökosozialen Partei. Die Operationsbasis dafür war das Sozialistische Büro in Offenbach – also gar nicht weit von uns entfernt.

Ich selbst identifizierte mich zu der Zeit sehr mit der vitalen Sponti-Szene in Frankfurt am Main und bewegte mich im Dunstkreis von Joschka Fischer und Daniel Cohn-Bendit. Bei einer Solidaritätsveranstaltung für Biermann in Offenbach hielt Rudi Dutschke eine Rede. Ich ging hin und sah am Ausgang drei Männer an einem Tapeziertisch stehen, an dem sie selbst gebackenes Brot verkauften.

Einen solchen günstigen Moment, den man besser nicht ungenutzt verstreichen lässt, bezeichneten die Philosophen in der griechischen Antike als »Kairos«. Ich sprach die Männer an. Sie erzählten mir von einem Kollektiv in Wiesbaden, das seit einigen Monaten bestand. Dort versuchten sie, ihre gesellschaftspolitischen, ökologischen und humanistischen Ideale in die Praxis umzusetzen. Das waren Ansprüche, die mich faszinierten. Wenige Tage später fuhr ich hin und traf Theo Kaiser. Er zeigte mir den Laden und die Küche im Vorderhaus, die Backstube im hinteren Bereich, die Wohnungen im mittleren Haus, wo es für jeden ein eigenes Zimmer gab, und vermittelte mir das Gefühl: *Da ruft Zukunft!*

# Gesellschaftspolitisch backen

Wenn man sehr jung ist, braucht es nicht viel, um sich einen Ruck und dem eigenen Leben eine Wendung zu geben. Die destruktive Kritik an meiner Musterstunde in der Höchster Hauptschule, mein genießbarer Brotlaib in der Frankfurter Wohngemeinschaft, die Ausbürgerung Wolf Biermanns aus der DDR und ihre unterschiedliche Rezeption in Ost- und Westdeutschland, die Veranstaltung mit Rudi Dutschke in Offenbach und die Begegnung mit den Back-Kommunarden am Tapeziertisch hatten meinen Lebensplan sozusagen produktiv erschüttert. Es gab kein probateres Mittel, mich beruflich und gesellschaftspolitisch auszudrücken als in dieser Lebensgemeinschaft. Wenn die Leistungsgesellschaft zu einer Einengung im Emotionalen führt, dann müssen wir mit unseren Vorstellungen von Mitgefühl und Achtsamkeit dagegenhalten. Wenn sich die Produktion der Lebensmittel immer mehr industrialisiert und immer mehr Menschen entfremdeten Arbeitsbedingungen unterliegen, dann müssen wir Lebensmittel herstellen, die persönlich und individuell sind und unter Arbeitsbedingungen gemacht werden, die unsere Handschrift tragen und uns seelisch wie sozial entsprechen. Wir wollten uns dort verwirklichen, wo wir waren, und ein gutes Beispiel abgeben. Vielleicht war nicht immer alles gut durchdacht, was wir taten, aber wir hatten schließlich kaum Vorbilder. Wir gehörten zu den Pionieren und lernten.

Theo Kaiser war der einzige Meister, ein Konditormeister. Trotzdem gab es keinen Chef. Alle Entscheidungen wurden im Kollektiv getroffen. Ich verankerte mich fest in der Gruppe und wurde rasch zu einer der zentralen Figuren, nicht wegen meiner tollen Backkünste, sondern weil ich gut reden konnte. Das Backen lernte ich dann als Lehrling von Theo und fuhr mit ihm dreimal die Woche nach Bärstadt, einem nahe gelegenen Dorf im Taunus, um im großen Ofen von Theos Vater, ebenfalls ein Konditormeister, Brot zu backen.

Anfangs backten wir noch konventionell und machten Roggenbrot mit dem Backsauer R 22, einem künstlich hergestellten Backhilfsmittel. R 22 verwendeten damals so gut wie alle, deshalb roch es in jeder konventionellen Backstube gleich. Um natürlichen Sauerteig herzustellen, brauchte man mindestens einen Dreivierteltag, mit R 22 dauerte das Brotbacken zwei Stunden vom Mischen bis zum fertigen Laib (noch heute erfüllen viele Backzusatzstoffe den Zweck, Zeit zu sparen und die Gärung zu beschleunigen beziehungsweise zu simulieren). Viele Backzusätze von früher sind heute noch gebräuchlich, S 500 zum Beispiel seit 1975; viele neue kamen hinzu, und sie sind immer wirkungsmächtiger geworden.

Zunächst standen gesellschaftspolitische Aspekte unseres kooperativen Arbeitsmodells im Mittelpunkt, das Ökologische spielte anfangs eine eher marginale Rolle. Es gewann erst an Bedeutung, als wir Backferment kennenlernten, eine spezielle Art der milden Teiglockerung aus dem anthroposophischen Bereich. Backferment gab dem Brot einen herrlich milden, säuerlichen Geschmack. Allerdings war es viel schwieriger, damit umzugehen, als mit R 22. Wir hätten zu der Zeit mehr von den Rohstoffen verstehen und uns auf die unterschiedlichen Qualitäten des Mehls einlassen müssen. Sauerteig braucht eine Temperatur von 28 Grad (eher mehr als weniger). Wir setzten ihn am Nachmittag an. Nach einer Nacht in der Gärkammer war er morgens reif. Da wir nicht genügend warmes Fließwasser und wenig Platz hatten, mussten wir zusätzlich Wasser in einem 40-Liter-Kessel kochen und dazugeben, damit der Teig die richtige Temperatur bekam. Anfangs haben wir mit dem Thermometer gemessen, später dann, als wir mit dem Teig schon besser umgehen konnten, arbeiteten wir nach Gefühl. Irgendwann hatte mein Freund Jürgen die richtige Temperatur sozusagen im Finger.

Jürgen Leichtfuß war 24 Jahre alt, als er bei uns einstieg. Durch Erfahrung und Eigenstudien hatte er sich mit der Zeit zu einem grandiosen Bäcker entwickelt und nebenher die Gesellenprüfung abgelegt. Er ist bis heute der Know-how-Träger bei allen Broten, beim Feingebäck und in den technischen Belangen des Betriebes. Da in der Anfangsphase in unserem Umfeld niemand da war, der uns den richtigen Umgang mit Sauerteig hätte näherbringen können, fuhren wir zu Ida Pokorny, die Backferment zu einem vermarktbaren Produkt gemacht hatte. Für uns war das der Anfang von Slow Baking. Auf R 22 verzichteten wir seitdem. Eine Weile noch haben wir Amerikaner aus der Tüte hergestellt, dieses frisbeeförmige Gebäck mit Zuckerglasur als Boden. Unsere Einstellung war: Wenn wir jetzt schon so vieles anders machen und unser Brot ein Medium gesellschaftspolitischer Veränderung sein soll, dann definieren wir es nicht als *Nahrungsmittel*, sondern als *Lebensmittel*. Und wenn wir das Wort wirklich ernst nehmen, müssen wir bei allen Produkten auf Vollkorn umsteigen oder die Bäckerei sein lassen. Also liehen wir uns den Lkw meines Onkels, der ein Baugeschäft hatte, und fuhren auf die Schwäbische

Alb zu einem Biobauern, luden den Wagen mit 25-Kilo-Säcken Roggen und Weizen voll und fuhren zurück nach Wiesbaden. Wir stellten eine Getreidemühle in die Bäckereigarage und mahlten von da an selbst.

Das klingt im Rückblick alles recht kurz entschlossen und tüchtig, doch damals ernteten wir nur von wenigen Respekt für das, was wir wagten. Missgünstige Zeitgenossen und Kollegen nannten uns herablassend »Schrottbäcker« statt Schrotbäcker. Sie belächelten uns. Andere Bäcker nahmen das Wort »alternativ« nur abschätzig in den Mund.

Geschmacklich war unser Brot damals bereits ziemlich gut, was man vom Aussehen allerdings nicht behaupten konnte. Auf das Äußere kam es uns nicht an. Unansehnlich, aber gut und gesund war unser Brot. Trotzdem: So, wie unsere Laibe aussahen, wären sie heute unverkäuflich. Zum Beispiel unser Gewürzbrot mit ganzen Körnern von Kümmel, Fenchel und Koriander auf der Kruste – Brot für Liebhaber würde man so etwas heute vielleicht nennen. Allerdings gab es nicht wenige Überzeugte, die uns übel nahmen, dass wir irgendwann wieder anfingen, auch Brötchen aus Auszugsmehl herzustellen. Darauf gab es in unseren zwei, drei Läden richtig böse Reaktionen, weil wir den Pfad des Purismus verließen. Viele konventionelle Bäcker belächelten uns ohnehin. Wir dilettierten und improvisierten, holten Quellwasser aus einem Brunnen und taten Sonnenblumenkerne in den Brotteig. So etwas hatte noch keiner gemacht. Da sie als Vogelfutter galten, taten sie unserem Image gar nicht gut. Ein paar Jahre später allerdings gehörte Sonnenblumenbrot zu den beliebtesten Sorten in Deutschland. Es wurde landauf, landab gewissermaßen Standard.

»Schrotbrot – Alternative Bäcker in Wiesbaden« hieß die Fernseh-Dokumentation, die 1979 über uns gedreht wurde – zu einer Zeit, als Alternativen im Wirtschaftssystem noch rar waren. Der WDR widmete uns 30 Minuten Sendezeit, weil wir aus dem Rahmen fielen. Wir waren eloquent, mitunter dreist, ein Kollektiv und daher interessant. Arbeit, Freizeit, Familie – selbst organisiert schuften, spielen, Verantwortung übernehmen –, alles integrativ in einem. Wir wohnten, kochten und aßen zusammen. So lebte kein normaler Bundesbürger. Wir kümmerten uns um die Kinder – auch um die der anderen –, hatten Spaß zusammen, diskutierten. Wir tauschten gesellschaftspolitische Ideen aus und bildeten uns weiter.

Filmische Momentaufnahmen eines Morgens um acht: Birgit und ich werkten seit 5 : 00 Uhr in der Backstube. Ich war der Studienabbrecher, sie eine beamtete Volksschullehrerin, die ursprünglich nur vorgehabt hatte, eine Weile mitzumachen, aber dann blieb sie doch einige Jahre und ging in der Arbeit in der Gruppe auf. Mit dabei auch die frühere Anwaltsgehilfin Elisabeth und der ehemalige Postbote Rüdiger, der die Gesellenprüfung machen wollte. Ein Buchhändler namens Rainer kam, um mal etwas anderes zu versuchen. Unter Amateuren und Autodidakten war der Konditormeister Theo Kaiser zunächst der einzige Profi, bis Hans-Paul Mattke bei uns einstieg. Auch er war Konditor, Student der Sozialpädagogik und machte die Bäckermeisterprüfung nach dem Ausstieg von Theo Kaiser. Nebenbei machte er für alle das Frühstück und schmiss den Laden mit schwacher Kundenfrequenz. Neben Brot, Rosinenplätzchen und Kuchen gab es auch gesellschaftskritische

Zeitschriften zu kaufen. Wir wollten mit unseren Kundinnen und Kunden auch geistig in Kontakt treten. Heike und Rosi passten auf die Kinder auf, sie machten auch die Wäsche und die Büroarbeit. Der ungelernte Arbeiter Roland bestückte den Lieferwagen und fuhr damit auf den Markt nach Mainz, wo wir einen eigenen Stand betrieben. Für alle, die zurückblieben, gab es um 9:00 Frühstück und um 13:00 Uhr das Mittagessen. Dann konnten die Leute der Frühschicht sich ausruhen. Von 16:00 Uhr bis 19:00 Uhr haben alle wieder gearbeitet, in der Bäckerei, im Laden, oder sie haben Wartungsarbeiten durchgeführt. Abends saßen wir zum Essen abermals zusammen. Wir waren keine Ernährungspuristen, verwendeten aber Zutaten, die wir für biologisch einwandfrei hielten. Das Mehl mahlten wir aus ökologisch angebautem Getreide. Wir hatten starke Überzeugungen, gewisse Kenntnisse und Fertigkeiten. Zur politischen Weiterbildung lasen wir unter anderem Texte von Ernst Bloch. Wir sangen Lieder und setzten uns mit gesellschaftspolitischen Fragen auseinander. Wir traten als undogmatische Linke auf, konnten aber Begriffen wie links und rechts immer weniger abgewinnen. Sie dienten uns als argumentativer Kompass, um Richtungen zu benennen, mehr nicht. Der Sozialismus in der DDR erschien uns wie eine Perversion, statt Hoffnung verbreitete er Schrecken. Oder, wie Wolf Biermann sang: »Sozialismus – schön und gut. Aber was man uns hier aufsetzt, das ist der falsche Hut.« Urchristliche Gedanken waren uns näher als die programmatischen Ansagen diverser Linksgruppen.

Betriebswirtschaftlich arbeiteten wir ins Blaue hinein. Niemand hatte den Überblick; trotzdem gelang es uns stets, unsere Rechnungen zu begleichen. Doch wir schafften das nur mit einem erheblichen Maß an freiwilliger Selbstausbeutung. Und nicht selten machte sich das Gefühl breit, dass die Arbeit uns auffrisst.

Nicht alle waren gleich belastbar, nicht alle hatten immer einen guten Tag – oft lief es unrund. Reibungen zwischen den Kollegen und Freunden kosteten Kraft. Einer übernahm, was andere hätten machen sollen. So konnte sich auch außerhalb kapitalistischer Produktionsbedingungen und Herrschaftsverhältnisse das Gefühl einstellen, ausgenutzt zu werden. Doch trotz teilweiser Überbelastung hielten wir bei personellen Engpässen zusammen.

## Das Risiko der Alternative

Waren wir *dafür* ausgestiegen? Hatten wir *dafür* einen Alternativbetrieb geschaffen, um uns aufzureiben? Wir wechselten bewusst die Arbeitsplätze, um die Kompetenzen zu erweitern und der Monotonie entgegenzuwirken. Uns lag auch daran, die Gleichrangigkeit der verschiedenen Rollen zu unterstreichen. Jeder fing mal um 5:00 Uhr in der Backstube an, jeder ging mal in den Laden oder führte den Marktstand. Und wer morgens auslieferte, backte am Nachmittag Plätzchen. Denn die arbeitsteilige Routine zu durchbrechen gehörte zum Konzept. Gleiche unter Gleichen zu sein war unsere gelebte Utopie. Jeder bekam denselben Stundenlohn von 3,50 DM und dasselbe Monatsgehalt von 700 DM auf die Hand – egal, ob Hilfsarbeiter, Lehrling, Geselle oder Meister.

Wer eine große Anschaffung tätigen wollte, musste mit der Gruppe reden. Stimmte die zu, dann gab es Extrageld aus der Gemeinschaftskasse. Solche Entscheidungen fielen schwer, denn wir hatten uns zur Übernahme der Bäckerei auf zehn Jahre bei der Bank verschuldet. Da war kein Platz für Luxus, da blieb kein Spielraum zur Verwirklichung der wundervollen, visionären Idee, ein Schulungszentrum für richtiges Backen und gesunde Ernährung zu gründen.

Im Lauf der Jahre erlebten wir, dass das geschwisterliche Leben schwerer war, als wir es uns vorgestellt hatten. Wir hatten geglaubt, reines Miteinander leben zu können, und waren von dem Gegeneinander, das sich langsam ins Miteinander mischte, überrascht. Als wir anfingen, sollte die Gruppe eine neue Familie darstellen, in der jeder besser zurechtkäme als in früheren Wohngemeinschaften und in der Herkunftsfamilie. Das erwies sich als schwieriger, als wir es erwartet hatten, weil gruppendynamische Prozesse zu Eifersüchteleien und Machtgerangel führten. Manche fühlten sich in Vater- und Mutterrollen gedrängt. Ohne es zu merken, hatte uns die Abkehr von der hierarchischen Leistungsgesellschaft in eine neue Form von Segmentierung und Leistungsorientierung geführt. Wir hatten eine Utopie und sahen sie bröckeln. Sollte uns allerdings die Luft ausgehen, so dachten wir, dann würde das dem großen Ganzen Kraft rauben. Also hielten wir an dem Traum von der besseren Gesellschaft im Kleinen fest. Wir gaben bei aller Mühsal und allen Frustrationen nicht auf, durch unser gutes Beispiel auf die Gesellschaft einwirken zu wollen.

Obwohl wir damals, 1979, in einer Wachstumsbranche arbeiteten, war einigen von uns bereits klar, dass es mit unserer freiwilligen Selbstausbeutung auf die Dauer so nicht weitergehen konnte. Großunternehmen ließen die Ernährungsgewohnheiten unseres Reformhauspublikums von Marktforschern erheben. Es war absehbar, dass wir es eher früher als später mit mächtiger Konkurrenz zu tun bekommen würden, die es auf unsere kleine Produktnische abgesehen hatte. Wir mussten uns professionalisieren.

Aus heutiger Sicht betrachtet, war das alles ganz schön aufreibend. Wir forderten und überforderten uns. Wir arbeiteten hart und gingen dabei keiner Diskussion aus dem Weg. Das Thema »Entfremdung« haben wir damals besonders intensiv diskutiert. Moderne Produktionsweisen führten zur Entfremdung der Menschen voneinander, von ihrer Arbeit und von ihren Produkten. Entfremdung betraf auch die Individuen selbst: Industrialisierte Produktionsweisen entfremdeten die Menschen von ihrem »eigentlichen Selbst«, ihrer wahren Natur. Wir wollten als Bäckerkollektiv tun, was möglich war, um jeder Form von Entfremdung zu entgehen. Während die Konfliktlinien im Inneren immer anstrengender wurden, präsentierten wir uns nach außen hin geschlossen und dehnten unseren Aktionsradius immer wieder auf Bürgerbewegung und Bürgerinitiativen aus, um das große politische Feld mitzubestellen und Aktivisten zu unterstützen. Wir wollten ein gutes Beispiel für alle abgeben: »Seht her, es geht auch anders! Man kann die Dinge auch so machen und glücklicher sein aus dem Bewusstsein heraus, das Richtige zu tun.«

Wir hatten Hefegebäck in der Form von Atomkraftwerken hergestellt und eine »Atomkraft? Nein danke!«-Plakette daraufgeklebt. Diese *AtomKuchenWerke* verkauften wir im Rahmen von Demos und auf Wochenmärkten gleich neben dem normalen Brot. Wir gingen damit zu Treffen von Bürgerinitiativen, und was uns vom Verkauf blieb, spendeten wir.

Allerdings tickten nicht alle in der Gruppe gleich. Ich war eine Fraktion, jemand anderer war eine Fraktion. Vor allem zwischen Theo Kaiser und mir gab es Machtgerangel. Er war strukturierter. Seine politische Arbeit hatte zuvor darin bestanden, mit einer Gruppe von Aktivisten in Industriebetriebe zu gehen, um für eine Humanisierung der Fließbandarbeit einzutreten. Ich kam dagegen von den Spontis und wollte Spontanaktionen machen. Spielwiesen dafür gab es in jenen aufrührerischen Zeiten mehr als genug.

»Abmarsch in den Atomstaat?« titelte *Der Spiegel* im März 1979. Das geplante Atommüll-Endlager in der Nähe von Gorleben war für uns ein Fanal. Hier ging es um Umwelt, Demokratie und Bürgerrechte – alles zusammen. Bauern hielten sich an Kranwagen fest und riefen: »Das ist unser Land.« Frauen hoben im Wald Gräben aus und schaufelten einen Sandwall, in den sie eine Tafel steckten und »Friede!« daraufschrieben. Die Menschen aus dem Lager des Bürgerprotests sagten der Republik die schwersten Erschütterungen der Nachkriegszeit voraus.

Aus unserer Sicht war es ein Wahnsinn, auf eine Technologie zu setzen, die 1000 Generationen gefährlich strahlenden Müll hinterlässt – und die laut einer Studie des Forums Ökologisch-Soziale Marktwirtschaft (FÖS) zwischen 1950 und 2010 mit insgesamt 204 Milliarden Euro vom Staat bezuschusst wurde (die noch kommenden Mehrkosten sind nicht abzuschätzen). Wir glaubten den Beteuerungen nicht, das Endlager wäre sicher. Wir misstrauten den Behauptungen, es gäbe keine Alternative zur »friedlichen Nutzung« der Kernenergie. Die niedersächsische Landesregierung versprach Arbeitsplätze im strukturschwachen Gebiet Lüchow-Dannenberg. Mit einem finanziellen Aufwand von zwölf Milliarden DM sollte ein zwölf Quadratkilometer umfassendes Areal bebaut werden. In den Salzstock von Gorleben trieb man ein verzweigtes Grubensystem, um darin die ausgebrannten Brennstäbe zu lagern. 68 bombensichere Atombunker sollten bis zu 65 Meter in die Höhe ragen, die höchsten Schlote 200 Meter hoch. Da war eine gigantische Vernichtung von Naturlandschaft in Vorbereitung.

Die Grundbesitzer bekamen fertige Kaufverträge mit »Standortzuschlag« und kurzer Zustimmungspflicht ins Haus geschickt. Als nicht alle unterschrieben, drohte die Regierung, nach Ablauf der Frist Enteignungsverfahren gegen jene Eigentümer einzuleiten, die das Angebot ausschlugen. Würde der Staat gewinnen, woran nur geringe Zweifel bestanden, hätte das für die Bauern den Verlust ihres Landes und den Verlust von viel Geld bedeutet. Statt 4,10 DM hätten sie nur 45 Pfennig pro Quadratmeter Land erhalten. Bei solchen Aussichten war der Druck groß, klein beizugeben.

Die staatlichen Dienste betrieben ähnliche Methoden zur »Zersetzung« Missliebiger wie die DDR und ließen Personen, die sich ihrem Diktat nicht beugen wollten, durch private Wachkommandos auffällig-unauffällig überwachen. Wer nicht kooperierte, sollte zermürbt werden. Der Bundesgrenzschutz wurde angefordert. Im ehemaligen Zuchthaus Celle ließen die Behörden 80 Zellen für Demonstranten frei machen. Doch die ließen sich nicht unterkriegen. Ihr Protest wurde zu einem Aufstand gegen die Atomkraft, für Partizipation, echte Demokratie und Ökologie. Einige Monate lang war die verschlafene Gegend um Gorleben an der Elbe das Zentrum des politischen Kampfes in Deutschland. Alle Bürgerinitiativen des Landes trafen dort zusammen. Das war Jahre vor dem Super-GAU in Tschernobyl und Jahrzehnte vor Fukushima. Die Atomlobby sprach von der friedlichen Nutzung der Atomenergie als einer todsicheren Form der Energiegewinnung. Uns erschien sie in der Tat »totsicher«. Die bürgerliche Mitte und die sozialdemokratische Arbeiterschaft betrachteten Energiefragen wirtschaftlich. Deutschland brauchte mehr Strom, also sollten Atomkraftwerke gebaut werden.

Damit waren wir von *Kaiser* nicht einverstanden und legten selbstverständlich Info-Materialien in unserem Laden aus. In der Beurteilung, wie wir uns darüber hinaus verhalten sollten, waren wir jedoch uneins. Manche meinten, wir sollten lieber darauf achten, wie wir mit unserem kleinen Betrieb zurande kämen, und ihn professionalisieren. Ich sah das anders, wollte 300 Laibe Brot in unseren VW-Bus packen und nach Gorleben fahren, ein Zeichen setzen, Brot verkaufen und den Gewinn nach Abzug der Kosten einer dortigen Bürgerinitiative spenden.

Abends saßen wir am Küchentisch und diskutierten. Einige meinten, das mit dem Verkaufen könnte vielleicht misslingen. Was wäre, wenn ich auf einem großen Teil des Brotes sitzen bliebe? Wir hätten hier vor Ort genug zu tun und könnten uns eine Aufspaltung der Kräfte nicht leisten. Doch schließlich ließen mich die Skeptiker ziehen. Drei schlossen sich mir an, vier blieben daheim, um die Produktion und den Laden am Laufen zu erhalten.

Mit der Brotlieferung nach Niedersachsen verlangte ich den Kolleginnen und Kollegen so einiges ab. 300 Laibe waren bei der damaligen Produktionsmenge viel. Das Vertrauen in mein Urteilsvermögen stand auf dem Spiel. Die Distanz betrug fast 500 Kilometer, für die wir über sechs Stunden brauchten. Es war Freitag, und wir errichteten unseren Stand mit dem gebührenden Ernst. In Gorleben ging es um mehr als Biovollkorn. Als die Veranstaltung startete, war niemand an unseren Broten interessiert. Bis zum Abend hatten wir lediglich drei Laibe Brot verkauft.

Auch am nächsten Morgen lief es nicht besser. Mittags überredete ich Rainer, den Buchhändler, zu einem ungewöhnlichen Schritt. Wir legten Laibe in Bastkörbe und liefen die Straße entlang von Haus zu Haus, klingelten an jeder Tür, priesen die Qualität von Biovollkorn an und hoben hervor, dass wir mit unserem Gewinn die Bürgerinitiative unterstützen wollten. Auch das klappte nicht. Nach vier Stunden hatten wir bloß ein paar Stück unter die Leute gebracht. Mit einem VW-Bus voll altem Brot nach Wiesbaden zurückzukehren hätte das Ende für die Umsetzung aktionistischer Ideen im Kollektiv bedeutet. Keiner von denen, die mich beim Gorleben-Trip unterstützten, hätte je wieder bei so etwas mitgemacht.

Ein Sprecher einer Bürgerinitiative rettete mein Projekt. Bei der Schlusskundgebung am Sonntag sagte er von der Bühne runter über die Verstärkeranlage: »Übrigens, die Bäckerei da, die sind mit dem ganzen Brot gekommen und müssen das auch wieder loswerden. Nehmt doch was mit in eure Gruppen oder mit nach Hause.«

Danach waren wir innerhalb von einer Stunde unseren gesamten Bestand los und konnten fröhlich singend nach Hause fahren. Den Ertrag hatten wir bei einer Bürgerinitiative zurückgelassen.

Trotz des Erfolgs von Gorleben kam es in unserem Alternativunternehmen immer öfter zu Auseinandersetzungen, weil ich in den Augen der anderen das politische Engagement zu hoch über die Niederungen des geschäftlichen Alltags stellen wollte. Ich war enttäuscht, dass nicht alle die Grundidee gleich ernst nahmen, und war der festen Überzeugung, dass sie so nicht richtig gelebt würde. Theo Kaiser wollte mehr Struktur und ich mehr Spontaneität – Chaos in Kauf nehmend. Meine Freundin Rosi und ich setzten uns daher von den anderen immer mehr ab. Ich sah auf uns zukommen, was Bertolt Brecht pointiert in den Satz gefasst hatte: »Alle großen Ideen scheitern an den Leuten.« Und so teilte ich den anderen mit, dass ich aussteigen würde. Rosi und ich wollten mit dem Fahrrad durch Frankreich fahren. Doch aus der Reise wurde nichts.

## Intellektuelle Diskurse

Zu der Zeit trat eine linke politische Zeitschrift mit der Bitte um ein Interview an die Bäckergruppe heran. Meine Rolle darin war umstritten. Ich hatte mir praktisch Meinungsführerschaft angemaßt und war als Richtungsweiser zwar wichtig, allerdings gleichzeitig – vorsichtig gesprochen – polarisierend. Da die Zeitschrift aber einen

Ansprechpartner haben wollte, kamen alle überein, dass ich das Interview geben und unsere Haltungen und Lebenspraxis erläutern sollte.

Als dann wenig später die Printausgabe erschien, saßen wir zusammen an einem Tisch. Und während alle nacheinander den Artikel lasen, fanden sie darin ihre Sehnsüchte und Lebensentwürfe wieder. Sie forderten mich auf zu bleiben, weil ich die Idee unserer Alternativgruppe ausdrücken konnte und sie eigentlich zum ersten Mal schriftlich sichtbar war – wie in einem Manifest.

Unsere Dynamik war unglaublich. Wir lebten im permanenten Austausch, versuchten ständig, uns neu zu positionieren, und lasen den damals so geschätzten Sexualforscher und Psychoanalytiker Wilhelm Reich. Sein Bild vom »Charakterpanzer« motivierte uns, die eigenen und die der Freunde zu hinterfragen. Wir ließen uns von der humanistischen Psychoanalyse anstecken, die im Menschen kein verkommenes, grenzenlos egoistisches Triebtier sah, sondern »ein Stück selbstverständlicher, anständiger Natur«. Einer von Reichs Leitsätzen lautete: »Liebe, Arbeit und Wissen sind die Urquellen des Lebens, sie sollten es auch beherrschen.« Das war eine starke Ansage, die uns tief beeindruckte und Halt gab. Wie nahe dieses Diktum an unseren Sehnsüchten und unserer Lebenspraxis war! Liebe und Sex gehörten für Wilhelm Reich zusammen, galten aber nicht allein dem Mitmenschen und schon gar nicht dem Ego, sondern dem Leben an sich. Arbeit war nach Reich etwas Schönes, kein notwendiges Übel, um finanziell über die Runden zu kommen, sondern freudiger Lebensausdruck – ein Gedanke, der meine Haltung geprägt hat.

Wissen ist Wilhelm Reich zufolge der momentane Zustand der Entwicklung eines Geistes. Durch gesunde Neugier lässt er sich permanent erweitern auf dem Weg zu einer niemals zu erreichenden Vervollkommnung. Wenn die natürliche Transformation menschlicher Energie blockiert ist, kann das Individuum sich liebesmäßig nicht äußern, dann verklumpt diese Energie zur Neurose und kann zu Neid, Hass und destruktivem Zorn mutieren. Aus Lebenslust jedoch kann eine neue natürliche Moral entstehen: Weichheit ohne Schwäche, Kraft ohne Herrschaft, Haltung ohne Starrheit, Anpassung ohne Selbstaufgabe, Empathie ohne Sentimentalität, Ausstrahlung ohne Manipulation. Eine perfekte Beschreibung dessen, wonach wir uns sehnten, fanden wir in den Ansätzen Wilhelm Reichs.

Parallel zu solchen Grundwertebetrachtungen gewannen auch ganz pragmatische Tendenzen in unserem Kollektiv Raum. Wir gingen dazu über, jeden Monat einen Chef zu wählen, um nicht immer endlos diskutieren zu müssen. Einen großen Teil der Entscheidungen sollte eine Person alleine treffen. Die Wahl fiel meistens auf diejenige Person, die gerade emotional und energetisch am präsentesten war. Diese Strategie hat gar nicht schlecht funktioniert.

Das Private ist das Politische – das war ein Vermächtnis der 68er-Bewegung. Und wir versuchten, die Theorie in der Praxis zu leben – wie es zuvor die Kommune 2 in Berlin-Charlottenburg getan hatte. Zusammen mit der Arbeiterselbsthilfe Bonames, die sich wie wir als Anstifter einer linken, autonomen Gegenkultur verstand, gaben wir die Zeitung *Wir wollen's anders* heraus und verkauften sie bei uns im Laden. Der Mensch lebt nicht vom Brot allein, er braucht auch gedankliche Nahrung –

das war die Idee. Wir machten Aktionen, nahmen an Bürgerinitiativen teil, verkauften Produkte und feierten Feste.

Verständlicherweise war meine Mutter unglücklich darüber, dass ich die akademische Laufbahn geschmissen hatte. Trotzdem sprang diese wunderbare Frau über ihren Schatten und schenkte mir zum Geburtstag neun blaue Latzhosen in passender Größe für alle meine Kolleginnen und Kollegen in der Kommune. Wir haben so polarisiert, dass uns die Leute entweder toll fanden oder vollkommen daneben. Dazwischen gab es nichts und auch keine Instanz, die zwischen den Extrempositionen hätte vermitteln können. Man muss sich das vorstellen: Wir waren nicht nur für die Medien interessant, wir wurden zum Anschauungsobjekt.

Der Psychoanalytiker Horst-Eberhard Richter, eine Leitfigur der Friedensbewegung, hatte damals in seinem Buch *Der Gotteskomplex. Die Geburt und die Krise des Glaubens an die Allmacht des Menschen* beschrieben, was es in den Menschen bewirkte, aus mittelalterlicher Ohnmacht in einen Zustand egozentrischer pseudogöttlicher Allmacht aufzusteigen. Den Gotteskomplex der Moderne gelte es zu überwinden, schlossen wir daraus, wenn wir unser Überleben als Gattung sichern wollten.

Richters Buch war das letzte, das wir gemeinschaftlich lasen. Es half uns, das Bild, das andere von uns hatten, besser einzuschätzen, da sie uns entweder überhöhten oder verteufelten. In unseren Augen waren wir Suchende. Da das jedoch nur von den wenigsten erkannt wurde, galten wir vielen als Provokateure. Wir waren interessant und ließen niemanden kalt. Sogar der damals bekannte Psychologe Dieter Duhm besuchte uns. Fast jeden Monat wollten Fernsehsender und Zeitungen oder illustrierte Magazine Beiträge über uns bringen. Wir waren Exoten. Eine spanische Gewerkschaftszeitung fand unser Projekt spannend und schickte ein Team, das sich unsere Lebenspraxis vor Ort ansah. Denn die Alternativbewegung galt vielen als Projektionsfläche von Bedürfnissen, die in der Gesellschaft kaum integriert waren. Wir warfen Fragen auf, wir wurden bewundert, und wir *regten auf* – ohne es zu wollen. Denn eigentlich wollten wir nur *anregen* und merkten lange nicht, dass unsere Popularität auch problematische Begleiterscheinungen zeitigte. Während wir unsere sozialen Experimente lebten, waren wir als Kommune innerhalb kürzester Zeit von neun Personen auf 24 angewachsen. Die meisten Neuzugänge wollten mit uns leben, aber nicht in der Backstube stehen. Misstrauen und Eifersucht griffen um sich. Also haben wir nach einem Jahr die Notbremse gezogen: Meine Freundin Rosi und ich zogen mit unserem kleinen Sohn aus. Andere taten es uns gleich. Das Experiment erodierte aufgrund von Machtkämpfen und Konkurrenzdenken. Das ganze Projekt Biobäckerei stand auf der Kippe.

Damals zeigte sich die Notwendigkeit einer Neuaufstellung der Bäckerei, der Lebensweise, der persönlichen Orientierung. Rosi und ich hatten unseren Sohn Florian bekommen. Unter denen, die das Bäckerkollektiv verließen, war auch der Initiator und Namensgeber Theo Kaiser. Dass er wegging, war ein schwerer Verlust. Er war wichtig als Mensch gewesen, als Impulsgeber, als Bäcker und als unternehmerischer Profi. Die Bankverbindlichkeiten liefen auf seinen Namen. Die gesamte Struktur war ohne ihn unhaltbar. Der Weggang aller anderen war auch ein schwerer Verlust.

Hans-Paul Mattke, der später *Moin Bio* gründete und 1998 mit seiner Produktion nach Glückstadt an der Elbe übersiedelte, und ich entschlossen uns weiterzumachen. *Kaiser* war ein eingeführter Name, den wollten wir behalten und damit den Gründer und seine Ideen würdigen. Wir transformierten das Betriebsvermögen der bisherigen Einzelhandelsgesellschaft 1979 in eine GmbH und übernahmen die Lasten des Kollektivs, für die Theo Kaiser geradegestanden hatte. In der Summe verschuldeten wir uns mit 20 000 DM. Das war damals viel Geld, gemessen am Vermögen und an unserer Kreditwürdigkeit. Unternehmerisch betrachtet, war der Betrag gering. Ich ging in den Vertrieb und übernahm die kaufmännische Leitung, Hans-Paul kümmerte sich um die Produktion. Zum Glück stieß ein Jahr später mein alter Freund Jürgen Leichtfuß dazu. Im Großen und Ganzen hatte sich das egalitäre Modell überlebt. Wir mussten die alten Bilder in unseren Köpfen aufgeben, hatten aber keine besseren parat.

## Gemischte Gefühle

Die Atmosphären der Kindheit bleiben für immer in der Seele. Die Stimmung daheim war geprägt von der dörflichen Struktur und einem Geist der Nachkriegszeit, der noch sehr spürbar war. Drei Generationen lebten in einem ganz kleinen Haus. Meine Eltern waren jung, Vater musste viel arbeiten. Daher waren wir drei Kinder viel auf uns alleine gestellt. Ich merkte früh, dass ich mich selbst erfinden musste. Vielleicht spürten die Kinder und Jugendlichen jener Zeit, wie viel ihre Eltern und Großeltern verdrängen mussten, um so kurz nach dem Krieg ein einigermaßen normales Leben zu führen.

Kaum jemand sprach darüber, was er oder sie über den Nationalsozialismus, den Krieg und den Holocaust dachten, weil das Geschehene zu groß für die Menschen war und nur das Vergessen einigermaßen Sicherheit vor schier unerträglichen Lasten zu bieten schien. Dem Grundgefühl der Verdrängung konnte sich die heranwachsende Generation kaum entziehen. Und ich denke, dass die seelischen Nachbeben der Weltkatastrophe vielen eine nachhaltige Ernsthaftigkeit ans Herz legten. Eine Ernsthaftigkeit, die das starke Bedürfnis weckte, tiefer zu schürfen und hinter die Fassaden zu blicken. Doch das war uns Jungen erst möglich, als wir schon älter waren.

Zunächst hatte ich mich von Vaters Strebsamkeit anstecken lassen und von ihm gelernt, eigene Welten im Kopf zu erschaffen. Die Fantasie bot viele kleine und große Fluchten. Ich projizierte mich an die Seite von Jesus oder von Winnetou und Old Shatterhand beim Vollbringen großer Taten. Wir Kinder bauten Häuschen im Wald und klauten Äpfel aus Nachbars Garten. Zu diesem unkonventionellen Setting, den kleinen anarchischen Dingen, trat noch etwas hinzu, was von besonders nachhaltiger Wirkung war: das reichlich entgegengebrachte Vertrauen. Damals war es für ein Kind der Arbeiterschaft in einem Dorf noch unüblich, die Mittelschule, die Realschule und das Aufbaugymnasium zu besuchen. Ich hatte das Glück. Jürgen Leichtfuß, mein bis heute engster Mistreiter im Unternehmen, war schon damals mein Freund und sein Vater Direktor des Gymnasiums. Er war ein am Denken an sich interessierter Liberaler. Abends haben wir alle zusammen Texte der Aufklärer gelesen und diskutiert – freiwillig. Wenn ich also heute von Vertrauenskultur und Potenzialentfaltung im Betrieb spreche, dann tue ich das aufgrund der Erfahrung, wie viel ich selbst davon profitiert habe, dass es Menschen gab, die mit neuen Ideen kamen und in mir mehr sahen, als ich im Moment darstellte – also jenseits meiner Leistungen, die ich tatsächlich erbrachte. Ich habe die Schulzeit insgesamt als interdisziplinär in Erinnerung, als Allgemeinbildung im besten Sinne. Der Mathematiklehrer vermittelte ein Gefühl für Zahlen, und die politischen Köpfe unter den Lehrerinnen und Lehrern erweiterten unseren Horizont hinsichtlich des Vietnamkriegs und des Imperialismus. Wem das Glück solcher Zutrauensboni zuteilwird, kann sie verinnerlichen und den Strukturen seiner Wahrnehmungen, seines Gespürs und seines Sozialverhaltens zugrunde legen.

»Kein Mensch kann diese wunderbaren Fähigkeiten entwickeln, wenn es nicht andere gäbe, mit denen er zusammenarbeitet, mit denen er Erfahrungen austauscht, mit denen er nach Lösungen sucht«, sagte der Neurobiologe Gerald Hüther in einem Interview. Für die Arbeitswelt bedeutet das, niemanden auf eine Funktion zu reduzieren. Es gehört zur Arbeit eines fortschrittlichen Unternehmers, für Bedingungen zu sorgen, in denen Prozesse möglich sind, die man sich zunächst gar nicht vorstellen kann. Apropos Fortschritt: *Fortschritt* ist zu Unrecht anrüchig geworden. Es ist ein guter Begriff, wenn wir ihn aus seiner Verbannung ins Reich der Technik befreien und wieder dort ansiedeln wollen, wo er schon mal war: in der Gesellschaft, im Sozialwesen, in der Psychologie und der Arbeitswelt. Wäre es nicht wunderbar, daran zu arbeiten, dass mehr Menschen ihre Arbeitszeit als Lebenszeit empfinden, dass Potenzialentfaltung ganz selbstverständlich zu den Unternehmensstrategien gehört?

Nachdem also 1979 die soziale Idee einer Lebens- und Produktionsgemeinschaft gescheitert war, konzentrierten wir uns auf die Produktidee und auf die Ethik der Produkte. Wie werden unsere Rohstoffe hergestellt? Wie ist ihre Wirkung auf Natur und Mensch? Das waren Fragen, die uns bewegten und die nach kreativen Antworten verlangten. Wie schaffen wir es, ein *Lebensmittel* herzustellen? Unsere Brot- und Backwaren sollten den Menschen nicht nur ernähren, sondern für das Leben an sich förderlich sein. Wir wollten aus der Natur schöpfen und ihre Kräfte so nutzen, dass unsere Produkte Körper und Seele guttaten. Arbeit war unsere Lebensweise. Wir konnten darin aufgehen, weil sie bei aller Mühsal, bei allem Risiko keine entfremdete Arbeit war. Wir konnten sie ja wirklich auch wegen unserer umfassenden Ansprüche als politische Arbeit empfinden.

Ideologisch waren wir von Max Otto Bruker und Johann Georg Schnitzer beeinflusst. Bruker war Arzt und ein Verfechter der Vollwerternährung. Schnitzer schrieb über Zivilisationskrankheiten. Heute ist das ein Allerweltsbegriff, doch damals wurde die These, unsere moderne Ernährung könnte uns nicht bloß dicker, sondern auch kränker machen, von den Medien ignoriert. Hans-Paul Mattke und ich machten bei Bruker den Grundkurs der Ausbildung zum Gesundheitsberater. Neugierige stießen nach der Auflösung des Bäckerkollektivs zu uns, wollten mitarbeiten und mitreden. Doch Mitgesellschafter werden, das wollte niemand. Alle scheuten das Risiko und die Verantwortung. Das alte Mitbestimmungsmodell ließ sich nicht wiederbeleben, wenn nur zwei Männer das Risiko tragen. Daher entschlossen wir uns zu einer konventionellen Struktur mit entsprechender Hierarchie.

Wir wollten gut sein, wir wollten Erfolg. Ich besuchte die unterschiedlichsten Programme, nahm an Managementkursen teil, legte die Prüfung zum Betriebswirt des Bäckerhandwerks ab, machte eine Ausbildung für Themenzentrierte Interaktion (TZI), ging in Gestalttherapie und Selbsterfahrungsgruppen. Die deutsche Ökoszene wurde immer breiter. Neue Firmen etablierten sich – teils egalitären Modellen folgend – und wurden bald von denselben Problemen heimgesucht wie *Kaiser* in seiner früheren Phase. Immer wieder kamen Leute zu mir und baten mich um Rat, den ich auch gern erteilte. Das waren einerseits Gratishilfestellungen. Ebenso wichtig war es mir aber, den Beweis zu erbringen, jenseits der alternativen Kultur- und Wirtschaftswelt erfolgreich bestehen zu können. Ich sah mir ihre Firmen an, deklarierte mich als Unternehmensberater und ließ mich für meine Interventionen schließlich bezahlen. Damit eröffnete ich eine neue Tätigkeitsschiene, die ich bald über den Alternativ- und Ökobereich hinaus ausdehnte. Dort waren die Honorare höher, was mich in die Lage versetzte, meine eigene Bäckerei zu alimentieren, wenn sie mal nicht gut lief – was in den 1990er-Jahren dramatisch der Fall war. Ich lernte, Systemfehler zu erkennen und Diagnosen zu stellen, woran eine Abteilung oder ein Betrieb krankte. Ich unterstützte mit Rat einzelne Führungskräfte und ganze Teams. Das erwähne ich im Zusammenhang mit der

Geschichte unseres Unternehmens nicht der Vollständigkeit halber, sondern weil ich Erfahrung auf dem Gebiet der Unternehmensführung in vielen Sparten machen konnte. Meine ganze Unternehmensethik hat sich also nicht allein im eigenen Betrieb entwickelt, sondern im Rahmen vieler verschiedener Betriebe, in denen ich in den letzten 35 Jahren in irgendeiner Form beratend tätig war. Ein guter Lehrer hört nie auf zu lernen – ein guter Berater auch nicht. Und er kann von den Erfahrungen auch immer etwas in die eigene Firma mitnehmen.

Die Dinge entwickelten sich in den 1980er-Jahren ökonomisch nicht übel, in menschlicher Hinsicht allerdings leider schon. Die Entscheidung, die soziale Utopie hinter uns zu lassen, die Wirklichkeit nüchtern zu sehen und selbst die Rolle einzunehmen, die es braucht, um unsere Biobäckerei zum Erfolg zu führen, fiel uns schwer. Ich hatte diese Rolle ja stets abgelehnt, wollte keinen Chef über mir und keines Menschen Chef sein. Doch nun war ich es plötzlich, und ich nahm mir Dinge heraus, die mir kraft meiner Rolle quasi *zustanden*. Dinge, die ich früher nie gemacht hätte. Ich erfüllte Klischeebilder, verlor mich selbst aus den Augen, büßte an Authentizität ein und bekam Spaß daran, Macht auszuüben.

Zehn Jahre nach dem Scheitern der sozialen Idee war ich zu meinem eigenen Feindbild mutiert.

# 4

## Das Spiel mit der Balance

Die Sinnesorgane, die Grenzen von Aufmerksamkeit und Belastbarkeit und das, was einem von vielen Medien und Institutionen über Wirtschaft und Arbeit kognitiv vermittelt wird, machen es einem nicht gerade leicht, eine ganzheitliche Sicht von unternehmerischem Handeln zu entwickeln.

Es ist fordernd, immer das Ganze im Blick zu haben und sich nicht entmutigen zu lassen. Die gängigen Wirtschaftstheorien legen es einem nahe, Unternehmen rein funktional – ich nenne das *reduziert, entseelt* – zu betrachten. Egozentrismus und Renditeerwartungen tun ein Übriges dazu, die Verhältnisse einseitig auf den Profit hin zu optimieren. So aber kann man nicht zukunftsorientiert wirtschaften, da wir von der Fixierung auf die Rendite wegkommen und mehr Rücksicht auf Mensch und Natur nehmen müssen. In der Praxis sind das komplexe Anforderungen, von denen ich erzähle, ohne eine wasserdichte, verallgemeinerbare Beweisführung vorzulegen. In den Mittelpunkt der teils assoziativ fortschreitenden Überlegungen will ich die Balance beziehungsweise Disbalance stellen und mit einer Erinnerung beginnen.

# Eine nervige Urlaubsgeschichte

Vor etlichen Jahren waren meine Frau, unsere Töchter Katharina und Klara und ich auf den Kanaren. Wir wohnten in einem Ökohotel, das Wetter war prächtig, wir gingen schwimmen, spazieren, machten ein bisschen Tai-Chi und aßen gut.

In der Anlage gab es einen Pool mit Liegestühlen. Morgens ab 6:30 Uhr spazierten Gäste dorthin, überwiegend deutsche Männer, und legten ihre Handtücher auf die Liegestühle, um ihren Besitzanspruch für den Tag auf einen konkreten Liegestuhl geltend zu machen. Kam man nach dem Frühstück an den Pool, waren die allermeisten Liegestühle bereits *reserviert* und nur wenige *frei*. Binnen kurzer Zeit entstand ein Mangel an Plätzen. Viele der reservierten Liegen dienten allerdings lediglich als Handtuchhalter. Die Konsequenz davon war, dass immer mehr Gäste früher aufstanden und ihre Handtücher auf die Liegestühle legten, sodass schon zum Frühstück alle reserviert waren.

Ich beschreibe das Beispiel eines irregeleiteten Besitzanspruchs, der Probleme schuf, die ohne ihn nicht eingetreten wären. Bei frei beweglicher Anwesenheit und Abwesenheit der Menschen hätte sich das Verhältnis von Nachfrage und Angebot am Pool in den meisten Fällen von selbst geregelt. Dies zu erkennen, sich entsprechend zurückzunehmen und am Ende dennoch zu bekommen, was man will, nämlich einen Platz am Pool, hätte den meisten Gästen aber offenbar zu viel abverlangt. Eine Mischung aus Angst und Rücksichtslosigkeit regierte. Und da es keine Instanz gab, die vermittelt hätte, dass

Besitzstandsdenken weder angebracht noch legitim sei, wurde die Stimmung gereizter. Nur eine Minderheit unter den Hotelgästen beteiligte sich nicht an der Mangelproduktion.

Was an diesem relativ banalen Beispiel zu beobachten war, ist ein simpler Fall von Disbalance. Der Ego-Impuls folgte einem nachvollziehbaren Interesse, produzierte ein Defizit und verdüsterte die Stimmung. Die um einen Platz am Pool Besorgten sicherten sich einen, ohne zu wissen, ob sie ihn überhaupt nutzen wollten. So stimulierten sie unbewusst eine Atmosphäre der Befürchtung, zu kurz zu kommen. Die Ego-Funktion nahm überhand, an umsichtiges Verhalten wurde nicht appelliert, Spielregeln gab es keine. Hätte die Geschäftsführung Regeln definiert oder zumindest die Bitte ausgesprochen, private Reservierungen aufzuheben, sobald man seinen Platz verlässt, hätte sie also die Funktion sinnvoller Steuerung übernommen, dann wäre die Lage rasch entspannter gewesen (auch in der Politik ist ein vergleichbares Versagen zu beobachten, wenn sie nicht regelt oder zu viel regelt).

Dennoch stimmt mich die Geschichte vom Hotelpool nur mäßig pessimistisch. Denn die Kettenreaktion der Verknappung tritt in Menschenansammlungen ein, in denen gar nicht oder bloß ritualisiert gesprochen wird, wo die Kommunikation über ein »Guten Morgen«, »Mahlzeit«, »Tolles Wetter« kaum hinauskommt. Soziotope mit echter Kommunikation aber entwickeln rasch eine wechselseitige Rücksichtskultur. Evi Hartmann, Professorin für Betriebswirtschaft an der Universität Erlangen-Nürnberg, bringt es auf den Punkt: »Wenn Menschen offen miteinander reden, hat Unmoral einen schweren

Stand. Wer für Offenheit kämpft, kämpft für die Moral.«
Moral kann ein ansteckendes Beziehungswerk sein. Aber
es ist nicht einfach, in großen Menschenansammlungen
ein Klima der Offenheit zu schaffen, in dem solche An-
steckungseffekte stattfinden.

Ich halte es mit Blochs Diktum: »Ich bin. Aber ich
habe mich nicht. Darum werden wir erst.« Das »Ich bin«
ist innen, schreibt Ernst Bloch in der *Tübinger Einleitung
in die Philosophie.* Innen ist es dunkel. Es muss aus sich
heraus, um zu sehen, wo es ist, was und wer es umgibt.
Draußen im Licht lerne *Ich* Fremdes kennen und begin-
ne, das Außen von innen her zu bedenken. Ein *Wir* tritt
auf den Plan, das *Ich* öffnet und verhält sich als Teil des
*Wir* – oder es entscheidet sich für die Abschottung. Im
Zustand der Unreife gilt nur der erste Satz »Ich bin« in
seiner Selbstbehauptung und seinen Bedürfnissen. Wenn
wir uns aber ein Beispiel an den Argumentationslinien
Blochs nehmen, sind wir weniger gestresst und erleben
mehr Freude.

## Fragwürdige Prämissen

Doch von solchen Dingen ist an unseren Wirtschaftsuniversitäten kaum die Rede. In ihren Selbstdarstellungen
bieten sie Bildungsinhalte wie betriebswirtschaftliches
Know-how, Praxisnähe, unternehmerisches Denken und
eine global ausgerichtete Ausbildung an. Sie vermitteln
ein lösungsorientiertes Herangehen an Aufgabenstellun-
gen, Case Studies und Projekte betrieblicher Kooperation,

Führungs- und Kommunikationskompetenz, Karriere-
planung, digitale Innovation, strategisches Management,
Networking. Um die Studenten »fit for the job« zu machen, bereiten sie auf Berufseinstieg und Karriereschritte
vor. Im Bereich »soziale Kompetenz« werden Projektma-
nagement, wissenschaftliches Arbeiten, Business English,
Persönlichkeitsentwicklung, Teamfähigkeit und Entre-
preneurial Skills angeführt. Unter »menschliche Ressourcen« stehen Personal- und Organisationsentwicklung,
Personalverrechnung. Man lehrt strategisches Management von Wachstums- und Sanierungsprozessen. In den
Kompetenzzentren geht es um Corporate Governance
und Business Ethics, Strategy and Competitiveness sowie Sozial- und Beratungskompetenzen als Erfolgsfak-
toren.

Beeindruckend, das alles. Doch werden Fragen nach
dem Sinn so ausführlich erörtert wie Sanierungsprozesse
durch das richtige Controlling? Welchen breiten Raum
nehmen Ethik-Programme ein? Zählen gute Arbeitsbedingungen nur für die besten Leute, die man halten will?
Ist wirklich alles eine Frage von Angebot, Nachfrage,
Markt und Preisen? Wird eine Balance zwischen betrieblichen Notwendigkeiten, menschlichen Grundbedürf-
nissen und Rücksicht auf die Natur angestrebt? Genießt
das Soziale, Zwischenmenschliche den gebührenden
Stellenwert?

Eine meiner Töchter studierte an der Universität in
Karlsruhe. Bosch, Siemens, Daimler, Audi holen viele
ihrer Topleute von dort – Kader, die Zukunftsvisionen
entwickeln, sich weltmännisch bewegen und Menschen
führen sollten. Dennoch machte meine Tochter die Erfahrung, dass es unüblich war, in Teams zu arbeiten. Sie

erzählte von Professoren, die Frauen jegliche Technik- und Wirtschaftskompetenz in Abrede stellten. Ethik-Se- minare fehlten, Diskussionen über ökologische Aspekte wurden nur in Verbindung mit Kosten-Nutzen-Rech- nungen geführt. Fortschritt wurde rein technologisch verstanden.

Den Wirtschaftswissenschaften liegt ein fragwürdiges Selbstverständnis zugrunde. Sie werden wie Naturwis- senschaften vermittelt. Klar, der Mensch ist eine Spezies wie andere auch mit Bedürfnissen und Verhaltenswei- sen, die sich beschreiben lassen. Aufgrund der histori- schen Funktionen der Wirtschaftswissenschaften läge es jedoch deutlich näher, sie als Gesellschaftswissenschaft zu betrachten. Märkte sind aus den Gesellschaften he- raus entstanden, aus ihren Bedürfnissen nach Handel mit Gütern, Informationen und Sozialkontakten – auch wenn sie heute oft umgekehrt als die eigentlichen Macht- träger dargestellt werden, denen sich die Menschen an- zupassen haben. Eine höchst undemokratische Sicht. Und um wirklich »fit for the future« zu sein, sollten wir dafür sorgen, dass wir eine Zukunft haben, statt ständig so zu tun, als wäre die Welt ein unerschöpfliches Reser- voir. Der Leitsatz »Geht es der Wirtschaft gut, geht es uns allen gut« entspringt einer eingeschränkten Wirklich- keitskonstruktion. Eine Gesellschaft, deren Götze die Wirtschaft ist und die Rendite ihr Baalskult, in der Glück nur als möglicher Nebeneffekt vorkommt, ist krank. Mit Lehrsätzen wie »Mehr privat, weniger Staat« treten wir auf der Stelle, weil sie die Gemeinwesen schwächen, statt sie zu stärken. »Lassen Sie Ihr Geld arbeiten« legt den Schwerpunkt falsch auf die Finanzökonomie statt auf die Realwirtschaft.

Die problematische Vorstellung, dass die Gesellschaft eine Funktion des Marktes ist und nicht der Markt eine Funktion der Gesellschaft, ist noch nicht sehr alt und wurde erstmals von dem aus Wien stammenden Wirtschaftssoziologen Karl Polanyi kritisiert. In seinem Buch *Die große Transformation* beschrieb er den Paradigmenwechsel des 19. und 20. Jahrhunderts und die zunehmende Veränderung der Wirtschaft gegenüber der Gesellschaft – nicht evolutionär, sondern politisch gewollt. Die Menschen wurden ausbeutbarer; dadurch beschleunigte sich der industrielle und wirtschaftliche Fortschritt, und die soziale Ungleichheit stieg an. Die Strukturen der Wirtschaft bezogen sich vor allem auf sich selbst und brachen den sozialen Zusammenhalt auf.

In der Geschichte war das Verhältnis von Markt und Gesellschaft immer wieder neu zu verhandeln. Wird ein enthemmter, freier Markt jedoch absolut gesetzt, dann werden Staat und Gesellschaft sogar das Verhandlungsmandat abgesprochen, und die Demokratie geht zugrunde. Es regt zwar noch auf, wenn ein Konzern wie *Nestlé* Wasserrechte kauft, um es flaschenweise an die Menschen im Quellgebiet zu verkaufen; es irritiert, wenn den Afrikanern ihre Fischgründe leer gefischt werden und die armen Leute dann dort hingehen, wo ihr Fisch verkauft und konsumiert wird – nach Europa.

Gleichzeitig spielen wir das Spiel immer ein wenig mit, indem wir unterlassen, was wir tun könnten, weil wir voller blinder Flecken sind, weil wir unsere Rollen und Konsumverhalten verinnerlicht haben. Es bereitet weniger Mühe, sich an quantifizierten Kategorien zu orientieren als an komplexen qualitativen Zusammenhängen, die in kein impulsives Schwarz-Weiß-Denken passen. Schlimmstenfalls gebärdet sich der sogenannte Verbraucher, wie es der deutsche Historiker und Schriftsteller Philipp Blom formuliert, als »ein kleiner Gott, ein tyrannisches Kind mit Kreditkarte«. Angeblich beantworten Menschen dieselben Fragen nach Werten und ihrem Verhalten unterschiedlich, je nachdem, ob sie sich als mündige Bürger oder als interessengesteuerte Konsumenten angesprochen fühlen. Im Konsumenten-Survey geben sie sich preis- und qualitätsbewusst, in der Bürgerbefragung betonen sie ihr Verantwortungsbewusstsein für die Folgen ihres Tuns.

Es ist schon in Ordnung, den Preis einer Ware zu berücksichtigen. Aber muss er wirklich das kaufauslösende Motiv sein? Sollte es nicht vielmehr darum gehen, das eigene Konsumverhalten zu *veredeln* und ethische Aspekte eines Produkts im Entscheidungsprozess voranzustellen? Sicherlich, wir sind es bislang noch zu wenig gewohnt, beim Einkaufen weitläufigere Zusammenhänge zu bedenken. Einkaufen soll beiläufig geschehen können, die Suche nach Gütern soll unterhalten, die Ware soll Freude bereiten. Konsum steht uns zu, er wertet uns auf. Was wir kaufen und wie wir kaufen, soll uns zufriedenstellen, nicht beunruhigen. So haben wir es gelernt, so haben wir es verinnerlicht. Beschwert man den Kauf mit komplexen Überlegungen, geht der Spaßfaktor verloren.

# Das Problem der blinden Flecken

Wir haben verinnerlicht, dass Kaufen etwas ist, das zwischen uns und der Ware (ihrem Zweck und symbolischen Wert) unter Berücksichtigung unserer finanziellen Möglichkeiten stattfindet. Was sich außerhalb dieses Dreiecks befindet, verdient keine Beachtung. Und wenn sich Assoziationen an vergiftete Natur, zerstörte Landschaften oder ausgebeutete Kinder aufdrängen, versickern derartige Gedanken, bevor sie die eigensinnige Selbstermächtigung unseres Tuns nachhaltig stören.

Wir pflegen die Ausgrenzung irritierender Aspekte und übersehen, was unsere Warenbeziehung belasten könnte, um den Reiz der Sache nicht durch Moral zu mindern. Nur mithilfe von Verdrängung kann das Konsumverhalten angenehm befangen bleiben. Verdrängung fällt uns leicht. Sie gehört zum Standardrepertoire unserer Psyche ebenso wie zur Wahrnehmung allgemein. Denn die Realität setzt sich aus einer unfassbaren Fülle möglicher Sinnesangebote zusammen. Würden wir nicht selektieren, wären wir kaum noch in der Lage, damit fertigzuwerden. Vieles ignorieren zu müssen, um einiges verarbeiten zu können, ist Teil der menschlichen Grundverfassung. Wie früh und tief sich solche Muster in unsere Psyche und Wahrnehmungsweise einschreiben können, möchte ich an einem ganz besonderen Beispiel verdeutlichen.

Der 1953 geborene Kalifornier Mike May war als Kleinkind durch einen Unfall erblindet. Damit war das Spektrum möglicher Sinneseindrücke für ihn eingeschränkt. May lernte mit seiner Behinderung umzugehen und durch Echoortung ein Fahrrad zu lenken. Er lernte sogar, 105 Stundenkilometer schnell Ski zu fahren und sich an den Zurufen des Lehrers zu orientieren. Seinem Gefühl für die Piste und für den Schnee konnte er vertrauen, aber eben nur über die Ohren und nicht über die Augen. Seine Konzentration auf die verbliebenen Sinneseindrücke ermöglichte ihm einen erfolgreichen Umgang mit der Umwelt.

Seit einer Hornhauttransplantation und der Injektion gesunder Stammzellen kann er mit einem Auge wieder gut sehen. Da er aber 46 Jahre lang blind gewesen war, musste er das Sehen von Grund auf neu lernen. Jahrelang vermochte sein Gehirn es nicht, aus Lichtphänomenen und Nervenimpulsen stimmige Bilder im Kopf zu erschaffen. Ski fahren konnte er nur, wenn er die Lider schloss. Gesichter waren ihm zu ähnlich. Sogar seine Frau erkannte er auf Fotos nicht. Mike Mays Auge nahm die Lichtreflexe tadellos an, das Gehirn aber konnte sie nicht entschlüsseln, nicht strukturieren und einordnen. Der 49-jährige erfolgreiche Unternehmer konnte Stufen nicht von Schatten unterscheiden, eine Dose nicht von Obst, einen Ball nicht von einem Würfel. May war überfordert, gleichzeitig auftretende visuelle Reize auch nur grob einzuordnen, weil die für das Sehen zuständigen Bereiche des Gehirns alle Eindrücke zugleich nicht zu deuten vermochten. »Ich bin ein Blinder, der sehen kann«, sagte er humorvoll und verließ sich lieber auf Blindenhund und Stock als auf die eigenen Sehnerven.

Es gibt Kinder, die werden blind geboren. Wenn ihr grauer Star im Alter von vier Monaten operativ entfernt werden kann, beginnen sie verspätet zu sehen. Doch ihr Gehirn kann Lernprozesse, die in den ersten Lebensmonaten hätten stattfinden sollen, nicht vollständig nachholen. Eine Vielzahl an Farbpunkten erschafft aus sich heraus noch keinen dinglichen und räumlichen Sinn. »Mechanisch« mag zwar alles in Ordnung sein, trotzdem haben blind geborene Kinder noch als Erwachsene Probleme mit dem Interpretieren visueller Eindrücke. Das Sehen muss also *erlernt* werden, auch bei den Sinnen kommt die physische Dimension nicht ohne die geistige aus. Und ähnlich wie beim Sehen, das nur im Zusammenwirken mehrerer Dimensionen eines Beziehungssystems voll funktioniert, verhält es sich in sozialen Belangen.

Die Lebenserfahrungen der blind geborenen Kinder und des so beeindruckend sportlichen Mike May zeigen, dass unsere Wahrnehmungssysteme, die uns ermöglichen, aus der Überfülle von Wahrnehmungssplittern etwas Brauchbares zu formen, frühzeitig ausgebildet werden. Das gilt für den sinnesphysiologischen Bereich wie für den emotionalen. Wir legen uns frühzeitig unsere blinden Flecken zu. Sie begrenzen fortan, wie viel wir von der Welt sehen und was wir an uns heranlassen oder nicht. Sie bestimmen mit, wie wir auf Menschen zugehen und wie man sich selbst in der Gesellschaft positioniert. Deshalb sehen viele ihre Mitmenschen wie Objekte. Unternehmerische Handlungen bewerten sie nur daran, wie gut sie durch das Nadelöhr finanzieller Rentabilität passen. Vorgänge, die in Geldbeträgen bezifferbar sind, können sie einordnen, mit komplexen Beziehungen, die einer qualitativen Betrachtung bedürften, tun sie sich schwer.

## Mit dem Herzen sehen

Blinde Flecken wird man nur schwer wieder los. Ich kann verstehen, dass man im Zustand der Unreife als Unternehmer oder Manager, der unter Druck steht und sich erst beweisen muss, nur schmale Ziele vor Augen hat, alles Mögliche als Anspruch und Machtkampf bewertet und im Getriebe der Wirtschaft primär die eigenen Interessen verfolgt. Wenn man aber mit sich im Einklang ist, schwächen sich solche Impulse ab. Und je mehr sie sich abschwächen, desto mehr Freude empfindet man am Teilen. Man kann von der Gier lassen und von Konzepten, deren Umsetzung das Herz verkappen.

In vielen Situationen mag es angebracht sein, die Brille des Eigeninteresses zu tragen. Für das Erfassen der ganzen Wirklichkeit aber ist es nötig, verschiedene Brillen aufzusetzen. Man braucht auch einen Wechsel der Perspektive, die Bereitschaft, die Welt aus dem Blickwinkel anderer Menschen zu betrachten.

Der französische Molekularbiologe und buddhistische Mönch Matthieu Richard wägt die Begriffe *Selbstsucht,* die vielen Psychologen, Philosophen und Ökonomen zufolge jedem menschlichen Handeln zugrunde liegt, *Selbstinteresse,* an dem es für Richard nichts auszusetzen gibt, und *Selbstlosigkeit* gegeneinander ab. Ein Zusammenspiel korrespondierender *Selbstinteressen,* in dem Menschen einander helfen, weil sie Hilfe von anderen bekommen, geht nur so lange gut, wie beide Seiten voneinander Nutzen ziehen oder dies zumindest erhoffen. Reiner Altruismus andererseits, die *Selbstlosigkeit,* bleibt bestehen, wenn nichts vom anderen zu erwarten ist.

Ich denke, dass wir wohl oder übel immer *selbstbezogen* handeln, weil wir zwar teilweise kognitiv, doch nie emotional aus diesem Selbst ganz austreten können. Selbstbezogen kann man genießen, dass ein gewisses Maß an selbstlosem Einsatz für jemand anderen überproportionalen Gewinn bringen oder dessen Leid erheblich verringern kann. Warum nicht schnell mal auf etwas verzichten, um jemand anderen glücklich zu machen? Man kann an dessen Glück still teilhaben. Man kann Kollegen einen Vertrauensvorschuss geben und erleben, dass eine komplexe Sache dadurch runder läuft. Es gibt so viele Möglichkeiten, Win-win-Situationen herzustellen, ohne dass jeder Gewinner am Genuss des anderen spürbar Anteil hat. Manches bleibt einfach im Reich der Intuition, des Mitgefühls, der Demut, der künftigen Potenziale. Matthieu Richard spricht von kultureller Evolution, »aus kleinen Anstößen werden Bewegungen, die alles in der Gesellschaft verändern«. Ökologische Nachhaltigkeit ist so eine Bewegung, weil immer mehr Menschen verstehen, dass es keine Alternative gibt. Da mögen Angst und Sorge um das Eigene in einer immer kaputteren Welt mitspielen.

Ist es möglich, Altruismus zu kultivieren? Neueren Forschungen zufolge, ja; es würde allerdings einige Umstellungen erfordern.

Das passende russische Märchen dazu: Der Rabbi kommt zu Gott und bittet ihn, den Himmel und die Hölle zu sehen. Gott gestattet es und schickt den Rabbi in Begleitung von Elija auf den Weg. Der Prophet nimmt den Wahrheitssuchenden bei der Hand und führt ihn in einen großen Raum. Ringsum sind viele Menschen mit sehr langen Löffeln. In der Mitte des Raumes steht ein

Topf mit einem köstlichen Gericht über dem Feuer. Die Menschen schöpfen mit ihren langen Löffeln aus dem Topf, sehen aber mager, blass und elend aus. Was kein Wunder ist, denn ihre Löffel sind zu lang. Sie können sie nicht zum Mund führen und kommen daher nicht an das gute Essen heran. Der Rabbi und Elija gehen raus – froh, der tristen Stimmung entkommen zu sein. Der Rabbi will wissen, was für ein seltsamer Raum das war, und der Prophet antwortet: »Das war die Hölle!«

Kurz darauf betreten die beiden einen zweiten Raum. Alles ist genau so wie im ersten. Da sind Menschen mit langen Löffeln, in der Mitte brennt ein Feuer. Darüber hängt ein Topf mit einem köstlich duftenden Gericht. So wie im ersten Raum schöpfen auch hier die Menschen mit ihren langen Löffeln aus dem kochenden Topf. Im Unterschied zu dem ersten Raum aber sehen sie gesund, gut genährt und glücklich aus. »Woher kommt das?«, fragt sich der Rabbi, schaut genau hin und erkennt den Grund: Diese Menschen schieben sich die Löffel gegenseitig in den Mund, sie nähren einander. Und schon dämmert dem Rabbi, wo er ist.

Wovon ich hier wie selbstverständlich spreche, musste ich selbst erst verstehen lernen. Es war mir nicht gegeben worden, mit dem Herzen zu sehen und die Bedeutung der Balance im Unternehmen richtig einzuschätzen.

## Auf der Intensivstation

Wie viele andere in der Unternehmerkaste auch entwickelte ich ein ausgeprägtes Ego. Gleichzeitig war für mich als linken Öko das Monetäre negativ besetzt. Ich war mental so gestrickt, finanziellen Erfolg nicht nur mit positiven, sondern auch mit negativen Motiven zu verknüpfen – nach dem Motto, die einen haben Geld, die anderen Ideale. Solange ich es moralisch bedenklich fand, mit Brot und Kuchen Geld zu verdienen, verdiente ich auch keines. Das war ganz und gar nicht zum Wohle des Unternehmens.

Als wir begannen, waren wir schlecht im Rechnen. Und als ich die Grundlagen des betrieblichen Rechnens zu beherrschen glaubte, habe ich mich umso schlimmer verrechnet. Mit jedem strategischen Schritt verschuldete sich das Unternehmen mehr. In den 1980er-Jahren habe ich mich mit Managern und erfolgreichen Unternehmern verglichen. Ich wollte *Kaiser* auch so kühl durchstrukturieren, wachsen, den Markt vergrößern, ein Filialnetz schaffen. Ich stellte einen Geschäftsführer ein, der die Franchise-Vertriebsorganisation aufbaute. Zwar stimmte unsere Produktqualität weiterhin, doch das Gefüge geriet aus der Balance. Die Ideen waren gut, wir hatten aber die Kostenstruktur nicht im Griff. In den 1980ern war das Unternehmen finanziell halbwegs stabil, in den 1990ern aber in schweren Turbulenzen.

Wir waren gewachsen und standen vor der Herausforderung, aus dem Hinterhof raus auf die grüne Wiese zu gehen und eine neue Bäckerei zu bauen. Doch hatte das Unternehmen in all den Jahren davor kaum Gewinne erwirtschaftet. Das Eigenkapital betrug läppische 100 000 DM, viel zu wenig, um Fördergelder zu beantragen. Eine Bank gab mir nach ausführlicher Prüfung trotzdem das gewünschte Kapital. Die Verschuldung steigerte mein ohnedies hohes Stressniveau. Zur Disbalance im Finanziellen kam Disbalance in menschlicher Hinsicht. Mein Führungsstil wurde immer problematischer. Ich glaubte, alles kontrollieren zu müssen, und wurde zum Antreiber.

Zu einer Insolvenz kann es durch äußere und innere Einwirkungen kommen, die man nicht schnell genug erkennt. Äußere Einwirkungen sind zum Beispiel Veränderungen am Markt oder im Konsumverhalten; innere Ursachen können falsche Bilder sein, die man sich vom Unternehmen und von den Märkten macht – Bilder, die nicht wirklichkeitstauglich sind, die man aber trotzdem zu erfüllen trachtet. Folgt man seinen eigenen Projektionen, anstatt sich mit der Wirklichkeit auseinanderzusetzen, kommt rasch ein ganzes Bündel innerer Ursachen zusammen, an denen ein Unternehmen scheitern wird, wenn es nicht rechtzeitig einen Richtungswechsel vornimmt.

Den Fehler, ein Franchise-System einzuführen, konnte ich nur begehen, weil sich meine Grundhaltung verändert hatte. Ich wollte mich in den 1990er-Jahren auf die Unternehmensberatung konzentrieren und habe dem Leiter der Franchise-Sparte die operative Leitung der ganzen Firma übertragen. Daher war ich im Unternehmen kaum noch präsent. Und der neue Geschäftsführer erwies sich als überfordert. So schlitterte der Betrieb nur noch tiefer in die Krise.

Da es wirtschaftlich immer schwieriger wurde, reagierte ich klassisch: mit strengerer Kontrolle der Geldflüsse und der Kostenstruktur. Wir hatten zu viele Retouren, einen zu hohen Wareneinsatz, also reduzierten wir die Stückzahlen von Brot im Laden. Das verschlimmerte die Lage weiter. Kundinnen und Kunden, die am späteren Nachmittag oder abends kamen und ihr Lieblingsbrot nicht vorfanden, blieben weg. Der Umsatz sank und sank.

Mitte der 1990er-Jahre war *Kaiser* kaum noch zu retten. Geiz galt plötzlich als geil. Auch Leute mit Geld gingen lieber zum Discounter als in den kleinen Laden um die Ecke. Es kam zu einem gesellschaftlichen Imagebruch. Öko geriet ins Aus. Die gesellschaftliche Entwicklung und meine falschen Schwerpunkte wurden zu einer tödlichen Mixtur. Wir hatten Liquiditäts- und Ergebnisprobleme und einen Haufen Schulden. Das Unternehmen brauchte Kapital. Also brachte ich meine Honorare aus der Unternehmensberatung in die Firma ein. Auch diese Mittel reichten nie aus. Also wandte ich mich an die Hausbank. Dort wies man mich der Abteilung Kundenbetreuung zu, einer Art »Intensivstation«. Angeblich finden nur zehn Prozent aller Firmen den Weg dort wieder raus auf den regulären Markt.

Zunächst wurde alles nur noch kostspieliger. Die Bank verlangte, dass ich einen teuren Berater beiziehe. Von ihm erhoffte ich mir, dass er für *Kaiser* einen Investor aus der Schweiz gewinnen würde, weil ich an die Idee des Unternehmens glaubte und hoffte, dass irgendein vernünftiger Geldgeber meine Überzeugungen teilte. Der Berater legte mir nahe, Privatinsolvenz anzumelden. Vielleicht würde die Bank wenigstens das Unternehmen am Leben lassen.

Insolvenz anzumelden kam aber für mich nicht infrage. Wenn es denn schon so weit kommen müsste, dass wir als Firma zugrunde gingen, dann wollte ich dazu keinen aktiven Schritt setzen, sondern lieber warten, bis uns die Katastrophe ereilte. Darüber hinaus ging die wirtschaftliche Krise mit einer schrecklichen privaten Krise einher. Es kam zur Trennung von meiner Frau und den beiden Kindern.

Das Schlimmste am Scheitern ist, wenn man sich selbst die Schuld daran geben muss. Wir lebten im Dorf. Der wirtschaftlichen Degradierung folgte die soziale Diskreditierung, weil die Leute meinten, der Bäcker hätte seine Frau im Stich gelassen. Ich verließ das gemeinsame Haus, zog bei meinem Bruder ein, kaufte mir einen Futon, Paletten, einen Tisch und einen Schrank, ein Mega-Blaster-Musikgerät und lebte wie seinerzeit in der Studentenbude.

Zum Glück geriet ich in zweierlei Hinsicht in eine förderliche Einflusssphäre. Die eine war ökonomischer Natur: Ein neuer Bäcker-Berater analysierte das Unternehmen und meinte, was uns retten könnte, wäre unsere Größe – auch die der Schulden. Die Hausbank würde es in ihrer Bilanz spüren, wenn wir pleitegingen, daher würde sie noch eine Weile mitziehen. Wir bekamen tatsächlich frisches Geld und gewannen Liquidität zurück. Auch meine Freunde Paul und Rolf halfen mir. Paul überließ *Kaiser* einen Teil seiner Barmittel und lieh sich zusätzlich Geld aus dem Kreis seiner Familie, um mir zu helfen. Was für eine große Geste des Vertrauens. Ich konnte die Löhne weiterzahlen und gewann den Handlungsspielraum, den strategischen Irrweg, unsere Brot- und Backwaren über Franchise zu vermarkten, zu beenden.

Die zweite förderliche Einflusssphäre war spiritueller Natur. Der evangelische Pfarrer Dietrich Koller war ein wirklich begnadeter Seelsorger und Therapeut; er brachte mir bei, mich in schier hoffnungsloser Lage aus der Verkrampfung meines Kontrollwahns zu lösen. Koller stand für eine Haltung, der zufolge nicht das am wertvollsten ist, was man selber schafft, sondern eher das, was man bekommt. Er vermittelte mir, das *Gegebene* gelte es besonders zu würdigen, nicht allein das selbst *Geschaffene*. Das war für einen Unternehmer wie mich, der alles in der Hand haben wollte, eine sehr intensive Erfahrung, die die wohl am tiefsten greifende Wende in meiner unternehmerischen Haltung bewirkte. Wirtschaftlich ging der Katastrophendrift weiter. Aber ich ließ Demut an mich heran und fand meine Sensibilität wieder. Das Leben ist ein Geschenk, sagte ich mir, das gibt man nicht einfach weg.

Bis zu diesem Zeitpunkt hatte ich mit der Überzeugung gelebt, alles, was ich selber mache, habe Wert, und mein persönlicher Wert bemesse sich daran, was ich schaffe. Aber dann begann ich unter gutem Einfluss etwas Konträres zu verstehen: Alles, was dir gegeben wird, hat Wert. Was du bekommst, will bei dir bleiben. Ich lernte mehr auf das zu achten, was mir entgegengebracht wurde. Von da an musste ich einschätzen lernen, ob das, was mir entgegengebracht wurde, eine Verheißung darstellte oder eine Versuchung. Eher als Verheißung hat sich die Kooperation mit *Alnatura* erwiesen, die auf unserer ursprünglichen Handschlagvereinbarung basiert (wir beliefern auch *Denns, Basic* und die Reformhäuser *Freya, Hermann* sowie eine Vielzahl kleiner Bioläden). In die Zone der Versuchung fielen Geschäftsangebote, die schon unter sich leicht wandelnden Umständen eine würdelose Behandlung hätten zur Folge haben können.

Während einer Phase spürte ich die Versuchung, nur noch Beratungen zu machen und *Kaiser* abzugeben. Denn in den 1980er- und 1990er-Jahren war ich mit der Unternehmensberatung so erfolgreich, dass ich viel Geld damit verdiente, anderen zu vermitteln, was bei ihnen falsch lief, während ich mich gleichzeitig im eigenen Unternehmen mühsam durchwurstelte. Manche Auftraggeber wussten das sogar und beschäftigten mich trotzdem. Sie vertrauten mir vielleicht auch *wegen* meiner Probleme und dachten, wenn der sich so fit erweist, bei so hohem Wellengang nicht unterzugehen, muss er wohl gut im Navigieren sein.

Ich benötigte diese Beraterhonorare zwar dringend, musste mich aber vor fragwürdigen Verpflichtungen hüten. Einige Jahre arbeitete ich im Auftrag eines Verlags für Nachschlagewerke, bis er Ende der 1990er-Jahre von einem amerikanischen Konzern übernommen wurde. Die Unternehmenskultur veränderte sich. Der Verlag lief weiterhin erfolgreich. Doch die Wirtschaftlichkeit war den neuen Inhabern weit wichtiger als die Qualität von Arbeit und Produkten. Damit fiel für mich eine wesentliche Voraussetzung meiner Beratungstätigkeit weg, da ich meine Tätigkeit nicht einseitig in den Dienst der Rendite stellen wollte.

Als ich den Kurswechsel durchschaute, steckte ich in einem Dilemma. *Kaiser* hing am Tropf meiner Beratungseinnahmen, und dieser Verlag wollte mich für viele Tage im Jahr zu einem sehr guten Tagessatz buchen – was angesichts unserer Lage eine »gefährliche Versuchung« darstellte. Ich rief also Freund und Mitstreiter Jürgen

Leichtfuß an und sagte ihm, wie ich meinen Auftraggeber einschätzte und dass ich mich sehr von meinen Werten entfernen müsste, um weiter dort zu arbeiten. Täte ich das, würde die in Aussicht gestellte Auftragssumme die Misere im Unternehmen deutlich mildern. Jürgens Position war wunderbar und klar: »Wenn du deine Seele verkaufen musst, damit wir Biobrötchen verkaufen können«, meinte er, »dann lass es lieber. Dann sollten wir lieber aufhören zu backen.« So habe ich einen großen Auftrag, der unserer Biobäckerei wirtschaftlich gutgetan hätte, zurückgewiesen und konnte meinen Grundsätzen treu bleiben.

Manche Leute dachten, dieser Volker verhielt sich als Berater so aufrecht, weil er die Bäckerei hatte. Das war eine Fehleinschätzung. Ich blieb der Idee treu, obwohl ich die Verbindlichkeiten der Bäckerei am Hals hatte.

Wie konnte es so weit kommen? Auch wenn ich in dieser Situation richtig handelte, hatte ich dem eigenen Unternehmen über viele Jahre zu wenig Aufmerksamkeit geschenkt und meine Liebe entzogen. Das Unternehmen hatte etwas von seiner Seele verloren. So wie wir Franchise betrieben, passte es zu McDonald's, aber nicht zu uns. Die Identifikation mit allen Bereichen des Unternehmens zu zerreißen und den Verkauf weitgehend auszulagern hatte *Kaiser* aus der Balance gebracht – was ich damals allerdings lange nicht erkannte.

In dieser peinigenden Lage, in der ein Konkurs nahe schien, ging ich immer wieder in die Backstube und sah mir das Brot und die Menschen an. Was ich sah, berührte mich. Ich konnte das alles unmöglich fallen lassen. Ich musste die Philosophie, mit der wir Lebensmittel produzierten, weiter pflegen. Die Verhältnisse mussten sich zum Guten wenden, dachte ich, weil so viel Gutes in diesem Unternehmen drinsteckte.

Als Verheißung erwies sich, dass Menschen kamen, die trotz wirtschaftlicher Probleme und struktureller Schwächen an die ursprüngliche Idee glaubten und in *Kaiser* investieren wollten. Bei der Veranstaltung einer Ökobank in Frankfurt hielt ich einen Vortrag und legte unsere Lage offen dar. Einer der Gäste fand die offene Darstellung sympathisch und machte mich mit Herrn Engelhardt von der s-inn Beteiligungen GmbH bekannt. Im Verlauf der neuen Zusammenarbeit verstand ich, dass Darlehen Vertrauensinvestitionen sind. So fand ich zurück zum Gespür für die richtige Balance. Gleichzeitig beschäftigte ich mich mit systemischem Gedankengut: Wenn man sich in etwas Positives hineinfühlt, besteht die Chance, dass etwas Positives entsteht. Ich fing langsam an, anders mit dem Betrieb und den Mitarbeitenden umzugehen, habe Vertrauen aufbringen können, weil ich selbst gerade Vertrauen geschenkt bekam. Ich konnte wieder mehr die Möglichkeiten unserer Situation sehen als ihre Begrenztheit. Es gelang, die Vertrauenskultur neu zu beleben. Zwar brauchten wir noch gut zehn Jahre für eine ausgeglichene Bilanz, aber gerade die Zweifel, welchen Sinn das Abmühen hatte, brachten mich zurück auf die Spur, Anstifter sein zu wollen für Menschen, die im Wirtschaftsleben einen tieferen Sinn suchen.

Wäre ich damals nicht in der Lage gewesen, das eigene Unternehmen mit dem Herzen wahrzunehmen, wäre ich an der Situation verzweifelt. Zum Glück hatte sich mir die seelische Dimension von meiner Biobäckerei trotz der Zwangslage erschlossen. Ich konnte mich aus dem Bann der Zahlen befreien und das Unternehmen wieder in Balance bringen. Doch dafür brauchte ich Anhaltspunkte. Wie das Unternehmen neu aufstellen? An welcher Vorstellung von Unternehmensführung sollte ich mich orientieren?

## Die Balance suchen

Der in Russland geborene Ingenieur, Jiu-Jitsu- und Nahkampflehrer Moshé Feldenkrais hat in seiner Bewegungslehre das Gehen als einen Balanceakt beschrieben: Erst steht man auf beiden Füßen. Um sich in Bewegung zu setzen, löst man zunächst den einen Fuß und setzt ihn vor den anderen. Gleichzeitig bewegt sich der Körper nach vorne. Dieser Prozess ist kein starrer, sondern er erfordert ein permanentes Ausbalancieren. Sobald man mit dem einen Fuß auftritt, verlagert sich das Körpergewicht ganz auf diesen Fuß. Der andere wird nachgezogen, bis man einen Augenblick lang wieder auf beiden Füßen steht. Gehen ist also ein Ausbalancieren von Vorwärtsimpulsen. Und je flüssiger man geht, je eleganter und runder die Fortbewegung, desto weniger steht man zwischendurch auf beiden Beinen, desto größer ist der unbewusste Aufwand für das Gelingen des Balanceakts. Testen Sie es mal, indem Sie ganz langsam gehen. Auch das Stehen ist nicht starr. Es erfordert ein ständiges, leichtes Sichbewegen. Ist ein Bewegungsapparat zu dem feinen Austarieren nicht in der Lage, weil ihm beispielsweise die Arbeit an einer Maschine eine ungünstige Haltung aufzwingt, kommt es zur Erstarrung, die zu Verkrampfungen führt. Am besten steht und geht es sich also, wenn man um eine Mitte herum zentriert ist und feine Schwankungen zulassen kann. Im Unterschied zum physischen Bewegungsapparat ist diese Mitte jedoch eine gedachte, gefühlte, eine ideelle. Das heißt, *der Körper alleine geht und steht nicht.* Gehen und Stehen sind keine bloß physische Angelegenheit, sondern ebenso eine unbewusste Gefühlsangelegenheit.

Feldenkrais nahm an, dass der Mensch nach einem Bild handelt, das er sich von sich macht, und dass bewusstere Bewegung auch zu bewussterem Handeln in Bereichen führt, die mit körperlichen Aktivitäten nichts zu tun haben. Ich bin überzeugt davon, dass es sich mit Unternehmen ähnlich verhält. Auch Unternehmen sind Organismen. Daher erfordern sie ein ständiges, feines Ausbalancieren aller Phänomene rund um Produkt, Arbeit und Wirtschaftlichkeit, um auf Dauer florieren zu können. Doch die Balance der vordergründig praktischen Bereiche kann einem Biobäcker nicht genügen.

Für mich ist klar: Wir backen Biobrot oder gar kein Brot. Der Profit kommt nicht *vor* der Ethik, sondern *mit* der Ethik – teilweise auch durch sie.

Woher kommt bei mir und vielen anderen ein solcher Antrieb, alles richtig machen zu wollen? Die politische Orientierung im familiären Umfeld, die Religion, die Erfahrungen und nicht verblassten Sehnsüchte der 1970er-Jahre nach einer Verbesserung der Welt, das Wissen um ökologische, soziale und politische Notwendigkeiten spielen alle zusammen. Ich nahm Anleihen beim Konzept der Themenzentrierten Interaktion (TZI) der Psychoanalytikerin und Psychologin Ruth Cohn, die sie zusammen mit Vertretern der Humanistischen Psychologie entwickelte. Hintergrund waren Psychoanalyse, Gruppentherapien sowie ein Menschenbild, das Erfahrungen aus der Gestalttherapie und der Gruppendynamik berücksichtigte. Cohns Basis war die Annahme, dass sich ein Konzept entwickeln lässt, das »dem ursprünglich gesunden Menschen ein Leben ermöglicht, in dem er gesund bleiben kann« – gesund nicht allein im Sinne individuellen Wohlbefindens, sondern auch in seiner Einstellung zur Welt. Cohns Gedanken drehten sich um Fragen der Autonomie, der Wertschätzung und der Erweiterung von Grenzen – immer von Gemeinsinn mitgetragen.

Was folgt daraus? Jeder Mensch soll auf die inneren Stimmen, seine Bedürfnisse, Wünsche, Motivationen und Ideen achten. Sie sind die Grundlagen seiner Handlungen, die er im Bewusstsein der über das Ich hinausgehenden Verantwortung setzen soll. Die Bedürfnisse der Menschen und der Umwelt sind dabei immer zu beachten und eintretende Situationen als Angebote zu sehen, eigene Entscheidungen zu treffen. Wenn wir uns von Leidenschaften leiten lassen, erkennen wir unsere Natur an. Denn wie immer kontrolliert und rational motiviert wir uns geben mögen, sind, wie Ruth Cohn sagte, doch stets unsere »lebendigen, gefühlsbewegten Körper und Seelen [die] Träger unserer Gedanken und Handlungen«.

Unter alledem verstand Ruth Cohn kein Regelwerk, sondern Beschreibungsversuche menschlicher Daseinsbedingungen, aus denen Aufforderungen erwachsen. Irritationen treten auf, äußere und innere Störungen drängen sich vor. Der Mensch hat keine umfassende Macht, ihm bleibt nur »Teilmacht«. Für die aber trägt er die volle Verantwortung.

In Cohns Vier-Faktoren-Modell der TZI ist das ICH die einzelne Person mit ihrer Biografie und ihrer Tagesverfassung. Alle Personen sind gleich wichtig. Das WIR steht als zweite Ecke für die Interaktion in der Gruppe, die Gemeinschaft, die Beziehungen. Das ES ist, ganz unfreudianisch, der Inhalt, das Thema, das Anliegen, die Aufgabe, um die es in der Interaktion der Gruppe geht und auf die alle anderen Faktoren einwirken (es rangiert oben, weil die anderen Vektoren dorthin streben). Das Dreieck ist von einem Kreis umschlossen, dem »Globe«, für Cohn das Universale, »das organisatorische, physikalische, strukturelle, soziale, politische, ökologische, kulturelle [...] Umfeld«, was als äußere Voraussetzung für die Zusammenarbeit der Gruppe gelten und das durch planvolle, willige Kräfte gestaltet werden kann.

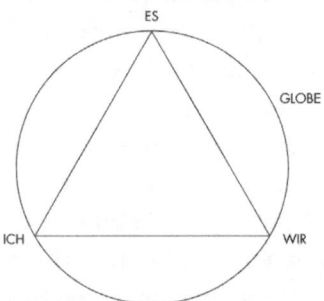

*Das Vier-Faktoren-Modell; es geht von der Gleichwertigkeit der vier Faktoren aus, die die Arbeit in einer Gruppe bestimmen.*

An dieses Grundlagenmodell schließt Cohn eine Reihe von Interaktionsregeln an, die in einer Gruppenarbeit, taktvoll angewandt, hilfreich sind. Regeln, die in der Praxis ad absurdum geführt werden können, die also nicht starr sind. Vorbehaltlich besserer Einsicht kann man sie anerkennen, im nächsten Augenblick aber über Bord werfen, wenn einem dies angemessen erscheint. Von Ich zu sprechen, ist eine dieser Verhaltensregeln; ebenso geht es darum, jedes Wir oder Man zu meiden, damit sich keiner hinter der Gruppe oder in Allgemeinplätzen verstecken kann. Vermeiden soll man auch, Hypothesen als Tatsache darzustellen und andere zu interpretieren. Äußert sich jemand über einen anderen Teilnehmer oder eine Teilnehmerin, sollte der- oder diejenige auch sagen, was es subjektiv bedeutet, dass er/sie sich auf eine bestimmte Weise verhält. Auch wenn Nebenbemerkungen und Seitengespräche vordergründig stören, sind sie auf einer tieferen Ebene der Kommunikation meist wichtig und nicht zu unterbinden. Sie können Anregungen beinhalten, Missverständnisse offenbaren oder auf eine verquere Interaktion hindeuten. Anwendungsbereiche Themenzentrierter Interaktion sind in Wirtschaftsunternehmen, im Management, in Hochschulen, Therapien und Supervision, Erziehung, Pädagogik, Seelsorge und Pflege. Ausdrückliches Ziel der TZI ist es auch, Gruppen in die Lage zu versetzen, sich selbst zu steuern und als *Team* so etwas wie eine Vorsitzendenfunktion einzunehmen.

Ruth Cohn und die TZI haben mich stark beeinflusst und mir geholfen, unser Leitbild zu definieren: Unsere Biobäckerei ist ein lebendiger Organismus, in dem qualitative, soziale und spirituelle Prozesse stattfinden. Sie finden ihren Ausdruck in Arbeit und Ökonomie. Zentrale Unternehmensidee ist die Würdigung all dieser Prozesse, die miteinander verwoben sind. Bedenken wir stets, dass alles Lebendige veränderbar ist und sich verändert – aber auch verletzbar, also letztendlich sterblich. Lebendigkeit schließt Unterschiedlichkeit mit ein und das Potenzial, etwas Neues zu werden.

In meinem Modell der Unternehmensethik steht das eine Phänomen für den Menschen, der sich in Arbeit ausdrückt, das zweite Phänomen für die Wirtschaftlichkeit, die sich in Zahlen ausdrücken lässt, und das dritte Phänomen dafür, worauf alles hinausläuft. Bei Ruth Cohn sind das die Inhalte, Themen, Anliegen und Aufgaben einer Gruppe, bei mir sind es die Produkte oder Dienstleistungen des Unternehmens. Jedes dieser Phänomene lässt sich in Analogie zum Ruth-Cohn-Modell einer Ecke zuordnen.

*Unternehmensethik (Volker Schmidt-Sköries)*

Jede Ecke steht für komplexe Phänomene, die miteinander lebhaft interagieren. Der umschließende Kreis, Cohns *Globe,* steht für die Phänomene der Welt (Natur, Konjunktur, Wettbewerbssituation, Bestimmungen und Gesetze, mediale Botschaften, Kultur, Vorurteile), mit denen man leben muss und auf die man nur bedingt Einfluss hat. Wobei ich in meinem Modell lieber mit dem Bild einer Scheibe operiere, die auszubalancieren ist.

Allen Phänomenen wohnen eigene Werte inne. Auch

ich skizziere (wie Ruth Cohn) kein Regelwerk, sondern ein Modell der Bedingungen eines Unternehmens, seines Wesens, seiner Herausforderungen und Zusammenhänge. Kein Mensch in dem Modell hat umfassende Macht, alle haben »Teilmacht«. Hauptaufgabe des Unternehmers ist, alle Phänomene im Blick zu haben und umgeben vom *Globe* in Balance zu halten.

*Arbeit* bezieht sich auf alle im Betrieb arbeitenden Personen, die Ebenen der Hierarchie, Zulieferer und Abnehmer, das Betriebsklima, das Feedback sowie die Vertrauens- beziehungsweise Kontrollkultur. Arbeit soll Sinn haben und als Katalysator menschlicher Reifung dienen. Sie kann Lebensschule und von einem Gefühl des Miteinanders getragen sein, in dem alle voneinander lernen. Ausbildungs- und Arbeitsverhältnisse müssen der mentalen und körperlichen Rückenstärkung dienen. Die Beschäftigten sollen zu Selbstvertrauen, Individualität und Gestaltungswillen ermächtigt werden.

*Wirtschaftlichkeit* bezeichnet hier alles, was in *Zahlen* messbar ist und sich in Geldbeträgen ausdrücken lässt, die Kosten nach Betriebsbereichen sowie Rendite oder Verluste insgesamt. Die Zahlen sollten nicht das Höchste im Unternehmen sein, als Ziel per se nützen sie wenig. Sie drücken aber einiges darüber aus, wie Umsätze erwirtschaftet und Gewinne verteilt werden. Alle sollen etwas von der Wirtschaftlichkeit eines Unternehmens haben. Der Wert, für den die Zahlen stehen, ist Ausdruck sozialer Ausbalancierung, von Fairness und gerechter Verteilung. Es geht darum, ethische Investitionsentscheidungen zu treffen, die der Rendite, dem Produkt und den Beschäftigten gleichermaßen verantwortlich sind. Dazu gehören maßvolle Gewinnmargen. Was darüber hinausgeht, wird als Beteiligung an die Mitarbeiterinnen und Mitarbeiter ausgeschüttet. Auch Kundinnen und Kunden können über Teilhabermodelle in die Wertschöpfungskette eingebunden werden. Nicht zuletzt soll jedes Unternehmen die eigenen Grenzen des Wachstums erkennen und einhalten. Qualitatives Wachstum muss über quantitatives gehen.

Das dritte Phänomen sind *Dienstleistung* und *Produkt*, wie alles hergestellt, angeboten und verkauft wird. Darunter fällt auch, Besonderheiten der Produkte transparent zu machen, wie es um das Verhältnis der eigenen Standards zu den üblichen oder verordneten Standards steht. Wir wollen diese stets übertreffen und keine Teige für Maschinen machen, sondern Brot für die Menschen. In der Massenproduktion ist es üblich, die Feuchtigkeit der Teige an die Materialien der Backstraßen anzupassen, damit der Teig nicht anklebt (im Jargon heißt das, ihn »maschinengängig« zu machen). Das geht zulasten der Qualität, weil der Teig der Prozessoptimierung angepasst wird und nicht dem Optimum für die Menschen. Uns geht es hingegen darum, Produktinnovationen zu schaffen, die begeistern und die biologische Landwirtschaft stärken. Teil der Dienstleistung ist es, die inneren Werte des ökologischen und sozialethischen Unternehmens zu vermitteln.

Das führt in der Folge zu Fragen, wie man sich gegenüber dem Umfeld des Globe positioniert, ob man sich damit arrangiert oder Veränderungen anstößt. Unternehmen können sich am Markt und bei den Produkten als Vorreiter sehen. Sie können darüber hinaus Vorbild im achtsamen und partnerschaftlichen Umgang mit Natur, Kunden und Wettbewerbern sein. Wir kennen die großen Zukunftsthemen und sollten uns ihnen nicht verschließen, sondern offen auf das gesellschaftliche und kulturelle Umfeld einwirken. Unternehmen lassen sich als Kulturträger begreifen und führen. Wir können versuchen, die Konsumgewohnheiten zu veredeln und neue Kooperationsmodelle anzustreben.

Alle genannten Phänomene, *Arbeit, Wirtschaftlichkeit/ Zahlen, Dienstleistung/Produkt,* erfordern gleichermaßen Aufmerksamkeit mit Blick auf den Globe. Es gilt, darauf zu achten, wo die Energien konzentriert sind und was das Unternehmen in seiner Gesamtheit braucht. Richtige Unternehmensführung ist ein beständiger Balanceakt. Wo ist mehr Energie, wo mehr Geld reinzustecken, damit sich ein stimmiges Miteinander und Füreinander gestalten lässt? Welchem Sektor können dagegen Mittel und Aufmerksamkeit entzogen werden, weil sie ohnehin ganz wunderbar laufen? Muss ich die Produktion, die Dienstleistung oder das Miteinander verbessern – oder alles zugleich? Wird primär das Soziale gewürdigt, das Produkt aber zu wenig?

Ethische Unternehmensführung beginnt damit, von selektiven, zahlengesteuerten Betrachtungsweisen zu einer Unternehmensführung zu kommen, die aufgebaut ist auf der Idee einer dynamischen Balance der Phänomene *Arbeit, Wirtschaftlichkeit/Zahlen, Dienstleistung/ Produkt.* Beseelung der Wirtschaft bedeutet, Unternehmen nicht als Maschinen zu betrachten, sondern als Organismen, in denen alles ein Füreinander ist.

Je stärker ein Unternehmen wächst, desto schwerer wird es aber, die Balance zwischen den Phänomenen zu halten. Anfangs noch, wenn einige wenige mitwirken, kennen alle einander; sie können sich einschätzen und auch »überwachen«. Das wird naturgemäß schwieriger, wenn erst ein paar Dutzend und später ein paar Hundert und dann ein paar Tausend in einem Betrieb arbeiten. Darauf reagieren viele Wirtschaftstreibende, indem sie die Kontrollinstrumente ausdehnen, die pyramidale Struktur der Hierarchie spitzer und das Unternehmen für die Beschäftigten schwerer verständlich machen. Das Vertrauen leidet darunter und wird in vielen Fällen zerstört. Die Personalsuche orientiert sich in der Folge daran, wer in welches Kästchen im Raster passt. Die Rentabilität (beziehungsweise der Aktienkurs in börsennotierten Unternehmen) wird einseitig favorisiert. Letztlich muss alles durch das Nadelöhr des Profits. Für die Mitarbeitenden sind weder die Mitte noch die Grenzen des Betriebes erkennbar. Die Identifizierung der Beschäftigten und die Identität des Unternehmens gehen verloren. Unter dieser Prämisse versteift das Unternehmen. Jeder Verlust wirtschaftlicher Balance ist ein möglicher Einstieg in einen Krisenkurs, von dem jene profitieren, die am einseitig Priorisierten kleben.

Zahlenorientiertes Denken ist legitim, doch nur ein Aspekt von mehreren. Betriebswirtschaftliche Effektivität erreichen auch wir bei *Kaiser* dadurch, dass wir Arbeitsprozesse optimieren. Aber wir legen Wert darauf, sie nicht nur zu verkürzen, sondern das Zusammenspiel aller Phänomene stimmiger zu organisieren. Richtige Unternehmensführung bedeutet für mich analog zum Gehen, wie wir es von Feldenkrais kennen: Strebt man Fortschritt nicht allein in der Rendite an, sondern ganzheitlich, will man nicht nur quantitatives Wachstum, sondern qualitatives Wachstum beim Produkt und bei den Arbeitsplätzen, dann sind die Phänomene einer Firma permanent auszubalancieren. Dann ist die Rentabilität nach Zahlen nur ein Aspekt von mehreren. Richtige Unternehmensführung bedeutet für mich analog zum Tango ein Wechselspiel von Führen und Geführtwerden. Der führende Tänzer muss stets auf die tänzerischen Möglichkeiten der geführten Person Rücksicht nehmen. Er soll sein Temperament zügeln können, darauf achten, niemanden zu überfordern, um dessen oder deren Integrität zu wahren. Wer führt und wer folgt, ist immer auch eine Absprache. Also ist es gut, als Führender die Rolle des Geführten zu kennen. Um Menschen zu führen, muss man verstehen, wo sie sicher und wo sie unsicher sind.

## Pathologische Disbalance

In der großen weiten Welt der Wirtschaft regiert jedoch das Gegenteil, die Disbalance, das Ringen um Marktanteile, Preisdumping. Sogar große Bauern in Europa können von ihren Erträgen kaum leben, da der Wettbewerb die Erzeugerpreise unter die Herstellungskosten drückt. Gleichzeitig wird der Hersteller eines Energydrinks Milliardär. Gleichzeitig exportiert die Europäische Union landwirtschaftliche Güter nach Westafrika, die dort billiger auf den Markt kommen, als die von Afrikanern produzierten Lebensmittel je sein können (die billige europäischen Agrarindustrie ruiniert die organische afrikanische Subsistenzwirtschaft). Gleichzeitig erhalten Topmanager von Konzernen das 300-fache

Durchschnittseinkommen ihrer Beschäftigten. Durchschnittliche Fußballer der deutschen Bundesliga bekommen ein Vielfaches dessen bezahlt, was die Mitarbeitenden der Bergrettung in den Alpen erhalten. Die Spitzentransfersumme für einen Fußballer beträgt mittlerweile 222 Millionen Euro. Die Finanzindustrie der USA erzielt mit vier Prozent der Beschäftigten rund ein Viertel aller Profite. Gleichzeitig wird gesagt, das Sozialsystem könne sich die Essensmarken für Bedürftige nicht mehr leisten. Die freie Marktwirtschaft lässt geschehen, dass ihre eigenen marktwirtschaftlichen Bedingungen durch verzerrte Größenverhältnisse außer Kraft gesetzt werden. Wir haben eine besorgniserregende Konzentration von wirtschaftlicher Macht. Nach meiner Überzeugung wird das Kartellrecht ausgehöhlt.

Wieso darf es so weit kommen, dass fünf Unternehmen 95 Prozent des Marktes für Gemüsesaatgut in Europa beherrschen? Sie dominieren den Diskurs über die Ernährungssicherheit der Zukunft und können ihre Rohstoffpolitik, die an ihren eigenen Interessen ausgerichtet ist, noch effektiver über den Globus verbreiten. Sie können Getreidesorten züchten, die die eigenen Pflanzenschutzmittel des Konzerns brauchen, statt solche Sorten, die ohne Chemie besser gedeihen.

Irgendwann hat sich die Ansicht zum Glaubenssatz verfestigt, Wirtschaft wäre eine vernünftige, rationale Welt, die sich in Zahlen ausdrückt und Güter schafft. Vernunft ist jedoch mehr als Verstand. Mit Verstand können wir Beobachtungen machen, Erfahrungen sammeln, Schlüsse ziehen. Vernunft, für die ich plädiere, schließt immer Ethik und Seele mit ein – zum Schutz aller. Denn ein auf den Zahlenverstand fokussierter Mensch verzichtet auf bedeutende Entfaltungsmöglichkeiten. Warum tun sich Menschen das an, sich auf einen kleinen Teil all ihrer Denk- und Empfindungsräume zu reduzieren? Menschen amputieren sich freiwillig. Wie nennt man so etwas? Pathologisch. Individuen, Gesellschaft, Wirtschaft, Institutionen sind voller pathologischer Disbalancen. Und obwohl immer mehr Menschen sie zu spüren bekommen, nehmen Disbalancen weiter zu.

Laut dem *Deutschen Institut für Wirtschaftsforschung*, das vom Land Berlin und vom Bund kofinanziert wird, sind derzeit fast 13 Millionen Menschen in Deutschland von Armut bedroht. Das Bruttoinlandsprodukt stieg seit 2000 real um 22 Prozent, die Einkommen real (also unter Berücksichtigung der Preisentwicklung) um zwölf Prozent. Die Steigerungen verliefen extrem ungleich. Die mittleren Realeinkommen stiegen um acht Prozent, die reichsten zehn Prozent gewannen 27 Prozent. Die Realeinkommen der ärmeren zehn Prozent aber gingen um acht Prozent pro Haushalt zurück. Insgesamt blieben die unteren 40 Prozent der Einkommensskala deutlich hinter den Einkommenszuwächsen der oberen 60 Prozent. »Eine Erwerbstätigkeit schützt zwar nach wie vor am effektivsten gegen Einkommensarmut, allerdings sind auch immer mehr erwerbstätige Personen armutsgefährdet«, betont Markus Grabka, einer der Studienautoren. Die Einkommen der 18- bis 24-Jährigen stagnieren gemäß dem Internationalen Währungsfonds seit 2007. Das soll eine zukunftsorientierte Politik sein?

Mit den Einkommen von Spitzenmanagern verhielt es sich ähnlich. Betrug es 1991 noch das 28-Fache eines durchschnittlichen Arbeitnehmers, ist es in den 2010er-Jahren auf das 83-Fache angestiegen. In einem ähnlichen

Ausmaß stiegen die Einnahmen aus Aktien und Immobilien, also aus Vermögenswerten.

*Die Zeit* fragte 30 Chefs der für den deutschen Aktienkurs DAX notierten Unternehmen, was sie von einer Obergrenze für Managergehälter und Boni halten würden. Wenige wollten sich zur Frage äußern. Die meisten Manager hielten sich bedeckt, reagierten nicht, schwiegen. Einer der wenigen für die Frage Offenen meinte, er wäre mit seinem Einkommen sehr wohl zufrieden, wolle aber auf jeden Fall anonym bleiben, denn die Zufriedenheit mit seinem Einkommen würde ihm als Mangel an Ehrgeiz ausgelegt werden.

Der Mann meinte das gewiss nicht zynisch, seine Aussage brachte eine Logik der Wirtschaftsmacht auf den Punkt. Wer exorbitant viel hat, muss noch mehr wollen. Und das Begehren nach Geld ist der Treibstoff des Ehrgeizes. Würde diese Logik stimmen, dann hätte die deutsche Bundeskanzlerin wenig Ehrgeiz, denn sie arbeitet für 300 000 Euro brutto im Jahr. Der Außenminister hätte noch weniger Ehrgeiz. So viel wie er bekommen manche Manager in eineinhalb Wochen überwiesen. Spitzensportler liegen noch weit über den CEOs der größten Unternehmen. Ich meine das nicht anklagend. Ich lache, wenn ich mir das vor Augen führe, innerlich über die Absurdität, dass Transferleistungen in die Hunderte Millionen gehen können und ein Kicker Dutzende Millionen bekommen kann. Ethisch betrachtet, kann von *verdienen* im Sinn des Englischen *deserve* keine Rede sein, weil keine sinnvolle Relation zwischen Entgelt und Nutzen besteht. Dennoch blicken Millionen Armer und Unterbezahlter, die die Ungerechtigkeit der Welt am eigenen Leibe spüren, zu ihren vermögensreichen Helden auf und ergötzen sich daran, wie hoch die Sportgötter sie überragen.

Drehen wir den Spieß um und fragen umgekehrt: Arbeitet ein Manager doppelt so gut, wenn er statt 200 000 Euro Einkommen pro Monat 400 000 bekommt? Braucht es in dieser Liga wirklich noch Anreize? Wie viel besser kann der Kicker spielen, wenn er nach 44 Millionen Dollar in einem Jahr 88 Millionen im nächsten erhält? Sportler und Manager generieren ihre eigenen Bezüge- und Belohnungssysteme. Sie bekommen so viel, weil der Markt es hergibt. Ihre Einkünfte sind der Größe der Unternehmen und des Marktsegments geschuldet.

Für mich macht es überhaupt keinen Sinn, mehr Geld und materielle Güter zu akkumulieren. Aus meiner Sicht ist es normal, an die Welt zurückzugeben, was man von ihr bekommen hat, und zu teilen – nicht allein das Geld, sondern ebenso das Zutrauen und den Respekt, der einem entgegengebracht wird. Mich stört das Geld der Maßlosen weniger als der Verlust von Maß in unserer Zivilisation überhaupt. Für den Chef eines der größten Rückversicherer der Welt wäre die Vorgabe einer Höchstquote »ein deutlicher Eingriff in die Eigentümerrechte«. Dieses Argument ist gelinde gesagt schräg, da die Vorstände ihre Vorstandsgagen vielfach selbst beschließen, was auch der Ökonom Martin Hellwig kritisiert. Was soll das für eine Shareholder-Value sein, wenn die Shareholder, die Anteilseigner, bei den Honoraren kaum etwas mitzureden haben?

Doch was hält eine Kultur der Maßlosigkeit in ihrem Innersten zusammen? Wie sollen Menschen sich als Teil einer Gesellschaft, als Bürger eines Staates zugehörig fühlen, der es geschehen lässt, dass die Ungleichheit in der Gesellschaft immer extremere Ausmaße annimmt? Gerade in einer Epoche eines radikalen Wandels der Arbeitswelten, wie er durch Digitalisierung und Roboterisierung zu erwarten ist, müssten die Staaten zeigen, dass sie willens und fähig sind, den Wandel mitzugestalten. Je mehr Entseelung, desto brutaler auch die Ausbeutung der Ressourcen, die Ausschlachtung der Erde, die Verwandlung ihrer Schätze in Zahlen auf geheimen Konten (auch eine Spielart der Digitalisierung der Wirklichkeit).

Wenn immer mehr Profit auf immer weniger Konten landet, kann von einer Balance in der Gesellschaft keine Rede sein. Denken wir nur an das eine so anschauliche Beispiel, dass die acht Reichsten der Welt über so viel Vermögen verfügen wie die ärmere Hälfte der Menschheit. 1996 entsprach noch das Vermögen der 358 reichsten Menschen dem der ärmeren 45 Prozent. Oxfam, ein Verbund von Entwicklungsorganisationen mit Sitz in Oxford, setzt sich dafür ein, dass sich Menschen in armen Ländern sichere Existenzgrundlagen schaffen können. Im Januar 2019 veröffentlichte die Organisation eine Studie, der zufolge das Vermögen der Milliardäre 2018 weltweit täglich um 2,5 Milliarden US-Dollar wuchs (dabei bezieht sich Oxfam auf Daten der Bank Credit Suisse und auf Schätzungen des US-Magazins *Forbes*). Die ärmere Hälfte der Weltbevölkerung verlor 500 Millionen pro Tag.

Einige Vergleiche bezogen auf Deutschland: Laut dem Institut für Wirtschaftsforschung besitzen die reichsten 45 Personen so viel wie die ärmere Hälfte der Bevölkerung. Die vermögenderen 0,5 Prozent der Bevölkerung, etwa 350 000 Personen über 17 Jahre, besaßen 2007 gemeinsam in etwa so viel wie die unteren 90 Prozent

(63 Millionen Personen über 17 Jahre). Das reichste Hundertstel der Deutschen verfügte 2012 über ein Drittel des Gesamtvermögens. Der französische Ökonom Thomas Piketty hat errechnet, dass das Ausmaß der Ungleichheit in Europa heute wieder so hoch ist wie im Jahrzehnt vor dem Ersten Weltkrieg (allerdings auf einem höheren Niveau für die Armen). Auch damals wurden die gesellschaftspolitischen Verhältnisse von entfesselten Märkten und einem wachsenden Nationalismus bestimmt. Pikettys Buch *Das Kapital im 21. Jahrhundert* war vor ein paar Jahren in Europa und Amerika ein Bestseller. Eine Trendumkehr ist allerdings nicht erkennbar.

Warum regt sich gegen diese pathologische Disbalance, soweit sie überhaupt wahrgenommen wird, kaum Protest? Wie konnte so vieles so dermaßen schiefgehen?

Dem Markt selbst wurde Ethik zugeschrieben und die Befähigung, das menschliche Handeln einschließlich seiner Moral in die richtigen Bahnen zu lenken. Die reinste Form des Materialismus schlägt aus allem Kapital, und woraus kein Kapital zu schlagen ist, das repräsentiert keinen Wert. Ethik wurde zur Teildisziplin der Marktphilosophie. Zum neoliberalen Programm gehören die Privatisierung von gesellschaftlichem Vermögen, die Deregulierung der Industrie, der Landwirtschaft und des Rohstoffsektors, die Entfesselung der Finanzmärkte und die Schwächung der Gewerkschaften. Es wurden Märkte geschaffen, wo es keine gab oder wo sie schwach waren: Wasserversorgung, öffentliche Verkehrsmittel, Gesundheitssektor, Sozialversicherungen, Umweltverschmutzung. Mehr privat, weniger Staat wurde als Ultima Ratio gepredigt. Der Einfluss – und damit der Gestaltungsspielraum – der Politik wurde zurückgedrängt. Das führte natürlich auch dazu, dass jene Menschen, die demokratisch gewählt werden konnten, die Politikmächtigen, an Macht verloren, und jene, die nicht demokratisch gewählt werden konnten, die Wirtschaftsmächtigen, an Macht gewannen. In so einem System mussten politische Ideen verlieren, die das Gemeinwesen über wirtschaftliche Interessen gestellt sehen wollten. Wenn wir also im Rahmen der Vorstellung meiner Pläne mit *Kaiser* von der Beseelung der Wirtschaft sprechen, lege ich ihnen politische Haltungen zugrunde, die den neoliberalen Trend in Theorie und Praxis überwinden wollen.

## Der verinnerlichte Neoliberalismus

Natürlich fiel der Neoliberalismus nicht vom Himmel. Er war in der wirtschaftspolitischen Diskurszone lange schon vorhanden, bevor die britische Premierministerin Margaret Thatcher 1987 in einem Interview sagte: »There is no such thing as society«, so etwas wie Gesellschaft, das gibt es gar nicht. Ihre große Zeit war auch die von Ronald Reagan, der wie alle folgenden US-Präsidenten (außer Barack Obama) die Finanzmärkte liberalisierte und Spielregeln abschaffte. »Mehr privat, weniger Staat« wurde wie ein Mantra vorgebetet, solange es für »die Privaten« viel zu gewinnen gab. Als damit Schluss war, wurde nach der Hilfe des Staates gerufen. Gerade als mittelständischer Unternehmer, der sich mit dieser Rolle identifiziert, regt es mich auf, wenn Verluste sozialisiert werden.

Nur wenige haben in Europa von einer Frau namens Ayn Rand gehört. Der Science-Fiction-Autor William Gibson, der den Begriff Cyberspace und viele andere futuristische Ideen prägte, bewertet in einem Interview mit *Die Zeit* ihren Einfluss als »einen der schlimmsten in der gesamten Menschheitsgeschichte«.

Dazu einige Fakten: Ayn Rand wurde 1905 als Alissa Rosenbaum in St. Petersburg geboren und galt in der Schule als hochintelligentes, mürrisches, kompromissloses, äußerst von sich eingenommenes Kind. In einem Schulaufsatz zitierte sie: »Lieber bin ich mit Klugen in der Hölle als mit Narren im Paradies.« Da war sie noch keine zwölf Jahre alt. Mit der Russischen Revolution ging der Wohlstand der Familie verloren, denn die Bolschewisten enteigneten den Vater. Lange Zeit gab es in St. Petersburg weder Strom noch heißes Wasser, Lebensmittel wurden rationiert.

Ayn Rand hatte also Not und Unrecht am eigenen Leib erfahren. Um dem Kommunismus zu entkommen, emigrierte sie im Alter von 21 Jahren nach Amerika. Erst wohnte sie bei Verwandten ihrer Mutter und traf später in Los Angeles den berühmten Filmproduzenten Cecil DeMille. Sie versuchte es mit dem Schreiben von Drehbüchern, doch das klappte nicht, was die sehr von sich eingenommene junge Frau nachhaltig empörte. Zur Sicherheit heiratete sie einen Mann von guter Statur, den sie seiner Apathie wegen leicht kontrollieren konnte. Ein neuerliches Drehbuch wurde angenommen, verfilmt und kam als Theaterstück an den Broadway.

1943 hatte Ayn Rand mit dem Roman *Der ewige Quell* (*The Fountainhead*) Erfolg. Er bezieht seine Dramaturgie, wie andere ihrer Werke auch, aus der Diskrepanz zwischen Genialität und Durchschnittlichkeit: Der Protagonist, ein Architekt, hält vor Gericht eine lange Verteidigungsrede, in der er das Geniale, nämlich sich selbst, gegen das Mittelmaß aller anderen verteidigt. Zu Beginn der Geschichte erscheint der Mann als monströser Egomane, am Ende aber wird der Leser sehen, dass Egoismus tatsächlich eine edle Tugend ist. Altruismus hätte nichts anderes zum Ziel, als das Volk zu versklaven. Sozial orientierte Menschen wären Schmarotzer, die auf die Bestätigung der Masse angewiesen seien. Wahre Individuen lebten ausschließlich nach ihren eigenen Prinzipien. In der moralischen Welt Ayn Rands sind Steuern Diebstahl und Wohlfahrt, Arbeitslosenbezüge, Mietobergrenzen sowie alle Arten staatlicher Interventionen oder Regulierungen überflüssig. Nur wenn man Staat und Wirtschaft radikal trennt, würden »friedvolle Kooperation, Harmonie und Gerechtigkeit unter den Menschen« einziehen.

Das ist der Geist des Neoliberalismus – 1959 formuliert und zu einem System gegossen. Einer der Rekruten Rands in den 1960er-Jahren war der 21 Jahre jüngere Alan Greenspan – von 1987 bis 2006 Vorsitzender der US-amerikanischen Notenbank Federal Reserve. In Washington pries er den Einfluss Ayn Rands, die sein Denken weit über das gängige Wirtschaftsmodell hinaus erweitert hatte. Donald Trump ist der berühmteste unter den bekennenden Ayn-Rand-Fans. Er hat selten öffentlich über Literatur gesprochen. Über *The Fountainhead* tat er es im Wahlkampf. Er nannte es ein Buch von »Schönheit, Leben und inneren Gemütsbewegungen«.

Die Autorin nahm für sich in Anspruch, einen neuen Moralkodex definiert zu haben. Sie nannte ihre Philosophie *Objektivismus* und vertrat eine Ethik, die weder auf Glaube basierte noch auf beliebigen Verordnungen (mythischen oder sozialen), noch auf Launen oder auf Gefühlen, sondern auf purem Verstand. Dafür benutzte sie das Wort *reason,* in dem so etwas wie *gute Gründe, Logik* mitschwingt. Jeder solle für sich unabhängig beurteilen, was er für richtig und falsch hält. Rationaler Egoismus bedeutet, dass eine Handlung ausschließlich dann richtig ist, wenn sie das Eigeninteresse maximiert. Das höchste moralische Ziel müsse das eigene Glück sein. Der Schöpferische strebt nach Unterwerfung der Natur. Wenn jeder Mensch in Erfüllung seiner selbst leben und rationale Eigeninteressen verfolgen würde, wäre die Welt gut.

Für den Traum allumfassender Ermächtigung gibt es bereits eine alttestamentarische Quelle. Niedergeschrieben finden wir sie in der *Genesis.* Göttlicher Wille wird darin zum Kulturauftrag: »Macht euch die Erde untertan.« Nutzt sie, benutzt sie, gestaltet sie, macht damit, was ihr wollt – so wird dieser Satz bei der Vertreibung aus dem Paradies gemeinhin verstanden. Er legitimiert die Ausübung von Macht und stellt die eigene Art über alle anderen. Mehr noch: Die Aufforderung »Macht euch die Erde untertan« suggeriert, dass der Mensch über alle Gesetze erhaben wäre, auch über die der Natur. Wenn der Mensch sich im Zuständigkeitsbereich Gottes wähnt, der ihm die Natur als Nahrungsquelle schenkte, dann ist gottgefällig, was immer er mit ihr anstellt.

Die Lizenz zu Ausbeutung und Raubbau für das kollektive Gedächtnis? Was steht in dem hebräischen Originaltext des *Ersten Buchs Mose?* Gott hat den Menschen aus der Erde des Ackerbodens gemacht. Der Name Adam ist vom hebräischen Wort für Erde *(adama)* abgeleitet.

Das bedeutet, der Mensch ist aus demselben Material wie seine Umwelt (die moderne Physik lehrt nichts anderes) – beseelt vom Atem Gottes. »Seid fruchtbar und mehret euch und füllet die Erde und machet sie euch untertan und herrschet«, übersetzte Martin Luther den Originaltext. Der deutsche Theologe Erich Zenger aber schreibt dem hebräischen Wort *kabasch,* das in allen früheren Übertragungen mit »untertan machen« oder »unterwerfen« übersetzt wurde, eine ganz andere Bedeutung zu: »den Fuß daraufsetzen«.

Alte Sprachen mussten sich erst zu dem entwickeln, was sie heute sind. In ihrer Frühphase hatten sie einen geringeren Wortschatz. Das macht die Übersetzung von alten Texten oft so schwierig, da es für viele Bedeutungen, die wir heute trennen, oft nur ein einziges Wort gab. Das jeweils individuelle und kulturelle Bewusstsein des Übersetzers spielt eine Rolle, welche Bedeutung ihm passender erscheint. Die jüdische Bibelexegese deutet *kabasch* inzwischen als »dienstbar machen« bzw. »urbar machen«. Ohne Achtsamkeit geht »urbar machen« nicht. Der Mensch muss die natürlichen Gegebenheiten beachten, aus denen er seinen Nutzen zu ziehen trachtet. Tut er das nicht in gebotenem Ausmaß, entzieht er sich selbst die Grundlage.

Die Ideen Ayn Rands wurden nach ihrem Tod von libertären Bewegungen aufgegriffen und propagiert. Die Repräsentanten der neoliberalen Ideologie besetzten seit den 1980er-Jahren immer mehr der wichtigsten Positionen an führenden Wirtschaftsuniversitäten und in den Wirtschaftsredaktionen der Leitmedien; sie gewannen immer mehr Einfluss in den größten Banken, beim Weltwährungsfonds, in der Welthandelsorganisation und den

Finanzministerien auf der ganzen Welt. Der Professor für Ökonomie an der University of Chicago und Wirtschaftsguru der 1980er- und 1990er-Jahre, Milton Friedman, sprach von zwei Helden der libertären Bewegung: dem aus Wien stammenden Ökonomen Ludwig von Mises, weil niemand sonst die Idee freier Märkte so überzeugend begründen konnte, und von Ayn Rand, weil sie diesen Ideen einen philosophischen Kontext gab und libertäre Ideen emotional auflud und populär machte.

Seit den 1990er-Jahren arbeiteten auch Thinktanks wie das 1977 gegründete Cato Institute in Washington daran, einem Marktabsolutismus zum Sieg zu verhelfen. Cato finanziert sich aus privaten, steuerlich absetzbaren Spenden und Beiträgen von Firmen. Co-Gründer war der Ökonom und Ayn-Rand-Freund Murray Rothbard. Die Ziele des Instituts: Rückzug der Politik zugunsten privater Interessengruppen, radikalere Privatisierungen, Abschaffung aller Regulierungsmaßnahmen, Steuersenkungen, Eliminierung von Handelshemmnissen, totale Freiheit für Kapitalströme, Abschaffung aller öffentlichen Studienbeihilfen, Senkung der Sozialausgaben, Eliminierung aller Kunststiftungen, Finanzierungsstopp für die Geisteswissenschaften.

David und Charles Koch sind im Ölgeschäft reich geworden. Sie besitzen an die 100 Milliarden Dollar und finanzieren damit Lehrstühle an Universitäten, Denkfabriken und das ultralibertäre politische Aktionskomitee Americans for Prosperity (Amerikaner für den Wohlstand) mit seinen 150 Mitarbeitern unweit des Weißen Hauses (400 sind es über die USA verteilt, um direkt Einfluss auf die Abgeordneten in ihren Bezirken ausüben zu können). Sie verfolgen genau dieselben Ziele wie das

Cato Institute: Sie sind gegen Sozialhilfe, staatliche Krankenversicherung, Umweltauflagen und Maßnahmen zur Regulierung der Finanzmärkte. Organisationen wie Cato oder Americans for Prosperity gibt es einige. Ihre Finanziers üben durch ihre Leute in der Regierung und über die Medien enorme Macht aus. Wir spüren sie auch bei uns im Denken, in den Argumenten, den Institutionen und in der politischen Praxis.

Der Neoliberalismus steht für das Gegenteil einer Ökologisierung und Beseelung der Wirtschaft. Seine Proponenten fördern mit ihren Milliarden Disbalance, weil sie ihrer Ideologie der Ungleichheit der Menschen entspricht und weil ihnen auf schiefen Ebenen am meisten Geld zufließt.

Das Cato Institute hat jeden Präsidentschaftskandidaten der Republikaner unterstützt, die Koch-Brüder haben ihre Leute im Umfeld von Donald Trump sitzen (darunter einen Klimawandel-Leugner als Vizepräsident), Menschen, die den globalen Steuerwettbewerb nach unten forcieren, die Umweltnutzung und Arbeitsgesetze liberalisieren, den Sozialstaat schwächen.

## Wie Globalisierung sinnvoller wäre

Bald 250 Jahre ist es her, dass der liberale schottische Ökonom Adam Smith sein Werk *Der Wohlstand der Nationen – eine Untersuchung seiner Natur und seiner Ursachen* veröffentlichte. Es ist ein Schlüsselwerk der Wirtschaftswissenschaften, auch Karl Marx setzte sich intensiv damit auseinander. Smith analysierte als Erster die Prinzipien der Arbeitsteilung, der Entwicklung von Löhnen, Preisen und Gewinnen. Er beschrieb die Funktionen des damals noch eher schwachbrüstigen Finanzsystems und kritisierte Handelsschranken, weil sie die Entwicklung des Wohlstands behindern. Aus diesen Gründen werden Smiths Analysen von Liberalen gerne zur Untermauerung ihrer Ansprüche herangezogen. Doch Vorsicht: Smith wird zumeist einseitig interpretiert.

Er zog den Beruf des Bäckers als Beispiel dafür heran, wie Eigeninteresse (Nahrungsmittel für sich und andere herstellen und damit Geld verdienen) viele Menschen ernähren kann. Er sah das so: Der Bäcker mit der besten Qualität wird der beliebteste sein. Sind mehrere Bäckereien in der Stadt, wird es quasi wie von selbst zu einer vertretbaren, marktgerechten Preisbildung kommen, die alle an Produktion und Handel Beteiligten als gerecht empfinden, weil sie mit und von den Preisen gut leben können. Der Markt wird wie von unsichtbarer Hand gesteuert. Der Markt schafft demnach Ordnung, ohne dass sie jemand verordnen muss. Bis zu diesem Punkt huldigen die Neoliberalen gerne ihrem Adam Smith. Doch er kam auch zu dem gemeinhin ignorierten Schluss, dass Märkte niemals perfekt sind und aus der Balance geraten können. Märkte würden aus sich heraus tendenziell die Grenzen des Vertretbaren ausreizen (und unter Umständen überschreiten). Sie würden von sich aus keine Strukturen und Dienste im Interesse der Gemeinschaft anbieten. Deshalb brauche es über den Märkten einen starken Staat, der die Interessen aller Menschen wahrnimmt. Smith trat sogar für eine Begrenzung der Profite ein und begründete dies damit, dass ein Unternehmen unmöglich zugleich hohe Profite und hohe Löhne nachhaltig erwirtschaften könne. Hohe Löhne wären aber eine Grundbedingung dafür, dass eine Gesellschaft blühen und sich weiterentwickeln könne. Jeder Mensch habe einen Anspruch auf ein selbstbestimmtes Leben, doch nicht darauf, seine Interessen auf Kosten anderer durchzusetzen. Smith erkannte auch die Gefahren für die Gesellschaft durch eine Machtkonzentration von Kapital und Konzernen. Sein Konzept von Freiheit schloss die Verantwortung mit ein. Der Staat muss regulieren, damit *Big Business* kein allzu starkes Eigenleben entwickelt, das den Interessen der Gemeinschaft zuwiderläuft.

Das 18. Jahrhundert brachte auch die Bürgerrechte auf den Weg. Benjamin Franklin propagierte: »Verkaufe nicht Tugend, um Wohlstand zu erlangen, und auch nicht Freiheit für Macht.« Er sah die Gefahr, die von unbegrenzter Freiheit ausgeht, dass nämlich vor allem diejenigen die meisten Freiheiten erlangen und materielle Güter an sich ziehen, die die Möglichkeit dazu haben. Die Freiheit des Einzelnen wird zur Freiheit Einzelner verknappt.

Heute ermöglichen moderne Kommunikations- und Transportmittel weltweit agierenden Unternehmen, sich dort zu etablieren, wo es die wenigsten Regulierungen gibt und die meisten Menschen, die ihre Arbeitskraft billig zur Verfügung stellen. Diese Entwicklung, die mit dem Kolonialismus begann, erreicht in Zeiten der Globalisierung immer neue Höhepunkte. Die Globalisierung ist unumkehrbar und hat durchaus Gutes bewirkt. In vielen Ländern hat sich eine starke Mittelschicht entwickelt, wo es kaum eine gab. Globalisierung würde aber besser gelingen, wenn sie lokale und globale Interessen gleichermaßen berücksichtigen würde. Sie könnte für eine sinnvollere Verteilung von Produktionsstätten über die ganze Welt sorgen.

Doch das entspricht meistens nicht dem, worum es bei der Globalisierung geht. Ein Beispiel für das Gegenteil: Die europäische Landwirtschaft importiert billiges, gentechnisch verändertes Soja aus Argentinien und verfüttert es an Rinder in Großbetrieben, die von der Europäischen Union subventioniert werden. Die Milch der Rinder wird als Trockenmilch nach Mexiko exportiert und dort mit Wasser und Palmöl aus Indonesien zu Milchprodukten veredelt. So werden Transportwege verlängert statt verkürzt.

Globalisierung wäre dann richtig organisiert, wenn eine klar definierte *Globalverantwortung* damit einherginge. Verantwortung, die überprüfbar ist. Globalisierung könnte mir gefallen, wenn es so etwas wie einen supranationalen Wirtschaftsethikrat gäbe – angesiedelt bei den Vereinten Nationen oder der Welthandelsorganisation WTO. Er könnte steuernd wirken, für die Balance sorgen, Regeln und Normen definieren, die global nicht unterschritten werden dürfen. Das ist gewiss kompliziert. Doch die Regeln, die für TTIP (Transatlantische Handels- und Investitionspartnerschaft) und TiSA (das Abkommen über den Handel mit Dienstleistungen) nach Ansicht ihrer Betreiber erfolgreich ausverhandelt wurden, sind laut dem Ökonomen Dani Rodrik »noch viel, viel komplizierter«. Ich fordere also nichts Unmögliches. Ein mit Richtlinienkompetenz ausgestatteter, über den Staaten stehender Wirtschaftsethikrat könnte verfügen, dass keine Bank von Kenia verlangen darf, sein Land an

Agrarkonzerne zu verpachten und seine Getreidevorräte in den arabischen Raum zu verkaufen, um Schulden zu tilgen. Er könnte eine Bauordnung für Fabrikhallen verfügen, die nicht einstürzen. Eine Globalisierung sozialethischer Kriterien könnte zum Menschenschutz beitragen. Tausende von in desolaten Gebäuden erschlagenen Textilarbeiterinnen und -arbeitern in Bangladesch wären noch am Leben. Ein Ethikrat könnte Ökologieregeln festlegen, die die Entsorgung von Giftmüll global nach den Normen von zum Beispiel Norwegen festschreiben. Und so weiter.

Es gibt Bestimmungen gegen vergiftetes Spielzeug aus China. Gegen das »Gift« unmenschlicher Verhältnisse in der Produktion werden keine Importsperren angedroht. Normen für den Einsatz von Pestiziden in der industriellen Landwirtschaft müssten global geregelt und bestimmte Herbizide verboten sein. Wären sie das, wäre keine Vervielfachung von Fehlgeburten und Missbildungen bei Neugeborenen in den Soja-Anbaugebieten Argentiniens zu beklagen. In einem wirklich fairen globalen Wettbewerb wären Kinderarbeit und Arbeitsrechte entscheidende Kriterien. Es ist nicht hinzunehmen, dass wir in Europa die Umwelt zwar einerseits schützen, gleichzeitig Umweltvergiftung anderswo fördern, indem wir unökologische Produktionsstätten verlagern und deren Natur und Mensch zerstörende Produkte günstig importieren, die hierzulande dank strengerer Umwelt- und Arbeitsschutzbestimmungen so nicht herstellbar wären. Solche Verhältnisse sind in der Summe nicht nur ökologisch falsch, sondern auch wirtschaftlich unvernünftig, weil sie die Preisbildung verzerren. Geringere Arbeitskosten resultieren nicht nur aus niedrigeren Löhnen, sondern aus niedrigeren Standards allgemein – Stichwort Sozialdumping. Die Herstellungskosten würden sich angleichen, wenn soziale, gesellschaftspolitische und ökologische Kosten in der Preisbildung aufschienen. Gäbe es globale Mindeststandards, könnten sich Schutzzölle zur Erhaltung von Produktion im reichen Westen erübrigen. Solange aber keine Regeln festgeschrieben sind, gelten immer die ungeschriebenen. Deren erste Regel aber lautet, im Streitfall gewinnt immer der Stärkere. Und die zweite: *Cheapness rules,* der Billigere bekommt den Zuschlag.

## Humanisierungsoffensive

Die Politik sollte verstehen, dass sie sich selbst abschafft, wenn sie weiter der neoliberalen Logik folgt, denn der zufolge lautet die Gleichung nicht Politik und Markt, sondern Markt statt Politik. Oft vermittelt die Politik den Eindruck, als genüge es ihr, zwischen neoliberalen Exzessen und gesellschaftlichen Mindesterfordernissen zu moderieren. Sie müsste mutiger sein, sich mächtigen Interessengruppen und Lobbyisten entgegenzustellen. Das Unbehagen in der Gesellschaft wächst. Die Digitalisierung wird alle Bereiche erfassen, denn die Kombination von Effizienzsteigerung, Profitabilität und Spieltrieb war schon immer erfolgreich.

Wie wird sich das Leben in einem Wohnblock gestalten, in dem die Leute öfter mit der digitalen *Alexa* sprechen als mit Nachbarinnen, Freundinnen oder Supermarktkassiererinnen, die es in Zukunft vielleicht kaum noch gibt? Wird Anki Cozmo, der »niedliche, freche Roboter zum Liebhaben«, das Haustier für die Kinder ersetzen? Spielt es eine Rolle, wenn Wetter- und Sportberichte, Steuererklärungen und Rechtsgutachten von Schreibalgorithmen formuliert werden, oder ist das egal? Wann werden Robo-Taxis, automatische U-Bahnen, Straßenbahnen und Busse die Fahrer ersetzt haben? Werden die Programme der Fahrzeuge in einer herausfordernden Situation das Richtige tun oder nach menschlichem Ermessen fehleranfällig sein, weil ihnen eben der menschliche Ermessensspielraum fehlt? Wen wird die Schuld bei einem Unfall treffen? Kann es in der digitalen Offensive eine Humanisierungsoffensive geben?

Einer Studie der Universität Oxford zufolge wird fast die Hälfte aller US-amerikanischen Jobs in den kommenden zehn bis 20 Jahren automatisierbar sein (was nicht damit gleichbedeutend ist, dass sie automatisiert werden). Die ersten selbstlernenden Programme sind im Einsatz. Gegenüber der Evolution intelligenter Maschinen hinken ihre Erfinder immer mehr hinterher.

Nach meinem Dafürhalten verläuft die Digitalisierungsdiskussion zu einseitig mechanistisch auf Industrie 4.0, Roboter und Arbeitsplätze hin. Wir müssten gleichzeitig diskutieren, wie wir Kulturbildung und Herzensbildung in die künftige Welt hinübertragen und stärken können. Das Wissen der Menschheit verdoppelte sich im Verlauf der Renaissance, später innerhalb von 100 Jahren. Jetzt in weniger als einem Jahr. Eines Tages wird es sich in einer Woche, einem Tag, vielleicht in einer Stunde verdoppeln. Da kein menschliches Wesen, auch kein Verbund menschlicher Wesen mithalten kann, werden die Verfüger über die Technologien immer mehr an Entscheidungskompetenzen und Analysen an Algorithmen delegieren. Wie viel Kontrolle werden wir dann über unser Leben haben? Um wie viel anfälliger werden die Wählerinnen und Wähler für Populisten sein, die ihnen einfache Lösungen aus der Komplexitätsfalle bieten?

Es gibt ein Sprachanalyseprogramm, das Menschen »lesbar« machen soll: *Precire* ermittelt, wie jemand tickt. Aus der Art des Sprechens kann die Software Schlüsse auf Charakterzüge einer bestimmten Person ziehen, damit man besser weiß, wie man mit ihr dran ist. Vielleicht geht die Sache mal so weit, dass wir als Charaktere hackbar werden. Trotzdem lassen wir die Dinge einfach laufen. Trotzdem wird die Digitalisierung zumeist bloß als eine Entwicklung gesehen, die nach technologischen Lösungen verlangt, aber nicht nach sozialen, kommunikativen, humanistischen. Dem menschlichen Leben und Fühlen werden wir damit nicht gerecht.

Immer mehr Menschen vermessen Vorgänge in ihren Körpern – die Kalorienaufnahme, ihre täglichen Schritte und Wegstrecken. Ist dieses Selbst, das alles quantifiziert, nicht »vermessen« auch in dem Sinn, dass es »im Datenwahn glaubt, sich selbst immer besser im Griff zu haben und optimieren zu können?«, fragt Gert Scobel in seiner Sendung auf 3sat. Wird in Unternehmen eines Tages Druck zur permanenten Selbstbeobachtung mittels digitaler Tools zur optimalen Steuerung der Leistungsfähigkeit ausgeübt? Oder müsste die Frage lauten: Ab wann und wo zuerst?

Gerald Hüther gelangte zu einer klugen Ableitung: Unser Gehirn liebt den »Zustand der Kohärenz [...] in dem alles passt«, weil es in diesem Zustand am wenigsten Energie verbraucht. Würde das nicht dafür sprechen, im

Faulbett des Status quo liegen zu bleiben? Oder ist es nicht im Gegenteil so, dass die ständigen Veränderungen deshalb so eine starke Sogwirkung ausüben, weil die Menschen diesem Zustand, *in dem alles passt,* immer hinterherrennen – bis sie merken, dass sie in die Irre laufen und irre werden?

Wer in primär materialistischen Sphären lebt, kann sich auf noch mehr Einsamkeit gefasst machen. Fortschritt, der den Menschen abverlangt, nicht nur immer wettbewerbsfähigere Produkte zu erfinden, sondern gleichzeitig sich selbst immer bedingungsloser in den Dienst des Wettbewerbs zu stellen, richtet den Menschen auf Dauer zugrunde, fürchte ich. Mit Kalkül, Pragmatismus und der immer besseren Beherrschung technologischer Tools allein werden wir keine große Zukunft haben – auch wenn vermutlich die meisten ihr Privatleben freiwillig digitalisieren werden.

Ich schlage vor, daran zu denken, dass wir im Lauf unserer Sozialisation nicht nur dazugehören, sondern uns auch abheben, autonom und frei sein wollen. »Diese beiden Grundbedürfnisse müssen zugleich bedient werden, sonst geht es uns nicht gut.« Das aber, so Hüther, geht nicht im Wettbewerb, sondern nur in Gemeinschaft, in der wir würdevoll miteinander umgehen. Der Ausweg kann also in der Optimierung der Kooperationsfähigkeit und der Gemeinschaft liegen, in einer Vertrauenskultur, in Potenzialentfaltung und der Balance der unterschiedlichen Phänomene des Lebens.

Wenn ich von solchen Dingen spreche, mag ich manchen wie ein Traumtänzer erscheinen, der nur das Gute sehen will und seine Augen vor dem Schlechten verschließt. Das tue ich gewiss nicht. Ich bin überzeugt, dass es richtig ist, jedem Menschen Vertrauen zu schenken – nicht blind, sondern mit offenen Augen. Gern gehe ich mit Freunden und Partnern durch dick und dünn – nicht jedoch durch *dick und doof*. Kampfgeist ist erforderlich, und ich sehe mehr Sinn darin, das Leben mit schönen Visionen und Plänen anzureichern, als es mit Argwohn und Misstrauen zu belasten. Vertrauenskultur ist eine Haltung; gewiss wird man dann und wann enttäuscht. Doch das Gute, das Gelingende entschädigt dafür reich. Und wenn sich herausstellt, dass man mit seinen Wertvorstellungen nicht nur im Prinzip richtigliegt, sondern auch in der Praxis gut damit fährt, kann man sich viele Kontrollmechanismen und Selbstbeschränkungen sparen, die doch letztlich nur einengen.

Ich will mir von ein paar Enttäuschungen die Seele nicht vergiften lassen. Davon unbeeinflusst zu entscheiden, ist also keine Blauäugigkeit, sondern seelische Hygiene und ein Dienst an der Balance. Misstrauen würde Energien binden, die ich lieber produktiv einsetze. Was immer das Potenzial des Einzelnen und das Vertrauensklima im Gesamten stärkt, trägt zur inneren Balance des Unternehmens bei. Diesen Zugang kann vielleicht nicht jeder Mitarbeiter, jede Mitarbeiterin von Anfang an nachvollziehen, weil er neu für sie ist. Manche halten uns vielleicht für Exoten, wenn wir Ideen verbreiten, die auf den ersten Blick nichts mit Arbeit und Erfolg zu tun haben. Mit Argwohn sind viele Menschen besser vertraut als mit Vertrauen.

Auch das Krisenmanagement in Großbetrieben ist oft von einer Grundhaltung des Misstrauens getragen: Zur Optimierung der Produktion wird eine Consulting-Firma mit dem Ziel der »Umstrukturierungen« angeheuert.

Die Kosten sollen gesenkt, der Gewinn gesteigert werden. Die Berater sehen sich einzelne Ebenen des Unternehmens an, führen Befragungen durch und machen sich ein Bild davon, wo Arbeitsprozesse nach normierten Regelsystemen verkürzt werden können. Arbeitsprozesse verkürzen kann bedeuten, ganze Ebenen abzuschaffen – mit der Konsequenz, dass gewachsene Kommunikationsstrukturen beschnitten und zerbrochen, Befehlsketten gespannt werden, die Transparenz leidet und die wirtschaftlichen Ergebnisse steigen.

Meiner Auffassung nach liegt darin eine unternehmerische Leistung von begrenzter Fantasie. Besser wäre es, die Potenziale zu sehen und zu fördern, damit sie sich von selbst entfalten. Besser wäre es, offen zu kommunizieren und die Transparenz zu erhöhen. Das Gegenteil wird gemacht. Die Analysten spielen ihre Erkenntnisse meist nicht an jene Firmenetage zurück, die sie untersucht haben, sondern allein an die oberste Führungsebene weiter. Weder Auftraggebern noch Auftragnehmern geht es primär darum, dass die analysierte Ebene etwas über sich lernt, sondern darum, Umstrukturierung und Beschleunigung rechtfertigen zu können. Die Analyse bedient das Machtbedürfnis eines kleinen Kreises, der danach autokratisch, mit den Daten des Beratungsunternehmens legitimiert, nach unten hin den Druck erhöht. So läuft es leider allzu oft.

Eine große Verantwortung des Unternehmers besteht darin, den Beschäftigten sichere Arbeitsplätze zu bieten, damit sie in die Lage kommen, sich und ihre Familien zu erhalten und ein gutes Leben zu führen, hat der Wiener Süßwarenproduzent Carl Manner in einem Interview formuliert. Die Beschäftigten auszupressen ist nicht der richtige Weg. Ich betrachte unsere Mitarbeiterinnen und Mitarbeiter (wie *DM*-Gründer Götz Werner auch) nicht primär als Kostenfaktoren, sondern als Menschen, die Kraft und Lebenszeit aufwenden, um Leistungen zu erbringen und so einen Beitrag zum Erfolg des Ganzen zu leisten. Im eigentlichen Sinn sind sie also die Arbeitgeber, die ihre Arbeitsleistung zur Verfügung stellen, und diejenigen, die dafür bezahlen, die Arbeitnehmer, weil sie die Früchte ihre Leistungen entgegennehmen und honorieren – auch im Sinn von *ehren*.

Auch viele Manager modernen Zuschnitts sind von solchen Ideen geprägt. Ihnen missfällt, wie die Dinge laufen (oder wie sie die Dinge laufen lassen müssen), doch fällt es schwer, die alten Denkkapseln zu verlassen. Die Konzernlogik lässt geringen Spielraum. Und immer lauert unten schon einer, der hinaufwill.

Dazu kommen soziale und psychologische Faktoren: In meiner Beratungspraxis hatte ich es einmal mit einem Vorstand zu tun, der gerade dabei war, sein Unternehmen an die Wand zu fahren. Irgendwann kamen wir darauf zu sprechen, wie er sich die Zukunft vorstelle. Sein Denken drehte sich fast nur ums Geld. Er wurde gut bezahlt, meinte aber, dass ihm ein beträchtlich höheres Vorstandsentgelt zustünde. Seine Erklärung lautete, er müsse deshalb immer mehr wollen, weil das in seinen Kreisen so üblich sei. Das Entgelt müsse unter allen Umständen für die Größe der Firma stehen, für die er die Verantwortung trage, und den Kreisen der Manager entsprechen, zu denen er sich zählt.

Viele Führungspersonen identifizieren sich so wie dieser Mann mit der Größe der Firma, als würden sie selbst alles erwirtschaften. Sie sonnen sich in Umsatz und Renditen und führen das Erreichte auf sich selbst zurück. Marktwert und Selbstwertgefühl gehen Hand in Hand. Da solche Menschen häufig unter ihresgleichen bleiben und sich in ihrer eigenen Kaste bewegen, bestärken sie einander in Werthaltungen und lassen nichts an sich heran, was sie erschüttern könnte.

Über dem Eingang des antiken Apollon-Tempels von Delphi stand die Forderung an den Eintretenden geschrieben: *Erkenne dich selbst.* Zu welchem Ziel? Die Antwort stand über dem Ausgang: *Damit du Gott erkennst.* Selbsterkenntnis ist also kein Selbstzweck, sondern Wegbereitung, das Höchste zu erkennen, was der Mensch ist und was er zustande bringen kann: als seelenvolles Wesen zu leben, das sich selbst nicht absolut setzen muss, sondern über seine Existenz hinaus größeren und dauerhafteren Entwürfen vorgreifen kann. Arbeitet man also in einem Work in progress an sich selbst, kann man sich dem eigentlichen Wesen der menschlichen Existenz annähern. Indem man in der Betrachtung des eigenen Subjekts sich selbst zum Objekt macht und die eigene Verfassung studiert, kann man viel lernen darüber, wie man am besten mit sich, mit anderen Menschen und mit den Verhältnissen umgeht. Die Suche nach Selbsterkenntnis ist nicht allein ein Weg von philosophischem, psychologischem und spirituellem Wert, sondern eine Methode zur Entfaltung.

# Am Zug der Zeit die Räder wechseln

In den 1970er-Jahren sah es so aus, als würden sich die Verhältnisse unaufhaltsam zum Besseren wandeln. In Schweden regierte Olof Palme, in Österreich Bruno Kreisky, in Deutschland Willy Brandt, in Frankreich François Mitterrand. Die Diktaturen in Portugal, Spanien und Griechenland standen unter Druck, die Zeit war gekommen, abzudanken. Die Nelkenrevolution von 1974 machte dem Salazar-Regime in Portugal ein Ende, im selben Jahr endete die Diktatur in Griechenland. 1975 starb Diktator Francisco Franco, zwei Jahre später fanden in Spanien die ersten freien Wahlen nach fast 40 Jahren autokratischer Herrschaft statt. Überall erstarkten neue gesellschaftliche Bewegungen.

Der für seine Vietnamkriegspolitik verfemte Richard Nixon legte immerhin Wert auf einen funktionierenden Sozialstaat. Die USA waren ein Hochsteuerland mit einem Spitzensatz für Reiche von 70 Prozent – bis Ronald Reagan kam. Dann ging es mit den Steuern runter, und staatliche Regulierungen der Finanzbranche wurden so weit abgebaut, dass sie sich zu einer Finanzindustrie entwickeln konnte. Früher diente die Finanzwirtschaft über die Banken der Realökonomie, indem sie deren Überschüsse verzinste und reinvestierte oder Darlehen für die Gründung von Unternehmen gab. Seit den 1980er-Jahren aber wurde die Finanzökonomie eine schnell wachsende, so gut wie unabhängige Macht, die ihre eigenen, von der Realwirtschaft abgekoppelten Geschäftsfelder kreierte. Da auf ihnen mehr Geld zu verdienen war, gingen immer mehr Mittel und Talente dorthin. Im

Unterschied zur Realökonomie, die Nahrungsmittel, Möbel, Fahrzeuge und Druckwerke herstellt sowie Dienstleistungen wie Taxifahrten, Pflegedienste oder Unterrichtsstunden anbietet, war die Finanzwirtschaft vergrößerbar. Es mussten nur immer neue Finanzprodukte erfunden werden, die in einem immer loseren Zusammenhang zur Realwirtschaft standen. Derzeit beträgt das Volumen der Finanzderivate nach Angaben des US-amerikanischen Zentralbanksystems Federal Reserve das circa achtfache Volumen der Weltwirtschaft, also die Wirtschaftsleistung des Planeten in einem Zeitraum von acht Jahren.

Der aus den Niederlanden stammende Journalist Joris Luyendijk hat für die Londoner Tageszeitung *The Guardian,* die durch Aufdeckungsjournalismus ihrem guten Ruf immer wieder alle Ehre macht, eine »besondere Spezies« studiert: den Banker. Luyendijk richtete einen Blog ein, um mit Investmentbankern, Angestellten der Risikoabteilungen von Finanzinstitutionen und Ratingagenturen in Kontakt zu treten. Er wollte Menschen aus der Branche treffen, die bereit waren, über ihre Arbeit zu sprechen und wie sie sich dabei fühlten.

Längere Zeit verlief das Projekt schleppend. Die wenigen, die sich meldeten, waren unsicher und aus den unteren Rängen. Sie bestanden darauf, anonym zu bleiben, um die Kunden und den Job zu behalten. Doch mit der Zeit meldeten sich Männer in höheren Positionen. So konnte Luyendijk nach und nach ein stimmiges Bild gewinnen: Das Vorurteil, die Banker würden von ihrer Gier zu immer riskanteren Geschäften getrieben, traf nur begrenzt zu. Die Angst war bei den meisten »Finanzhaien« viel mächtiger als die Gier. Alle standen unter einem gigantischen Erfolgsdruck und konnten jederzeit gefeuert werden. Daher dachten sie nur einen Tag weit.

Daran hat sich durch den Beinahekollaps des Systems nichts geändert. Interner Druck, Erfolgswille, die Möglichkeiten eines de facto schier regellosen Systems sowie die Tatsache, dass der Spieleinsatz praktisch immer das Geld der anderen ist, treiben seltsame Blüten. In dieser Spielaufstellung gewinnt die Bank immer – erst durch das Forcieren von Disbalance und im Fall einer fatalen Krise durch die Wiederherstellung einer gewissen Balance mithilfe staatlicher Garantien und Mittel (*too big to fail*; zu groß, um zu scheitern). Weil die Angst vor einer Sogwirkung implodierender Großbanken und Versicherungen auf die Wirtschaft so groß ist, werden die Institute gerettet, koste es (beinahe), was es wolle. Niemand kennt den vollen Umfang der verbuchten Risiken, weil niemand genug Überblick über alle Vorgänge, Verbindlichkeiten, Geschäftsnetzwerke großer Geldinstitute hat – nicht einmal alle Köpfe in der Vorstandsetage zusammen. De facto sind solche Institute also eigentlich *too big to manage*. Also werden immer mehr Geschäftsvorgänge an Computeralgorithmen ausgelagert. Luyendijk zitiert einen Berater: »Die nächste weltweite Finanzpanik wird von einem IT-Crash ausgelöst werden.« Das System ist zwar extrem hierarchisch, oben sieht man wenig davon, was unten gemacht wird. Der einzige Orientierungspunkt und Maßstab ist das Geschäftsergebnis. Krasser könnte der Gegensatz zu Unternehmen nicht sein, in denen das Führungspersonal vom Zentrum bis in die Peripherie alle Bereiche mit seiner Achtsamkeit erfüllt.

Luyendijk nannte das System der Banker ein »Inselreich im Nebel, das von Söldnern bevölkert wird«. Trotzdem kam er zu dem Schluss, dass darunter wenige wirkliche Soziopathen waren, also Menschen, die keine Gefühle kennen. Selbst wenn alle Verantwortungsträger auf einen Schlag entfernt und durch neue Leute ersetzt würden, wären sie innerhalb kürzester Zeit wieder beim selben Fehlverhalten, das schon ihre Vorgänger geleitet hatte.

Warum? Vielleicht weil der Mensch seine Sache gut machen will. Vielleicht kauft er zu früh ein zu teures Auto, eine zu große Wohnung. Vielleicht weil er klar umrissene Kanäle zur Entfaltung seiner Fähigkeiten braucht. Er nutzt sie aus Geltungsdrang und des Status wegen. Der Sektor des ganz großen Investmentbankings ist gegen eine Aufdeckung seiner Fehlentwicklungen so gut wie immun. Nahezu fatalistisch resümiert der Journalist, dass die Welt des Geldes »einer neuen DNA« bedürfe.

Schwer zu sagen, ob vorsichtige Ansätze zu etwas Neuem führen. Absolventen der Harvard Business School schwören eine Art hippokratischen Eid: »Als Manager ist es meine Aufgabe, der Gesellschaft zu dienen«, versprechen sie zum Abschluss ihres Studiums: »Ich werde stets mit der größtmöglichen Integrität handeln und meiner Arbeit auf ethische Weise nachgehen.« Auch Dutzende von Universitäten in den USA, Großbritannien, Japan und Südkorea haben sich auf diesen Eid, den *Master of Business Administration Oath,* geeinigt. Wenn die Kontrollinstitutionen versagen, heißt es in der Begründung des Eides, leiden alle Menschen darunter: »Wenn wir von kurzfristigen Effekten besessen sind, werden wir auf Dauer nicht bestehen können.« Stimmt! Aber sind das Lippenbekenntnisse, oder schwelen da schon erste Ansätze einer Reformbewegung in der nächsten Generation von Managern?

Studentinnen und Studenten der Volkswirtschaftslehre in Deutschland haben sich zum *Netzwerk Plurale Ökonomik* zusammengeschlossen, weil sie mit Gleichungen der klassischen Lehre nicht einverstanden sind. Sie kritisieren, dass hinter den theoretischen Konzepten »meist ein und dieselbe Denkschule« steht – die neoklassische Modellökonomik, was alle Beteiligten des universitären Betriebs einem hohen Konformitätsdruck aussetzt. Ziel ist es daher, »der Vielfalt ökonomischer Theorien Raum zu geben, die Lösung realer Probleme in den Vordergrund zu stellen sowie Selbstkritik, Reflexion und Offenheit in der VWL zu fördern«.

Das Netzwerk bietet Diskussionen, Tagungen und eine Online-Universität, weil die Konzentration auf mathematische Modelle, in denen Ethik, ökologische und soziale Auswirkungen fehlen, den Studierenden zu dürftig sind. Sie schaffen ihre eigenen Curricula, weil sie die Antworten »der akademischen Volkswirtschaftslehre, der privaten Forschungsinstitute und der Presse« für eindimensional erachten. Auch das falsche Menschenbild eines Homo oeconomicus, der angeblich rational handelt und stets seinen Gewinn zu maximieren trachtet, wird kritisiert. Man sollte auch überlegen, »welche Rolle Werte, Normen, die Kultur und Sozialisierung spielen«, so der 25-jährige Gustav Theile, der verlangt, dass »die Volkswirtschaftslehre ihr intellektuelles Getto verlassen muss«. Die Botschaft fällt auf fruchtbaren Boden, denn der gewerkschaftsnahen Hans-Böhler-Stiftung zufolge räumt die Hälfte der Wirtschaftsprofessoren ein, dass sie die Kritik der Studentinnen und Studenten für gerechtfertigt halten. Doch leider seien die Lehrpläne bereits so voll, dass sich auch weiterhin nichts an der totalen

Dominanz der neoklassischen Schule, die den Markt absolut setzt, ändern werde.

Je größer die Machtkonzentration wird, je weniger Schranken der Neoliberalismus kennt, je mehr die Globalisierung ausartet (Stichwort »Landraub«), desto mehr Menschen gibt es, die aus einer dominanten Ego-Funktion großen Schaden anrichten können. Wir brauchen nicht weit zu fahren, um ihn zu sehen. Denn die Büchse der Pandora steht offen, und wir bekommen trotz einiger ermutigender Signale die Übel nicht wieder in die Büchse zurück.

Oder wie ist das zu verstehen: 200 Millionen Euro investierten der deutsche Staat und die Europäische Union in den Großen Goitzschesee, um die Landschaft des DDR-Braunkohlereviers in Sachsen-Anhalt in lebenswerte, naturnahe Räume zu verwandeln. Böden wurden gereinigt, die Krater geflutet, die Böschungen bepflanzt, Spazierwege angelegt und Parkplätze asphaltiert. Doch vor ein paar Jahren verkaufte die Stadt Bitterfeld große Teile des Sees an eine Firma, die auf die Privatisierung von Landschaften spezialisiert ist, für einen Preis von weniger als drei Millionen Euro. Fälle wie diesen gibt es viele: Sozialisierung der Kosten, Privatisierung der Gewinne – nicht nur in der Finanzwirtschaft. Die Gesellschaft investiert, bei den sozial Abgehängten kommt kaum etwas davon an.

»Demokratie ist ein Verfahren, das garantiert, dass wir nicht besser regiert werden, als wir es verdienen«, lautet ein zynischer Befund von George Bernard Shaw. Um weiterzukommen, als wir sind, müssen wir zuerst die Verhältnisse verstehen, gegen Unrecht auftreten und dort, wo uns dies möglich ist, anders handeln. Das war

schon immer so. Und selbst wenn wir jetzt nichts erreichen sollten, dann bringen wir vielleicht andere auf Ide-
en, die in Zukunft ans Ziel führen.

Man sollte sich nicht blenden lassen. Wir können die
Welt in uns umkonstruieren und auf den Gebieten, auf
denen wir tätig sind, Gegenmodelle schaffen. Auch wenn
einer Studie der psychiatrischen Abteilung der Harvard
Medical School zufolge vier Prozent der Menschen, also
einer von 25, so strukturiert sind, dass ihre Liebesfähigkeit und ihr Gewissen gegen null tendieren.* Die anderen 96 Prozent haben ein Gewissen. Da werden sich
Bündnispartnerinnen und -partner finden lassen.

Wir erleben eine hochpolitische Phase unserer Geschichte. Wird das kritische Bewusstsein breiter, werden
die alternativen Modelle in der Wirtschaft mehr und er-
folgreicher, dann werden die neuen gesellschaftlichen
Kräfte die kritische Masse erreichen, die die Verhältnisse
verändert. Das hört sich vielleicht so unrealistisch an,
wie dem Zug der Zeit in voller Fahrt die Räder wechseln
zu wollen. Aber vielleicht ist das nicht nur eine Frage der
Sichtweise, sondern eine Frage der Sehfähigkeit – wie
beim Ski fahrenden blinden Mike May. Immer wieder
fügen sich in der Menschheitsgeschichte einzelne Elemente so zusammen, dass sie große Veränderungen in
die Wege leiten. Vielleicht finden sich Lösungen im Tango, in seiner Dialektik von Führen und Geführtwerden,
schneller als in seiner Analytik. Vielleicht sind ermutigende Initiativen keine spielerischen Ansätze, die ver-
sanden, sondern vitale Vorgriffe auf die Zukunft. Es gibt

* Die Psychologin und klinische Dozentin Martha Stout bezeichnet diesen
  Persönlichkeitstypus als *Soziopathen*. Vier Prozent klingen nicht schlimm,
  sind aber laut Evi Hartmann häufiger als Darmkrebs oder Magersucht.

immer mehr junge Leute, die selbstbestimmt arbeiten wollen und auch dann, wenn sie ein Anstellungsverhältnis anstreben, fragen, welcher Sache ihre Leistung dient.

Es ist unabsehbar, wann neue Ideen und verstreute Initiativen zu einer Welle der Veränderung führen. Die Geschichte hat gezeigt, dass soziale Bewegungen entstehen, wenn man nicht mit ihnen rechnet. Immer wieder kam es zwischen bescheidenen Ansätzen, die oft nicht einmal Kenntnis voneinander hatten, zu so etwas wie »chemischen Reaktionen«. Der Stillstand endete, das Neue brach sich Bahn.

Nehmen wir zum Beispiel das Bild der Frau in unserer Kultur. Der Gedanke, dass Frauenleben doch reichhaltiger sein könnten, als die ihnen zugedachte Rolle in der Familie zu erfüllen, blitzte in den letzten 500 Jahren immer wieder auf.

Was muss Marie de Gournay für ein Mädchen gewesen sein, dass sie sich dem Verbot widersetzte, sich zu bilden, sich Latein beibrachte und antike Klassiker übersetzte. Während exzessiver Hexenverfolgungen um 1600 publizierte die Tochter eines armen Landadeligen philosophische Abhandlungen über die Lage der Frau. Es dauerte noch 200 Jahre bis zur *Erklärung der Rechte der Frau und Bürgerin* von Olympe de Gouges in der Französischen Revolution. Mary Wollstonecraft, die Mutter der *Frankenstein*-Autorin Wollstonecraft-Shelley, schrieb ein paar Jahre danach ihre *Verteidigung der Frauenrechte*. Erst mehr als 100 Jahre später konnte Clara Zetkin auf dem Kongress der Sozialistischen Internationale in Kopenhagen sprechen und Applaus für ihre feministische Forderung »keine Sonderrechte, aber Menschenrechte« bekommen. In Großbritannien wurden die Suffragetten

(Wahlrechtlerinnen) verhaftet und misshandelt. Das Wahlrecht für Frauen gab es vor dem Ersten Weltkrieg zunächst auf einer Pazifikinsel, einer Stadt in Kolumbien, in den US-Bundesstaaten Wyoming und Colorado, in Neuseeland, Australien, Finnland, Norwegen und Dänemark. Deutschland und Österreich führten es erst 1918 ein, die Schweiz 1971, Liechtenstein noch später.

Nichts davon wäre gekommen, hätten sich nicht lange zuvor schon Einzelne für die Veränderung eingesetzt. Visionärinnen und Visionäre erkennen Möglichkeiten, bevor andere sie sehen. Sie spüren Schwingungen, bevor sie erschüttern. Manche haben den Mut, an das zu glauben, was sie fühlen. Wo die Wirklichkeit im Argen liegt, kann der Kampf für bessere Verhältnisse viel Freude ins Leben bringen, auch wenn sich am Großen und Ganzen lange nichts Positives tut. Entwickeln Visionäre eine gelebte Utopie, gelingt es ihnen, ihre alternativen Ideen zur besseren Praxis zu machen, kann ein Sog hin zum Besseren entstehen. Im Engagement kann man Menschen begegnen, mit denen man nicht nur das Brot, sondern auch die Werte teilt. Wenn man es dann noch schafft, sich vor den Widersprüchen und der Komplexität der Wirklichkeit nicht zu verschließen, sondern sich zu öffnen und kreativ damit umzugehen, dann hat man die große Chance, wirklich etwas zu verändern.

Ich glaube an gemeinschaftliche Werte, so wie ich an eine Seele glaube, die alle Menschen unbewusst verbindet. Als Beleg dafür ziehe ich die Kunst heran. Kunst hat Ausdruck. Künstlerinnen und Künstler legen ihre Seele hinein, sie drücken Wahrhaftigkeit, Ideen, Botschaften aus. Die Bilder Egon Schieles von Český Krumlov zum Beispiel, Edvard Munchs *Der Schrei* oder die blauen Akte

141

von Henri Matisse, die surrealen Figuren des Alberto Giacometti, die *Sternennacht* Vincent van Goghs, die Seerosen von Claude Monet – sie alle zeugen von geradezu Demut einflößender Empfindungs- und Gestaltungskraft. Sie erzählen von Höhen und Tiefen, von Fülle und Leere. Natürlich lassen sich auch Bilder mit einem zackigen Metallbesen herstellen, vielleicht entsteht aus einem Akt der Rohheit sogar etwas kraftvoll Dekoratives. Doch mit Dekor kann man im Unterschied zur Kunst in keinen Dialog treten.

Anscheinend gibt es so etwas wie ein Gefühl für Balance, Harmonie und Schönheit, an dem alle Menschen Anteil haben können. Offenbar existieren Kriterien, die nicht laufend neu zu verhandeln sind und auf die sich Menschen aus verschiedenen Kulturen und persönlichen Hintergründen einigen können. Daher sollte es möglich sein, Prinzipien, die sich in der Kunst bewähren, auch in der Wirtschaft anzuwenden.

Kunst kann die Seele bewegen. Kunst ist, was bleibt, während das meiste vergeht. Sie trägt Ideen und ist Symbol für Ideen. Ich will den Bäcker nicht zum Künstler stilisieren. Doch Brot und Kunst existieren in keinen naturgesetzlichen Parallelwelten.

# 5

## *Keine Erde ohne Himmel*

Auch in unserem Unternehmen werden, wie in jedem anderen Betrieb, immer die Verlässlichsten und Kompetentesten gerufen, wenn die Anforderungen groß und dringend sind. Sie nehmen nachts Telefonanrufe an und kommen am Wochenende in die Firma, wenn sie gebraucht werden. Fälschlich nehmen sie an, die außerordentlichen Belastungen gingen schon wieder vorüber. Aber genau das ist oft nicht der Fall; die Ausnahmen treten seriell auf, und das führt zur Überlastung.

Kürzlich wollten wir einen Fachmann für technische Belange einstellen, die bis dahin vom Produktionsleiter neben seiner sonstigen Arbeit erledigt worden waren. Es dauerte eine Weile, bis wir einen Techniker fanden. Gegen Ende seiner Probezeit äußerten sich zwei Kollegen der Führungsebene kritisch über ihn. Sie fanden ihn unmotiviert, die Leistung stimmte nicht. Sie waren dagegen, ihn in ein dauerhaftes Anstellungsverhältnis zu übernehmen. Daher lud ich ihn zu einem Gespräch ein und fragte, wie motiviert er sich für seine Arbeit fühle. Auf einer Skala von 0 bis 10 stufte er sich bei 4 ein, was dem Bild, das die beiden älteren Kollegen von ihm gezeichnet hatten, entsprach. Ich wollte von ihm wissen, wie hoch der Motivationsgrad seiner Einschätzung nach sein sollte. Er antwortete, zumindest 8.

Hilfreich war, dass sich unsere Einschätzungen nicht unterschieden. So konnten wir positiv darüber sprechen.

Ich verstand, dass wir Fehler gemacht hatten: Wir hatten ihn auf seine Rolle nicht ausreichend vorbereitet. Unser Produktionsleiter hatte alles, was zu tun war, vollkommen verinnerlicht. Er wusste über die kleinsten Details Bescheid und handelte in vielen Belangen automatisch richtig. Der neue Mann aber war in all diese Details nicht richtig eingeführt worden. Also zogen wir einen Berater bei, der die ganzen Abläufe systematisch beschreiben und dem neuen Mann vermitteln konnte, worauf er zu achten und was er zu tun hatte. Abgesehen davon, war auch im unbefriedigenden Zustand bereits eine gewisse Entlastung des Produktionsleiters eingetreten, wenn auch (noch) nicht im gewünschten Ausmaß. Nachdem uns das klar geworden war, stellten wir den Techniker fest ein. In der Folge sah es so aus, als hätte unser Gespräch verstopfte Kanäle freigelegt (vielleicht hatten wir auch bloß einem Bedürfnis nach Aufmerksamkeit entsprochen). Es war nicht zu übersehen, dass er bei seinen folgenden Einsätzen frischer agierte und mit mehr Engagement tat, was nötig war. Auch wenn der Mann irgendwann in die frühere Lethargie zurückkippen würde, wäre der Aufwand um ihn dennoch nicht vergeblich gewesen, denn meinen Wertvorstellungen nach ist es bedeutsam, sich für jeden Einzelnen Mühe zu geben, mit ihm zu sprechen, seine Bedürfnisse zu verstehen, statt ihn durch Entzug des Vertrauens abzuqualifizieren.

Anderen Menschen Vertrauen und Offenheit entgegenzubringen und sie bei der Suche nach individuellen Potenzialen zu unterstützen mag anachronistisch erscheinen, da in einer sich immer anmaßender gebärdenden Leistungsgesellschaft wenig Platz für Idealismus zu sein scheint. Idealismus gilt weithin als diskreditiert. Das ist bedauerlich. Denn wer die Welt im Guten weiterbringen will, braucht Idealismus. Idealismus bedeutet, weit über das Gegebene, weit über die Verhältnisse, ja sogar über die eigenen Möglichkeiten hinauszudenken. Idealismus bedeutet, mutig und entschlossen zu träumen. Um an der Diskrepanz zwischen dem Erträumten und dem Tatsächlichen nicht zu verzweifeln, bedarf es der Gabe, immer wieder frisch auf das zuzugehen, was geändert gehört, und immer wieder neu an dem zu arbeiten, worauf man hofft. Es ist eine Gabe, wenn man das zuwege bringt.

»Wenn du von Liebe redest, klingst du wie ein Idiot«, sagte 2018 der US-amerikanische Regisseur Guillermo del Toro in einem Interview mit der Wiener Tageszeitung *Der Standard*. Del Toros aktueller Film war in 13 Kategorien für einen Oscar nominiert worden und gewann vier davon. *The Shape of Water (Das Flüstern des Wassers)* ist ein Fantasy-Märchen, in dem ein magisches amphibisches Wesen vom Amazonas, eine stumme weiße Reinigungskraft, eine rassistisch diskriminierte schwarze Reinigungskraft und ein alternder, schwuler Schildermaler die Hauptrollen spielen. Ort der Handlung: ein US-amerikanisches Geheimlabor. Zeit der Handlung: die frühen 1960er-Jahre. Es geht in dem Film um einen Kampf zwischen kalter Macht und lebhafter Fantasie, zwischen Empathie und Verachtung. Ein CIA-Agent quält den Gefangenen, der in der Region, aus der er entführt wurde, als göttlich gilt. Die stumme Putzfrau verliebt sich in den Amphibienmann. Der Interviewer von *Der Standard* sagte zum Regisseur, »eine märchenhafte Liebesgeschichte zu filmen mutet dieser Tage anachronistisch an«. Leider kann man diesem Befund nicht widersprechen. Und doch muss es so etwas wie eine Sehnsucht danach geben, sonst würden sich nicht so viele Menschen den Film im Kino ansehen und würde die Jury ihn nicht auszeichnen. Letztendlich läuft es meines Erachtens auf die simple Frage hinaus, ob wir den emotionalen Reichtum des Lebens leben oder ob wir uns mit einem verknappten Repertoire begnügen wollen. Wer Liebe und Ideale lebt, wird gemeinhin als Gutmensch abgetan. Der Träumer gilt als einfältig. Doch ohne Träume keine Veränderung, ohne Träume keine Zukunft. »Alle geschichtliche Erfahrung bestätigt es, dass man das Mögliche nicht erreicht hätte, wenn nicht immer wieder in der Welt nach dem Unmöglichen gegriffen worden wäre«, befand der Soziologe, Philosoph und Ökonom Max Weber.

Ich halte es für ratsam, sich nicht entmutigen zu lassen. Es bedarf großer Visionen, um die Dinge auf Erden richtig hinzubekommen. Das Träumen ist eine Funktion des Lebens, die es zu seiner Entfaltung benötigt. Wer rechnen will, sollte auch träumen können. Wie umgekehrt auch Menschen, die große Träume haben, rechnen können sollten – zumal, wenn sie unternehmerisch tätig sind.

## Führen und folgen

Auch wenn ich in meiner Funktion als Unternehmer aufging, fand ich es stets anregend, mich unter Menschen zu bewegen, die ihre Inspiration in Klöstern gewannen, deren Denken um eine spirituelle Suche kreiste, deren Lebensweisen Gegenentwürfe zur Wirtschaft waren.

Schon alleine aus Selbstschutz trachtete ich danach, mich ihrem Pragmatismus zu entziehen. Daher ging ich jedes Jahr mehrmals in Klöster zum Meditieren, Schweigen und Beten. Ich wollte weg vom Führen und mich dem Fügen öffnen. 25 Jahre gehörte ich einer Taizé-Gruppe an (kurz gesagt steht der ökumenische Männerorden Taizé für Reflexion und gemeinsame Suche nach Sinn und Engagement). Psychotherapeuten und Erwachsenenbildner waren dabei, ein bekannter Frankfurter Künstler, ein Pfarrer, ein später bekannter Journalist und andere.

Alle drei Wochen feierten wir zusammen Abendmahl. Jeder gestaltete einen Abend bei sich zu Hause, kochte und bereitete ein theologisches Thema seiner Wahl vor. Ich lernte die Fragen, nicht die Antworten zu lieben. Das war sehr wichtig für mich, denn viele Fragen werden von voreiligen Antworten verschüttet. Natürlich geht es auf Dauer nicht ohne Antworten, doch ist es ratsam, in jeder Antwort die daraus folgende nächste Frage wenigstens als geistige Fußnote mitzudenken.

Benediktinerpater Anselm Grün von der Abtei Münsterschwarzach bin ich für seine Managementseminare dankbar, in denen er Werte des Humanismus und eine nicht moralisierende Spiritualität vermittelte. Der Pater kritisierte, dass viele Führungskräfte in der Wirtschaft ihre Funktionen mit der Mentalität von Ausbeutern erfüllen würden, um möglichst viel aus den Angestellten herauszuholen. Und wenn das nicht so funktioniert, wie sie wollen, werden sie frustriert und zornig. Dabei ist es, so Grün, gar nicht verwunderlich, wenn sie ihre Ziele verfehlen. Denn wer Druck erzeugt, erntet Gegendruck – entweder in offener oder in verdeckter Form als Ausweichmanöver oder Verweigerung. Viele Beschäftigte machen daher Dienst nach Vorschrift. Sie zeigen »nach außen hin große Arbeitsamkeit, aber es kommt nicht viel dabei heraus«. In der christlichen Tradition aber heißt *führen*, dem Menschen, dem Leben zu *dienen*.

Ich erlebe das auch beim Tango so. Tango ist etwas tief Soziales. Man kann mit der Kraft der Arme führen, doch das gilt als unprofessionell. Man muss von der inneren Mitte her führen, nicht mit der Körperkraft. Daraus lassen sich Analogien zu Unternehmen ziehen. Mit der Kraft der Arme zu führen wäre, bei jedem Schritt Anweisungen zu geben. Pflegt man dagegen einen sensiblen, offenen, ausbalancierten Führungsstil, dann macht man sich auf die Suche nach dem inneren Kern der Mitarbeiterin, des Mitarbeiters. Man versucht zu spüren, was ihm oder ihr wichtig ist, und setzt Impulse so, dass die Menschen ihnen gerne folgen. Beim Tanzen sehe ich, wie viel es bringt, zwischen Führen und Folgen die Balance zu halten. Tänzer und Tänzerin lassen sich aufeinander ein und gehen gleichzeitig über sich hinaus. Erfolgt eine tiefe Berührung, wird der Tango wie ein Gebet des Körpers zelebriert, wie eine Lobpreisung der Schöpfung.

Weg von der Milonga, zurück ins Kloster: Hört man Menschen wie Anselm Grün längere Zeit zu und lässt man ihre Worte in die Seele sickern, kann man neben der Botschaft auch die Tiefe ihrer Denkweise erfassen. Niemand weiß, was von der menschlichen Individualität nach dem Tod übrig bleibt oder ob die Energien, die uns ausmachen, in einer kosmischen Seele aufgehen, die alles durchdringt. Ich komme gut damit zurecht, dies zu Lebzeiten nie zu erfahren, und liebe die Fragen nach *den letzten Dingen* dennoch. Sie sind nicht vergeblich. Fragen nach dem Danach haben eine ähnliche Funktion wie das

Drücken einer Klinke. Die Pforte öffnet sich, und man kann in einen neuen Raum gelangen, einen Wahrnehmungsraum. Auch wenn die Fragen zu keinen Antworten führen, öffnen und erweitern sie den Fragenden. Im Weitergehen auf dem Lebensweg kann die Frage oder die Antwort die Führung der Gedanken übernehmen und folgenreiche Prozesse anstoßen.

Eine kleine Geschichte dazu: Anfang der 1980er-Jahre lebte ich mit meiner Familie in einem Dorf mit dem klingenden Namen Steinfischbach. Pfarrer und Beirat wollten die alten Gemäuer der Kirche aus Basalt und Schiefer verputzen und tünchen lassen, weil sie dachten, dass eine glatte Fassade günstiger zu pflegen wäre als der Naturstein. Wir hielten das für keine gute Idee. Wir fanden es falsch, das Funktionale über das Ästhetische und Tradierte zu stellen. Für uns war die Kirche so am schönsten, wie sie war, und wir kommunizierten das auch. Um für unsere Vorstellungen einen Resonanzraum zu schaffen, gründeten wir eine lose Bürgerinitiative und bewirkten, dass die Kirchengemeinde eine Versammlung einberief. Ein Beirat wurde installiert, um das Projekt des Pfarrers zu diskutieren. Einer der Sprecher der Initiative war ich. Der Probst sah in mir einen renitenten Kerl, den er schon noch einbremsen und in die Schranken weisen würde. Deshalb kündigte er im Kirchenvorstand an, mit mir mal Klartext zu sprechen. Doch eine Einladung dazu erging nicht, und ein zufälliges Treffen ergab sich auch nicht. Deshalb trat ich an ihn heran, um einen Termin zu vereinbaren.

In Vorbereitung des Gesprächs dachte ich viel darüber nach, wie ich es am besten beginnen würde. Ich wollte eine Situation der Begegnung schaffen, statt die Konfrontation zu suchen. Nach der Begrüßung stieg ich mit einer Frage ein: »Herr Probst, was lieben Sie an Ihrer Kirche?« Er antwortete ausführlich und hörte genau zu, was ich an der Kirche liebte. Die Art und Intensität des Sprechens brachten uns weiter als jedes Argumentieren. Die Energie des Anliegens an sich überzeugte ihn, den ursprünglichen Plan fallen zu lassen. Deshalb steht die alte Kirche heute noch da in ihrer rohen steinernen Pracht. Wie im Beispiel mit dem Techniker glaube ich daran, dass gute Gespräche verstopfte Kanäle freilegen können und sich die erhoffte Veränderung gleichsam wie von selbst einstellt.

## Sehnsucht und Spiritualität

Überhaupt geht es oft darum, Dinge, die den Anschein haben, getrennte Sphären zu sein, zusammen zu denken und ineinander verschmelzen zu lassen. Das kann den zwischenmenschlichen Bereich ebenso betreffen wie Denkschulen oder Wissenschaften, die unterschiedlichen Domänen zugerechnet werden. Die Lektüre des Sozialpsychologen Erich Fromm war für mich in dieser Hinsicht äußerst lehrreich. Er verflocht die Ideengeschichte von Judentum, Spiritualität, Psychoanalyse und Gesellschaftskritik. Fromm setzte sich mit dem engen romantischen Verständnis der Liebe auseinander. Er sah mehr darin als ein zauberhaftes Gefühl. Wissen und aktives Bemühen gehörten für ihn immer dazu. Er kritisierte, dass die meisten Menschen nur geliebt werden wollten, ohne das Wagnis, die Hingabe und die Mühe aufzubringen, selbst Liebe zu schenken. Liebenswürdig wollen sie wegen der damit verbundenen Popularität sein, aus sonst keinem Grund. Liebe war für Fromm nicht mehr im Bereich des Unwillkürlichen angesiedelt, sondern wurde zu einem Teil aktiver Lebensgestaltung und Persönlichkeitsentfaltung. Er verglich die Liebe des romantischen 19. Jahrhunderts mit der Liebe seiner Zeit, in der sie immer mehr Züge der Leistungsgesellschaft und der Marktwirtschaft annahm. Ihm zufolge müsste jedoch der Liebe eine höhere Bedeutung eingeräumt werden als Erfolg, Geld, Prestige und Macht, da die Liebe, ob sie im Spiel ist oder nicht, in allen großen Fragen der Existenz eine Schlüsselrolle spielt.

Diese Vorstellung passte zu unserer Suche nach dem richtigen Umgang mit der herrschenden Kultur, die wir als die Kultur der Herrschenden verstanden, in der wir unseren alternativen Platz einzunehmen trachteten. Dank Fromm verstanden wir, dass die Liebesfähigkeit eines Menschen von der Kultur geprägt wird, in der er lebt. Wenn der Markt die wirtschaftlichen und gesellschaftlichen Beziehungen regelt, kann das notwendigerweise nicht ohne Auswirkungen auf die intimsten Beziehungen der Menschen bleiben. Im Alltag sollen sie funktionieren, konsumieren, sich beeinflussen lassen und trotzdem frei fühlen. Der Mensch würde sich diesem komplizierten Paradoxon beugen, weil er sich in Sicherheit wiegen will. Doch trägt er dadurch nur noch weiter zu seiner Verstrickung in den komplizierten Verhältnissen bei.

Liest sich das alles nicht ganz aktuell? Erich Fromm hat sich mit solchen Fragen schon Mitte der 1950er-Jahre auseinandergesetzt und die gesellschaftlichen Rahmenbedingungen für den Einzelnen analysiert.

Dank Fromms normativem Humanismus lernte ich *Demut* neu zu verstehen. In jüngeren Jahren hatte ich sie als Aufforderung zur Unterwerfung aufgefasst. Für Fromm aber war Demut eine offene Haltung, die zur Verneigung vor dem Lebendigen, vor dem Leben an sich führt. Mittels Liebe könne man sich mit anderen Menschen vereinen. Erich Fromm lässt sich wie ein Begleittext zum richtigen Umgang mit den Menschen lesen, sei es in der individuellen Liebe oder in der Menschenliebe. Viele von Fromms Ansätzen lassen sich von den höchsten Sphären der Liebe ganz wunderbar in die profane Welt eines Unternehmensverständnisses übertragen, in dem der Mensch in all seinen Wertigkeiten zu würdigen ist.

Das sind große Ansprüche. Schließlich sind wir alle von Sorgen und Ängsten bedrängte Geschöpfe, die sich rasch mal nicht ernst genommen fühlen und sich mit ihrem Autoritätsgehabe auch schützen wollen. Im Widerstreit zwischen Angst und Wut kann ein Weltbild, das zur Erde immer den Himmel mit einschließt, einen sehr weiterbringen. Wobei *Erde* metaphorisch für das materielle Dasein, für den Körper, die Gesellschaft, für Besitz steht und *Himmel* für das spirituelle, geistige Potenzial. Dieser Dualismus kommt sowohl meinem Streben nach Balance entgegen als auch meinem sehnsüchtigen Wesen, das für spirituelle Regungen schon immer empfänglich war. Sich auf einen Himmel zu beziehen kann außerdem helfen, in den Niederungen des Alltags mit seinen ganzen Problemen den Glauben an die eigenen Ideale nicht zu verlieren.

Ich glaube, dass Sehnsucht und Spiritualität wesensverwandt sind, dass Spiritualität mit Sehnsucht einhergeht und es einer Sehnsucht ohne Spiritualität an Tiefe und Nachhaltigkeit mangeln würde. Spiritualität sucht außerhalb vom Ich etwas zu finden, das von Dauer ist. Sehnsüchtig denkt sich der Mensch über seinen Zustand hinaus, er verlässt seinen Rahmen von Zeit und Raum. Sehnsucht ist mehr als Habenwollen. »Fern ab liegt mir alle Habsucht: aber die blaue Blume sehn' ich mich zu erblicken«, heißt es bei Novalis. Er muss die blaue Blume also nicht *haben* zu seinem Glück, sondern sie bloß sehen, um Einsicht zu gewinnen.

Sehnsucht hat für mich nichts mit Kick oder Habgier zu tun, sondern mit der Suche nach dem richtigen Leben und nach Wahrhaftigkeit. Es gibt Sehnsucht nach Spiritualität, um mehr Halt im Leben als bloß auf unseren wackeligen zwei Beinen zu finden. Und es gibt Spiritualität aus der Sehnsucht, dieses irdische, materielle Selbst möge doch dereinst aus seiner Unvollkommenheit befreit sein.

Spiritualität ist für mich, auf der Erde bewusst zu leben und der Sehnsucht nach dem Himmel Raum zu geben.

## Der sensible Teig

Ein guter Teig braucht mehr als seine vier klassischen Zutaten. Er benötigt Zeit und Gefühl. Rezepte erfüllen ihren Sinn, keine Frage, aber sie führen, wie Köchinnen wissen, nicht immer zu den gewünschten Ergebnissen. Sie macht alles wie immer, trotzdem schmeckt das Gericht nicht so gut wie sonst. Auch beim Brot kann es wegen sich verändernder Eigenschaften in den Grundstoffen oder wechselnder äußerer (klimatischer) Bedingungen zu Schwankungen kommen.

Keine Sorge, das wird jetzt kein Backkurs. Ich will bloß versuchen zu begründen, warum man als Bäcker gut daran tut, besonders achtsam und sensibel zu sein. Brot gehört zur menschheitsgeschichtlichen Entwicklung. Brot steht auch immer wieder im Zentrum sozialer Fragen. Hungerrevolten trugen Slogans mit der Forderung nach Brot vor sich her. Brot hat außerdem etwas Magisches an sich: Da werden simple Bestandteile zusammengemischt. Nach einiger Zeit bilden sich Bläschen, der Brei wird zäher; er lässt sich kneten und bekommt »Muskeln«. Der Teig lässt sich zu etwas Festem backen und bildet sein eigenes Gefäß. Bäcker und Bäckerinnen haben die vornehme Aufgabe, Lebensmittel für Menschen herzustellen – wie gesagt *Lebensmittel,* nicht bloß Nahrungsmittel. Das tun sie seit Jahrtausenden. Und da man dem Brot nicht ansieht, was drinnen ist, spielt Vertrauen seit jeher eine Rolle in der Beziehung zum Verzehrer. In der Summe gibt es also sehr gute Gründe, nicht allein dem Produkt gegenüber, sondern auch den menschlichen und ökologischen Bedingungen, unter denen es entsteht, Aufmerksamkeit und Umsicht entgegenzubringen.

Ich spreche hier weniger von Geschäftsideen als von Idealen. Klar wollen wir unser Brot verkaufen, aber zugleich ökologische und soziale Werte mitliefern. Wenn Brot eine seelenvolle Speise sein soll, muss man es auch mit Seele produzieren.

Natürlich kann man Mehl in einen Topf schütten, Salz und Wasser draufgeben, Trockenhefe dazu, alles gut durchkneten, Laibe formen, gehen lassen und in den

Ofen reinschieben. Spitzenqualität wird man auf diese Weise keine erzielen. Die meisten Menschen denken, Brot wäre eine simple Sache. Dass dem nicht so ist, merkt man am Geschmack und an der Dauer der natürlichen Haltbarkeit. Aus welcher Region, von welchem Feld stammt das Getreide? Beim Standort spielt das Mikroklima eine Rolle. Es gibt mehr Züchtungen, alte Sorten werden wiederentdeckt. Dinkel ist ein Urgetreide, das schon vor 10 000 Jahren und später am Nil von den alten Ägyptern angebaut wurde. In Europa ist Dinkel seit dreieinhalb Jahrtausenden nachgewiesen. Für die Kelten war er besonders wichtig. Sein Erfolg rührte auch daher, dass er an den Boden keine großen Ansprüche stellt, ein raues Klima verträgt und gute Backeigenschaften wie der Weizen hat. Sein feines, nussartiges Aroma ist speziell. Noch im 18. Jahrhundert war Dinkel ein wichtiges Handelsgetreide, doch danach gewannen ertragreichere Getreide immer mehr an Terrain. Jetzt ist Dinkel wieder sehr beliebt. Auch Emmer, Einkorn und die robuste Waldstaude, auch Johannisroggen genannt, werden wieder mehr angebaut. Auch Mehl von Körnern, die gar nicht zum klassischen Brotgetreide gehören, kommt öfter ins Brot.

Eine weitere Frage ist: Kauft man das billigste Getreide am Weltmarkt oder Getreide von den hiesigen Landwirten? Unterstützt man Produktionsweisen, die auf große Mengen, niedrige Preise und Konkurrenzfähigkeit am Weltmarkt setzen, oder solche, die auf das Gemeinwohl und einen lebendigen ländlichen Raum ausgerichtet sind? Das sind Entscheidungen, die mit Ethik und mit pragmatischen Überlegungen zu tun haben und die jeder Bäcker für sich treffen muss. Sogenannte moderne Sorten sind schädlings- und krankheitsanfälliger als die alten.

Hochgezüchtetes Getreide hat an genetischer Vielfalt eingebüßt, moderne Sorten haben kürzere Halme und tragen mehr Ähren. Alte Sorten sind robuster, wurzeln tiefer und holen Mineralstoffe aus Bodenschichten, zu denen Hybridsorten gar nicht hingelangen.

Verschiedene Mühlen wenden unterschiedliche Techniken an, um die Körner so zu verarbeiten, dass das Mehl mehr Wasser aufnehmen kann. Wasser spielt bei der Fermentierung eine große Rolle, ebenso die Mikrobiome, die Kulturen der Mikroorganismen. Die natürlichen Bakterien und Hefepilze sind überall anders. Im Hinterhof in der Blücherstraße in Wiesbaden sprang unser Teig wie von selbst an. Als wir aber in die Fritz-Ullmann-Straße in Mainz-Kastel umzogen, bekamen wir echte Probleme damit, die Sauerteige zu beleben. An den Orten und Straßen lag das nicht. Es dauerte einfach, bis sich in den neuen Räumlichkeiten eigene mikrobielle Kulturen entwickeln konnten.

Der in Nordamerika unter Bäckern berühmte Kanadier Richard Bourdon, der in den Niederlanden zu backen lernte, berichtet von denselben Erfahrungen. Als er eine Bäckerei im US-Bundesstaat Massachusetts aufbaute, die *Berkshire Mountain Bakery*, musste er feststellen, dass sich der Teig dort nicht so verhielt, wie er es von Europa gewohnt war. Er schrieb das dem atmosphärischen Luftdruck und der anderen Luftfeuchtigkeit zu.

Natürlich nimmt jeder Raum, in dem ein Sauerteig reift, auch etwas von diesem an und wird damit zur natürlichen Umgebung, zum Biotop eines jeden frischen Teiges. Nach dem Umzug von der kleinen Hinterhofbäckerei in Wiesbaden hinaus nach Mainz-Kastel war der neue Raum für Brotteig anfangs zu steril. Wir haben daher Schüsseln mit Backferment aufgestellt, um den Raum anzuregen, um ihn mit Mikrobiomen zu beleben. Nach ein paar Tagen gediehen unsere Teige so gut wie zuvor.

Jahre später erlebten wir ein Bäckerdesaster, das zwar lange her, aber unvergessen ist: Jürgen Leichtfuß kam in die Firma und roch in der Hofeinfahrt sofort, dass irgendetwas am Teig nicht stimmte. Er schaute in den Gärschrank und schob den Deckel der Tonne mit dem Sauerteig weg. Der Teig, der zu dieser Zeit seine optimale Reife haben sollte, war vollkommen übersäuert und so gut wie tot.

Was war passiert? Jürgen überprüfte die Zutaten und Abläufe, doch der Kollege hatte am Vortag alles richtig gemacht. Um an diesem Tag Brot backen zu können, mussten wir uns mit Bäckerhefe behelfen. Daran ist im Prinzip nichts Böses, die meisten arbeiten so, doch entsprach es nicht unserem Standard einer langen Teigführung. Die Kunden verlassen sich zu Recht darauf, dass sie bei uns auch Brotsorten bekommen, die ganz ohne Bäckerhefe hergestellt sind. Manchen ist das aus gesundheitlichen Gründen wichtig.

Um herauszufinden, ob das Sauerteigsterben etwas mit dem Mikroklima in der Bäckerei zu tun hatte, setzte Jürgen frisches Anstellgut bei sich zu Hause an (Backferment, Mehl, Wasser), verlängerte die Reifezeit und kühlte den Teig etwas ab. Dann brachte er ihn in die Firma.

Am nächsten Tag war der Teig abermals tot. Also haben wir mit dem Hersteller des Backferments gesprochen, um zu klären, ob mit seinem Produkt etwas nicht stimmte. Da er von keinen Problemen anderer Bäcker erfahren hatte, musste der Fehler bei uns liegen.

Durch Zufall fand Jürgen die Ursache auf einem Abstellbrett: eine Flasche mit biologischem Essigreiniger. Es stellte sich heraus, dass ein Kollege zwei Tage zuvor die Fliesen im Gärschrank damit geputzt hatte. Die minimalen Reste des biologischen Mittels hatten das Mikroklima im Raum so sehr verändert, dass unser Teig daran zugrunde ging. Essigsäure dominierte das Mikroklima. Wir mussten den Gärraum ausnebeln und den Sauerteig neu ansetzen. Es dauerte drei Tage, bis wir im Gärraum wieder jenes Klima hatten, das unserem Anstellgut bekömmlich war.

Guter Teig braucht Umsicht und Pflege. Lässt man den Teig gerade mal eine Stunde reifen, bekommt man ein ganz anderes Produkt, als wenn man ihn einen Tag oder länger aufgehen lässt und mit feinen Temperaturunterschieden steuert, wie sich das Verhältnis von Milchsäure und Essigsäure zueinander entwickelt. Es braucht Stunden, bis die wertvollen Nährstoffe aufgeschlossen werden und Geschmacksstoffe sich entwickeln.

FODMAPs sind Zuckerverbindungen (wissenschaftlich: fermentierbare Oligo-, Di-, Monosaccharide und Polyole) im Getreide, die, so hat es den Anschein, von Menschen mit Reizdarmsyndrom nicht ausreichend abgebaut werden können. In ihrem Dickdarm bilden sich Wasserstoff, Kohlendioxid und Methan. Forschungsergebnisse der Universität Hohenheim unter Leitung von Jochen Ziegler zeigten, dass bei einer langen Gehzeit des Teiges die FODMAPs abgebaut werden. Auf den Rohstoff kommt es dabei gar nicht so an. Slow Baking führt zu besserer Bekömmlichkeit.

Handwerk mutet heute fast romantisch an, weil es dem Anschein nach durch Industrialisierung und Digitalisierung verschwindet. Aber so ist es nicht. Es wird vielleicht weniger Handwerk geben, aber es wird bleiben. Beim Handwerk verbindet man sich innerlich mit den Rohstoffen, mit den Prozessen bei der Arbeit und mit dem Produkt. Handwerk steht vor allem für eine Haltung. Sie entspringt dem Impuls, eine Sache um ihrer selbst willen so gut und so wesensgerecht wie möglich zu machen oder ausüben zu wollen. Der Bäcker muss sich ganz auf das Wesen des Backens einlassen. Bei der Auswahl des Getreides spielen ökologische Überlegungen mit, beim Einkauf Fairness, beim Erfinden einer neuen Rezeptur die Fantasie, im Arbeitsumfeld ethische Werte wie Respekt und Kollegialität, beim Umgang mit dem Teig die Geduld und mit Blick auf den Kunden die Entscheidung, ob man bloß ein Geschäft abschließt oder ob man die Verantwortung fühlt, den Menschen zu geben, was sie wirklich brauchen, beziehungsweise sie von technologischen Zusatzstoffen zu verschonen. Unsere Biobäckerei fördert nicht nur die Artenvielfalt am Feld, sondern pflegt sie auch in der Backstube. Fast jedes Brot unterliegt einer ganz eigenen Prozessführung. Die verschiedenen Sauerteige beruhen auf verschiedenen Mehlsorten, Vorteigen, Brühstücken und Stehzeiten. All das ist Teil der handwerklichen Leistungen, die jeder Brotsorte einen eigenen Charakter verleihen. In der Summe betrachtet ist der Anspruch, als Bäcker alles richtig zu machen, ein ziemlich aufwendiges, sehnsüchtig inspiriertes, ethisch motiviertes Unterfangen. Doch wie Anselm Grün sagte: »Werte machen das Leben wertvoll.« Und Liebesmüh ist selten vergeblich.

## Die historische Verantwortung des Bäckers

Was läge näher, als das Grundnahrungsmittel von Milliarden Menschen unter Beachtung aller Werte herzustellen? Fast 99 Prozent der Deutschen essen Brot, circa 56 Kilo pro Kopf und Jahr. In Österreich sind es über 70 Kilo, in der Ukraine 90 und in der Türkei mehr als 100. Kein anderes Lebensmittel hat diesen zentralen Stellenwert. Die Entwicklung unserer Zivilisation ging mit der Entwicklung von Ackerbau und Brotkultur einher – und umgekehrt.

Backen ist eine besondere Form des Kochens. Anthropologisch brauchte es einen entscheidenden geistigen Schritt vom Annehmen dessen, was vorhanden ist, hin zu einem Gestalten dessen, was man will. Auf die Idee zu kommen, dass Fleisch leichter zu verzehren ist, wenn man es brät, mögen Jäger und Fallensteller nach einem Waldbrand von selbst gekommen sein, als sie angebrannte Kadaver fanden. Wildes Getreide einzuweichen wäre dem Lernen durch Zufall vergleichbar, nachdem Regen einer Sippe auf die Sprünge half.

Getreide ist im Urzustand für den Verzehr ungeeignet. Es muss bearbeitet werden, um verdaulich zu sein. Die Idee, Getreide zu mahlen, kam vor rund 30 000 Jahren auf. Unsere Urahnen zerrieben Körner zwischen Steinen zu Mehl und verrührten es mit Wasser zu einem Brei. Den haben die Hominiden dann gegessen oder auf heißen Steinen zu einem dünnen Fladenbrot gebacken – vermutlich auch eine Zufallserfindung, die sich bewährt hat. Beduinen in der Sahara machen es heute noch so.

Ackerbau erforderte, dass die Nomaden sich organisierten und über einen längeren Zeitraum planten. Sie mussten ihren Lebensstil ändern und gewannen dafür immer mehr Ernährungssicherheit. Menschengruppen nahmen Land in Besitz und kultivierten es. Um aus den wilden Süßgräsern und ihren Körnern immer reichhaltigeres Getreide zu züchten, braucht es Fantasie. Geduldige Beobachtung des Wachstums ist nötig. Anthropologen nehmen an, dass Ackerbau ursprünglich eine Frauenangelegenheit war. Die Gottheiten für kultivierte Nahrungspflanzen erhielten weibliche Namen (Renenutet und Sochit im alten Ägypten für Ernte und Felder; Anesidora und Demeter in Griechenland; Ceres in Rom; Fulla im Germanischen; Rugiu Boba, die Roggenmuhme, im Baltikum). Bethlehem bedeutet im Hebräischen Haus des Brotes (auch Speise oder Nahrung). Im Evangelium des Johannes antwortet Jesus auf die Frage, wer er sei: »Ich bin das lebendige Brot, das vom Himmel herabgekommen ist.« In keinem anderen Ritus hängen Brot und Spiritualität so eng zusammen wie im christlichen mit dem *Leib Christi* und der Praxis, das Brot zu teilen: »Nehmet hin und esset!« Katholiken empfangen die Hostie, im evangelischen Gottesdienst spricht man seit Martin Luther vom Abendmahl. Pfarrer oder Pfarrerin teilen Brotstücke oder Oblaten aus.

Die ältesten Backöfen, die Archäologen bisher entdeckten, wurden in Çatalhöyük in der heutigen Türkei gefunden. Sie dürften mindestens 6000 Jahre alt sein. Irgendwann später muss Menschen aufgefallen sein, dass das Brot besser wird, wenn die Teigmasse ein, zwei Tage herumgelegen hatte, bevor sie in der Hitze zu einem kompakten Körper aus Krume und Rinde verfestigt wurde. Von den Bakterien in der Luft konnten die Menschen nichts wissen, genossen aber deren anregende Effekte und ließen den Teig einfach ruhen, bis sich Bläschen bildeten und er immer mehr an Gasen in seinem Inneren einschloss – ein Vorgang, der Kontrolle erforderte. Der Teig fermentierte, es gab Sauerteiggärung. Unsere Urahnen mussten lernen, nicht nur untereinander in ihrem sozialen Verhalten Umsicht walten zu lassen, sondern auch gegenüber ihrem Lebensmittel, das besser wurde, wenn sie sich hüteten, es gleich zuzubereiten und zu verzehren. Geriet ein Sauerteig gut, wurde ein Teil davon abgezweigt und wie die Tiere der Viehhirten gefüttert, gezogen, vermehrt. Es gehört Aufmerksamkeit und Fürsorge dazu, um gutes Brot zu machen.

Die ältesten professionellen Bäckereien entstanden vor circa 5000 Jahren in Ägypten. Es gab Heere von Arbeitern zu ernähren, die Pyramiden und Paläste erbauten. In den neuen, höher entwickelten Backöfen entstand sehr große Hitze. Die Feuchtigkeit im Teig verdampfte rasch, vergrößerte das Volumen und verzögerte die Krustenbildung. Frisches Brot wurde nun so richtig knusprig. Es gab auch immer mehr verschiedene Brote. 30 Brotsorten vor 4000 Jahren an den Ufern des Nils, 300 Brotsorten heute zwischen Rhein und Oder – von Abendbrot bis Zwirbelbrot (Kleingebäcke mitgezählt, sind im Deutschen Brotregister aktuell 3200 Sorten eingetragen). Eine Großbäckerei im Römischen Reich war schon vor 2000 Jahren in der Lage, pro Tag 36 000 Kilo zu backen.

In den mittelalterlichen Dörfern gab es Gemeinschaftsöfen. Die Bewohnerinnen brachten ihre Teige zum Bäcker, der gegen Bezahlung den Ofen in Betrieb hielt. Damit es bei der Rückgabe keinen Streit gab, wurden die Laibe markiert (viele Bäckereien versehen noch heute ihr

Brot mit einer Signatur). Eine Bäckerzunft entstand. Ihr wurde sehr genau auf die Finger gesehen. Am Freiburger Münster ist noch immer das mittelalterliche Brotmaß zu sehen, ein steinerner Kreis, an dem im Zweifelsfall die richtige Größe nachgemessen werden konnte. In die Mauer der Heidelberger Heiliggeistkirche wurde ein Brezelmaß eingraviert. Jeder konnte hingehen und die gekaufte Brezel zur Kontrolle anlegen. Verstieß ein Bäcker gegen dieses Mindestmaß, stimmten die Gewichtsangaben nicht oder streckte einer den Teig mit Knochenmehl, was besonders in Notzeiten oft vorgekommen sein soll, konnte der Betrüger bestraft werden. Bekannt ist die Strafe des Bäckerschupfens, bei der man den Bäcker in einen Schandkorb steckte und mit einer Wippe ins Wasser tauchte – mehrmals und anhaltend. In Eichstätt in Bayern und im Mühlenmuseum in Gifhorn sind solche alten Vorrichtungen noch zu sehen. Viele herrliche Gemälde und Exponate der Geschichte des Brotes, auch seiner Bedeutung bei Aufruhr und Revolutionen, sind im wunderbaren Museum der Brotkultur in Ulm sowie im Paneum – Wunderkammer des Brotes in der Nähe von Linz ausgestellt.

Archäologische Funde zeigen, dass Getreide vor mehr als 10 000 Jahren in Mesopotamien angebaut wurde. Die ersten Weizenarten im Vorderen Orient waren Einkorn und Emmer. Weizen und Roggen stammen aus dem Norden und kamen vor etwa 4000 Jahren mit zuwandernden Völkern nach Mitteleuropa. Roggen wurde ab dem Frühmittelalter wichtiger, weil er den Boden weniger erschöpft als Weizen. Er hält Kälte und Nässe besser aus, reift schneller und kann auch in kühleren Zeiten mit kurzen Vegetationsperioden gedeihen. Das war in den kalten Klimaphasen zwischen dem 15. und dem 18. Jahrhundert besonders relevant. Seit dem 19. Jahrhundert wird obergärige Bierhefe verwendet, seit den 1930er-Jahren nutzte man Emulgatoren. 1953 kam der »erste umfassende Brotverbesserer weltweit« auf den Markt und löste eine »Revolution im Bäckereibereich« aus, wie der Hersteller warb. Inzwischen werden gentechnisch Mittel erzeugt, die das Brot länger haltbar, die Krume gleichmäßiger, die Kruste knuspriger machen oder die Bildung kleiner Blasen am Laugengebäck verhindern. Konzerne bieten dem Convenience-Sektor modulare Systeme für Teige, die sich im Nu mischen lassen und garantiert gelingen: Mehl, Salz, eine Mehl-Zusatzstoff-Fertigmischung als Grundlage, dazu ein paar Gramm der Mischung B für den »kurzen Biss«, der Mischung C als Frischhalter und D als Geschmacksverstärker. E und F sorgen gemeinsam für ein rustikales Aussehen und eine knusprige Kruste. Für den Wellness-Bereich *(Wellness-Brot)* ließe sich Pulver G beifügen. Solche »Brotverbesserer«, die dem Mehl beigegeben werden, bestehen in vielen Fällen aus gentechnisch gewonnenen, hochwirksamen Enzymen. Nun fehlen dem Teig nur noch etwas Trockenhefe, Wasser und acht Minuten Kneten. In der Welt der Zusatzstoffe ist das Talent der Bäcker wenig gefragt.

Solche Methoden ermöglichen schnell produziertes, billiges Brot. Aber würden die Menschen es kaufen, wenn sie wüssten, wie es entsteht? Ich will gewiss nicht behaupten, technische Enzyme wären gesundheitsschädigend, jedoch halte ich sie für bedenklich, denn sie sind technische Tools der Globalisierung und leisten einer Uniformierung des Brots Vorschub. Sie sind Teil eines Systems, das die Artenvielfalt und die Entwicklung hochwertigen Getreides untergräbt, da mithilfe technischer Enzyme selbst aus dem billigsten, äußerst minderwertigen Mehl immer noch ansehnliches Brot zubereitet werden kann. Gegen billiges Designerbrot aus der Retorte haben ehrliche Handwerksbäcker einen schweren Stand. Ihr Gebäck hat bei einer Teigeinwaage von 80 Gramm weniger Volumen als industrielles Gebäck mit einer Einwaage von 60 Gramm. Für viele Konsumentinnen und Konsumenten sieht das besser aus. Dabei ist es bloß aufgeblasen. Geschmacklich kann es nicht mithalten. Darüber, was ehrlich ist, was ethisch vertretbar ist und ab wann Zusatzstoffe der Gesundheit abträglich sein können, scheiden sich die Geister. Wobei Hiobsbotschaften und Horrorszenarien einiger Bestsellerautoren genauso spekulativ sind wie die Verharmlosungen seitens der Industrie und der Behörden.

Allein im deutschsprachigen Raum ernähren wir Bäckerinnen und Bäcker täglich an die 100 Millionen Menschen. Ich bin fest davon überzeugt, dass es unsere Aufgabe ist, Lebensmittel aus einer intakten Natur zu schöpfen, um den Menschen etwas Gesundes und Schmackhaftes bieten zu können. Und sei es allein deshalb, weil die Herstellung biologisch einwandfreier Nahrungsmittel die Natur weniger belastet als Herstellungsverfahren, die vom Feld bis zur Verpackung Zusatzstoffe brauchen.

Die Qualität der Produkte im ökologischen Bereich gehört der Sphäre des Werdens an. Sie ist nur bis zu einem gewissen Grad steuerbar. Dass die Qualität von Biobrot schwanken kann, weiß jeder Bäcker; er kann aber nicht immer ganz sicher sein, woran es liegt. Alles richtig machen zu wollen erfordert ein verfeinertes Bewusstsein für die ökologischen Zusammenhänge. Ethische Prinzipien helfen, die Phänomene des Unternehmens richtig auszubalancieren. Es ist aufwendig, aber lohnend. Man kommt in andere Sphären hinein.

Wer verantwortungsvolles Wirtschaften anstrebt, muss mit beiden Beinen auf der Erde stehen und doch den Kopf im Himmel haben. Der Beruf des Handwerks- und Biobäckers bietet sich für Nachhaltigkeit besonders an. Bäcker arbeiten mit der Natur, sie backen täglich frisch. Sie treten mit den vielen Menschen in Kontakt, die ihre Produkte kaufen. Produkte, die Ausdruck nachhaltigen Wirtschaftens sind. Die Bäckereien, Cafés und Läden können darüber hinaus den Menschen Botschaften näherbringen, die über die Bewerbung der Produkte selbst deutlich hinausgehen und Lebenshaltungen transportieren. Mein Traum ist, dass sich Bäcker aus aller Welt zu einer Gemeinschaft zusammenschließen, in der sie sich austauschen, voneinander lernen, ethisches Wirtschaften vorleben und kommunizieren. Wegen seiner besonderen Stellung in unserer Kultur könnte Brot eine neuartige ökologische und sozialethische Symbolkraft entfalten, weil es ein Lebensmittel ist, das unter Bedingungen entsteht, die Ausdruck eines stimmigen Umgangs mit der Welt sind.

Veränderungen sind nicht einfach, aber möglich. Die Entwicklung beweist, dass es gelingen kann, uns als Gattung und Zivilisation immer wieder neu zu erfinden.

## Unser formbares Gehirn

Viele Menschen verfallen jedoch angesichts der Komplexität unserer Zeit in fatalistische Starre. Obwohl wir so viel wissen wie noch nie, obwohl uns machtvolle Instrumente zur Verfügung stehen, um die Zukunft zu gestalten, ist die eher resignative Grundstimmung verbreitet, Ideen zu Verbesserungen im Großen wenig zuzutrauen. Die meisten nehmen hin, wie die Dinge laufen, sie leben in einem Bewusstsein, als käme es bei der Gestaltung der Zukunft auf sie ohnehin nicht an. Sie sehen sich als Objekte statt Subjekte der Geschichte, weil die Entscheidungen über unsere Zukunft ohnehin anderswo getroffen werden, nicht in ihrem Einflussbereich. Da sich die Politik gegenüber den mächtigsten Playern der Weltwirtschaft immer mehr zurückgenommen hat, wird den demokratischen Prozessen weniger zugetraut als früher. Das Primat des Materiellen in einer an Ressourcen orientierten Wirtschaft wird quasi naturgesetzlich hingenommen. Daher wagen nur wenige ihre eigenen Ideale zu definieren und ihnen zu folgen.

Doch ohne Ideale, ohne Himmel werden wir nur schwer weiterkommen. Die entscheidende Kraft, um Ideale auf den Weg zu bringen (und ich sage nicht, das wäre einfach), gewinnen wir aus positiven Emotionen, aus unserer Begeisterung. Ihr Feuer war immer schon der beste Treibstoff, um zuerst die eigenen Potenziale zu zünden und in der Folge positive gesellschaftliche Energien zu entfachen. Ich wage nicht zu definieren, in welcher Beziehung Seele und Begeisterung zueinander stehen, behaupte aber, dass alle schon mal die Erfahrung gemacht haben, wie wohl man sich im Zustand der Liebe und Begeisterung fühlen kann. Dann scheinen die Möglichkeiten fast grenzenlos. Wenn es folglich in der Wirtschaft gelingt, Entfaltungsräume für die Seele zu schaffen, ein Klima herzustellen, in dem sie blühen kann, sind die Grundlagen für Veränderungen im Großen, für eine Abkehr von einer an Ressourcen orientierten Wirtschaft hin zu einer Wirtschaft der Potenzialentfaltung bereitgestellt. Das wäre zum Wohle aller.

Unsere Großelterngeneration trieb uns zu schulischen Leistungen mit dem Argument an: »Was Hänschen nicht lernt, lernt Hans nimmermehr.« Doch diese Volksweisheit stimmt nicht. Wir stecken in keinen Ego-Fallen, sondern in *Ego-Provisorien,* die sich unter bestimmten Voraussetzungen modulieren lassen. Je häufiger Neuronen zusammenspielen, desto bevorzugter werden diese Neuronen wieder aufeinander reagieren. Und wo es sozusagen im Gehirn immer wieder funkt, dort entstehen bleibende Kontakte, bleibende Muster (»what fires together, wires together«, lautet die alte Hebb'sche Lernregel: *Wenn's funkt, entsteht Kontakt.*

Inzwischen ist ganz gut erforscht, wie das Gehirn Erfahrungen und Verhalten strukturiert und abbildet. Die Verhaltensmuster des Alltags scheinen tatsächlich ihre Entsprechung in neuronalen Mustern zu finden (und umgekehrt). Ein Mensch hat viel Mitgefühl, ein anderer wenig. Einer sieht den Himmel nur verhangen oder blau, ein anderer jedoch darin ein Wunder. Solche Muster halten sich hartnäckig und sind am leichtesten mit Freude und Begeisterung zu verändern. Jeder ist sozusagen seines Glückes Schmied und seines Gehirnes mehr oder weniger unbewusster Baumeister. Unsere neuronalen

Netzwerke sind keine Erbmassen, die Transmittersysteme nicht solide wie Schienennetze verbunden. Die Lebenswelten machen den Unterschied aus. Erfahrungsschätze bilden sich ab, Gefühltes verändert die Netzpläne des Denkens.

Synaptische Plastizität ist ein wichtiger Forschungsgegenstand der Neurowissenschaften geworden, weil sie ein Mechanismus in Lernprozessen und in der Neustrukturierung des Gedächtnisses ist. Ständig strecken sich Axone, Nervenfasern, in neue Hirnareale aus. Werden die Synapsen erregt, kommt es zur Freisetzung der Transmitter, der chemischen Botenstoffe. Sie docken an die Rezeptoren der nächsten Nervenzelle an. Das funktioniert nach dem Prinzip von Schlüssel und Schloss. Nicht genutzte Kontakte verkümmern, neue Kontakte können gestärkt werden. Das Gehirn befindet sich in einem permanenten Umbau, der von Gefühlen motiviert ist. Das ist vielleicht eine schlechte Nachricht für Kontrollfreaks, die überzeugt sind, alles im Griff zu haben. Doch auch ihr Verhalten äußert sich in Effekten neuronaler Muster, die sie für ihr eigenes Ich zu halten gelernt haben, als ihren Charakter in seinem vermeintlich autonomen Glanz. Doch das menschliche Gehirn ist ein durch »soziale Beziehungserfahrungen strukturiertes Organ« (Gerald Hüther). Da es zum Überlebensprogramm der Säuger gehört, sich schlechte Erfahrungen besonders gut zu merken und zu verarbeiten, schreibt sich Erlittenes tiefer ein als Beglückendes. Die Muster im Gehirn bilden sich erfahrungsabhängig. Und es will, wie jedes lebendige System, Energie sparen. Das geht am besten, wenn es den Aufwand, der zu seiner Erhaltung nötig ist, entweder so gering wie möglich hält oder aber an einem erhofften

Energiegewinn misst. Aus den skizzierten Gründen bleiben Menschen in ihren Mustern. Sie nehmen das Gegebene hin, sehen keine Chance auf Veränderung und bleiben unmotiviert oder fehlmotiviert.

Insolvenz ist oft eine Folge davon, dass Führungskräfte an falschen Bildern ihrer Unternehmen, Strukturen, Märkte und Produkte sowie an falschen Selbstbildern hängen. Ihre Ansichten sind voller blinder Flecken, immer werden dieselben Probleme und Sorgen gewälzt. Mitunter geraten die Betroffenen in eine emotionale Schieflage, die einer Problemtrance ähneln kann. Sie sind wie gefesselt von angstbesetzten Gedanken. Es fehlt der Überblick, positive Visionen können sich keine einstellen. Als Berater habe ich deshalb immer wieder die Übung gemacht, die Teilnehmenden knapp vor eine Wand treten zu lassen und den Wahrnehmungsraum durch die Position einzuschränken. In dieser starren Haltung, in der nach vorne nichts weitergeht, sollten sie davon sprechen, wie sie sich fühlen und was sie überhaupt sehen können. Naturgemäß wenig, niemandem war wohl zumute.

Probleme wirken unlösbar, wenn man vor einer Wand steht. Treten die Personen dagegen zurück und ein paar Schritte zur Seite, stellen sich neue Perspektiven ein. Neue körperliche Perspektiven können sich geistig-seelisch positiv auswirken. Dann besteht die Chance, sich aus der Verhaftung zu lösen. Wenn sich die Teilnehmenden dann eine Stelle im Raum suchen, an der sie sich besser fühlen, kann frisches Nachdenken einsetzen.

Wird das Gehirn mit etwas konfrontiert, das Begeisterung hervorruft, das die emotionalen Zentren aktiviert, dann verlässt es sein Trägheitsmoment, und es werden neuroplastische Botenstoffe ausgeschüttet. Damit es aber so weit kommt, muss dem Menschen etwas unter die Haut gehen, muss ihm etwas wirklich wichtig sein. Die Botenstoffe können die Nervenzellen dazu bringen, dass sie Eiweiße herstellen, die man zur Bildung neuer Fortsätze im Gehirn benötigt. Dieser »Dünger fürs Hirn« ergießt sich in starken emotionalen Zuständen auf jene Bereiche, die man benutzt.

Wie die Neurowissenschaftler und Psychologen hat sich von einer anderen Warte aus auch der Pantomime Samy Molcho Gedanken über die Wirkung der Emotionen im Körper gemacht. Molcho führt als Beispiel ein Kind an. Erst ist es müde, hat zu nichts Lust, ist raunzig und trotzig. Plötzlich eröffnet sich dem Kind die Möglichkeit eines Spiels. Problemlos wird es seine Energien mobilisieren, um an dem Spiel teilzunehmen. Uns allen geht es so – unabhängig vom Alter. Die Begeisterung macht den Unterschied, Müdigkeit verschwindet wie durch Zauber. Freudige Gefühle animieren, sich den Lebensquellen zu nähern und Verbindung mit sich selbst aufzunehmen, während umgekehrt Ekel, Widerwille oder Angst ein Zurückweichen provozieren. Gefühle lehren uns, das eine an uns heranzulassen, etwas anderes jedoch nicht. Das kann so weit führen, dass Menschen Liebe übersehen, selbst wenn sie ihnen deutlich entgegengebracht wird. Sie missachten sie, weil in ihren neuronalen Strukturen die Netzwerke fehlen, sie aufzufangen – mit entsprechenden Auswirkungen auf Lebensgefühl und Seelenleben.

Aufgrund dieser Erkenntnisse sind für Unternehmen folgende Schlussfolgerungen zu ziehen: Begeisterung lässt sich nicht verordnen, nur wecken. Schafft man Bedingungen, unter denen Begeisterung entsteht, lassen sich Denkanstöße geben, neue Inhalte lernen, neue Netzwerke beleben – ja, sie bewirken sogar einen offeneren Blick auf die Welt. Die mentale Software lässt sich umprogrammieren: »Wer nichts lernt, hat keinen Gehirndefekt, sondern einen Begeisterungsdefekt«, sagte Gerald Hüther in einem seiner Vorträge. Neurobiologische Rückenstärkung und Potenzialentfaltung sind möglich. Sie sollten Ziel der Ausbildung in den Betrieben sein. Potenzialentfaltung braucht ein geistiges Biotop, eine Art betriebskulturellen Sauerteig. Gute Führung zeichnet sich dadurch aus, dass sie einbringt, was jemand braucht (Aufmerksamkeit, Wertschätzung oder ein schönes Ziel). Wer hingegen gestutzt wird, duckt sich. Vielleicht wird er im Rahmen seiner beruflichen Pflichten weiter funktionieren, doch wenig mehr als die Vorgaben erfüllen. Potenzialentfaltung ist gesellschaftspolitisch geboten, weil sie die Menschen zufriedener macht und die Unternehmen stärker. Sie ist wirtschaftlich, weil selbstbewusste Menschen mehr Ideen einbringen und leistungswilliger sind.

## Einen Sog erzeugen

Es ist eine überkommene Vorstellung, jeder denke nur an den eigenen Vorteil. So ein Verhalten wäre anthropologisch *unmenschlich,* bestand doch der große Selektionsvorteil unserer Spezies darin, zu kooperieren, erworbenes Wissen weiterzugeben. Was einer wusste, kannten bald alle.

Leider haben wir in unserer Evolutionsgeschichte auch erfahren, dass der Mensch des Menschen größter Feind sein kann, der uns nicht wie eine Naturkatastrophe überkommt, sondern mit dem Ziel der Auslöschung und Unterwerfung.

Das ist jener Teil des kulturellen Wissens, der in Problemfamilien und Peergroups gerne aufgefrischt wird und Argwohn zu einer Grundhaltung verfestigen kann. Argwohn stört den Kommunikationsfluss, Argwohn hemmt die kreative Problemlösung. Man kann ihm nur mit Glaubwürdigkeit beikommen. Und nichts öffnet den anderen Menschen mehr als aufrichtiges Interesse daran, was ihm persönlich wichtig ist. Daher sollten wir immer die Mitarbeitenden nach ihren Anliegen fragen und sie in der Gestaltung der Arbeitsplätze umsetzen. Die Beschäftigten sollen die Führungskräfte mehr als *Förderer* denn als *Forderer* erleben.

Fortschrittliche Unternehmerinnen und Unternehmer verinnerlichen dies. Das richtige Verständnis einer höheren Position ist dem eines Bergsteigers vergleichbar, der die Wand bereits bezwungen hat und nun den festen Halt nutzt, andere am Seil zu sich hochzuziehen. Führungskräfte tun besser daran, die Mitarbeiterinnen und Mitarbeiter nicht in Schach zu halten, sondern einen Sog zu erzeugen – beispielsweise, indem man die Beschäftigten bei ihren Erfolgen »erwischt«, nicht nur bei den Fehlern. Sehen wir auf das Gute, gehen wir vom Gelingen aus – nicht vom Scheitern. So motiviert man besser. Sog lässt sich erzeugen, wenn man das Positive hervorhebt. Dann öffnet sich der Mensch. Später darf man durchaus auch Kritikpunkte bringen, die wegen der positiven Gedanken davor positiv verarbeitet werden können.

In einem *TED-Talk** erzählte der englische Pädagoge Ken Robinson eine kleine Geschichte: Eine junge Schülerin sitzt in der Zeichenstunde. Der Lehrer geht zu ihr hin und fragt, was sie da zeichnet. Die Schülerin antwortet: »Ich mache ein Bild von Gott.« Daraufhin meint der Lehrer, »Aber kein Mensch weiß, wie Gott aussieht.« Das Mädchen antwortete ihm: »In einer Minute sehen Sie es.«

Nun, was hat dieses Mädchen drauf? Nach dem Himmel zu greifen. Und es kommt gar nicht auf die Idee, etwas Unsinniges zu versuchen. Kleine Kinder haben diese Angst noch nicht. Sie wird ihnen früh beigebracht. Wenn sie erwachsen werden, fürchten sie immer stärker, Fehler zu machen. Also tun sie lieber nichts, um nur ja keinen Spott zu ernten. Es herrscht das verinnerlichte Regime der Furcht davor, ausgelacht zu werden und dumm zu erscheinen. Fehler sind mit einem Stigma behaftet. In unseren Schulsystemen werden Leistungen verkehrt proportional zur Fehlerhäufigkeit bewertet. Je weniger Fehler, desto besser die Note. Vermittelt wird Fehlervermeidung statt Kreativität. Nicht dass ich meine, Fehler seien per se Ausdruck von Kreativität. Doch in den so engmaschigen komplexen Systemen unserer Zeit mit ihren multiplen Institutionen von Beobachtung und Kontrolle erstickt die Fokussierung auf Fehlervermeidung die Suche nach kreativen Lösungen.

Freiräume, wie sie in den Künsten und Wissenschaften selbstverständlich sind, findet man nur in wenigen

---

* *TED* steht für »Technology, Entertainment, Design«. Die im Netz abrufbaren Vorträge internationaler Innovationskonferenzen befassen sich auch mit Themen aus Wirtschaft, Psychologie, Politik, Kultur, Kunst und Wissenschaft.

Zweigen der Wirtschaft. Dabei wären sie überall nützlich, da sie nicht bloß wertvolle Impulse für ökonomischen Erfolg geben, sondern auch das Betriebsklima verbessern und die Menschen glücklicher machen können. Spürt der Mensch, dass er nicht in seiner Funktion angesprochen wird, sondern persönlich gemeint ist, wird er sich seinen Potenzialen öffnen.

Ich skizziere ein Beispiel aus meiner Unternehmensberatung: Ich war beauftragt worden, mir die Strukturen eines großen Herstellers von Baustoffen anzusehen, der in der Krise steckte. Die Firma war drauf und dran, große Marktanteile an Wettbewerber zu verlieren.

Die Ingenieure allein hätten ausschließlich nach technologischen Lösungen gesucht. Dass das gelingt, darauf wollte sich die Firma nicht verlassen. Sie verfolgte eine ganz andere Strategie. Sie informierte die Belegschaft von den Problemen und bezog das gesamte Personal in den Neufindungsprozess mit ein – bis hin zu den Bürokräften, die noch nie etwas mit Produktinnovationen zu tun gehabt hatten. Diese Öffnung der Strukturen brachte das Unternehmen einen entscheidenden Schritt weiter. Alle Mitarbeitenden zusammen fanden einen radikal neuen Ansatz für das Produkt, der die Firma zurück auf den Erfolgsweg führte. Die nobelste Aufgabe eines Unternehmers kann also sein, für ein angstfreies Klima zu sorgen, sodass die Beschäftigten offen miteinander umgehen und sich niemand fürchten muss, dumm dazustehen, wenn er etwas Unreflektiertes sagt. Unterschiedliche Sichtweisen müssen immer in den Diskurs eingebracht werden können. Machen die Beschäftigten die Erfahrung, dass das klappt und dass ihnen der gebührende Respekt entgegengebracht wird, dann kann ein Sog gemeinsamer Bemühungen entstehen. Alle können ihre Potenziale besser entfalten – zum eigenen Guten und zum Wohle des Ganzen.

Ideen können aufgehen oder auch nicht – wie im biblischen Gleichnis Jesu vom vierfachen Ackerfeld. Der Sämann ging hinaus, um zu säen. Viele Samen fielen auf den Weg, die Vögel kamen und fraßen sie. Andere Samen fielen auf steinigen Boden, wo es kaum Erde gab. Sie keimten zwar, verdorrten aber in der Sonne. Andere Samen fielen unter die Dornen. Die Dornen erstickten sie, es gedieh nichts. Viele Samen aber fielen auf gute Erde und trugen reiche Frucht.

Dieses Gleichnis für das Himmelreich taugt auch als Gleichnis für Ideen, die aufgehen oder nicht. Wofür steht der Weg? Ist er das, was alle tun, der Mainstream, auf dem nur die Etabliertesten und Größten bestehen? Der Ort, an dem einem jeder originelle Ansatz sofort geklaut wird?

Was ist der steinige Boden im Betrieb? Bedeutet er, dass es schlicht zu wenig fruchtbaren Boden gibt, auf dem etwas Neues gedeihen könnte? Sind die Strukturen zu starr? Wo ist Verhärtung zu finden?

Und wer sind die Vögel? Stehen sie für die Konkurrenz, für Eitelkeit, für die Angst, dass einem die anderen alles wegpicken?

Für welche äußeren Umstände und Widerstände stehen die Dornen? Stehen sie für ein aggressives Betriebsklima? Stehen sie dafür, dass man sich leicht verletzt, sobald man sich aus der Deckung wagt?

Welche Eigenschaften hat ein fruchtbarer Boden? Was nährt den Einzelnen in seinem persönlichen Wachstum und im Unternehmenskontext?

Damit ist die Geschichte nicht zu Ende: Drei Evangelisten erzählen sie sinngemäß so, dass Jesus den Umstehenden erklären musste, warum er denn in Rätseln beziehungsweise Gleichnissen spräche. Die Antwort lautete, weil viele Menschen sonst die Botschaft nicht verstünden. Der ausgestreute Samen stehe für das Wort Gottes. Und der gute Boden für das aufmerksame, geduldige Zuhören, das Verstehen, für die Bereitschaft, sich etwas dauerhaft zu Herzen zu nehmen.

Ich habe in meiner Unternehmensberatung schon immer gerne mit solchen Bildern, Gleichnissen und Analogien gearbeitet. Ich ziehe sie in Teamarbeiten oft heran, weil sie sich gut eignen, Aussagen über die Verhältnisse im Betrieb zu treffen.


## Wo geht's hier zur Achtsamkeit?


Im Internet gibt es eine minutenlange Folge quadratischer Bilder eines Mannes mit einer Violine zu sehen. Über die Bilder laufen schriftliche Erläuterungen: Der circa 40-jährige Mann befindet sich in einer Metrostation in Washington und spielt Stücke von Johann Sebastian Bach und Franz Schubert – zur Stoßzeit. Die Passanten sind in Eile. Einige Minuten nachdem der Mann zu spielen begonnen hat, erhält er seine erste Gabe. Eine Frau wirft im Vorbeigehen einen Dollar in den offenen Geigenkasten und eilt weiter. Minuten danach lehnt sich ein Mann neben dem Musiker an die Wand, hört zu, schaut auf seine Uhr und geht. Er erweckt den Eindruck, zu spät zur Arbeit dran zu sein. Ein dreijähriger Junge bringt dem Violinisten die größte Aufmerksamkeit entgegen. Das Kind bleibt stehen, will zuhören, doch die Mutter zieht es hinter sich her. Irgendwann hat der Geiger genug. Er hört zu spielen auf, packt seine Violine in den Koffer und verlässt den U-Bahn-Bereich. Niemand applaudiert.

Während des 43-minütigen U-Bahn-Konzerts gingen mehr als 1000 Personen an dem Geiger vorbei. Sieben blieben stehen, um kurz zuzuhören. 20 Leute gaben Geld, ohne anzuhalten. Insgesamt nahm der Mann 32,17 Dollar ein – plus 20 Dollar von der einzigen Person, die ihn wiedererkannt hatte.

Der Violinist war der aus dem Bundesstaat Indiana stammende Joshua David Bell. Seit seinem Debüt in der Carnegie Hall 1985 war er mit den berühmtesten Orchestern der Welt aufgetreten. Er spielte die Musik für einen Film ein, dessen Soundtrack mit einem Oscar ausgezeichnet wurde. Zwei Tage vor seinem U-Bahn-Konzert hatte er in einer ausverkauften Konzerthalle in Boston gespielt. Die Sitzplätze kosteten durchschnittlich 100 Dollar. Die Violine, auf der Bell in der U-Bahn einige der schönsten Stücke der Musikgeschichte darbot, hatte der Virtuose für vier Millionen Dollar erstanden.

Das Video endet mit Fragen: Würden WIR stehen bleiben, um dem Geiger die Reverenz zu erweisen? Wenn nicht: Wie viele andere wundervolle Dinge missachten wir noch? Sind wir überfordert, die Schönheit zur Unzeit einer Rushhour – oder allgemeiner: das Außerordentliche in einem unerwarteten Kontext – zu erkennen? Tatsächlich stimmen weder der innere Kontext (Eile) noch der zeitliche (Stoßzeit), noch der örtliche (Station) auf das außerordentliche Ereignis ein. Keiner der Begleitumstände lädt zur Achtsamkeit ein. Für ein Unternehmen kann man daraus ableiten, dass man die richtigen Räume für Fokussierung und Achtsamkeit aufbereiten muss.

Mir liegt viel daran, meinen Spielraum und die Strukturen zu nutzen, um in meinem beruflichen Umfeld, das sehr viel größer ist als die *Kaiser Biobäckerei*, eine Kultur der Achtsamkeit anzustoßen. Am liebsten würde ich das Unternehmen wie eine kleine Carnegie Hall gestalten. Wo aber Menschen unter stressigen Bedingungen zwölf Stunden arbeiten, werden sie sich der Achtsamkeit schwer öffnen können. Wo Engagement und Leistung mit einem Satz wie »Mein Dank ist mit dem Gehaltsscheck erledigt« quittiert werden – ein Satz, den ich mehrmals in Unternehmen zu hören bekam –, wird das Gegenteil von Achtsamkeit und Respekt erwiesen.

Achtsamkeit ist eine Daseinsweise. Achtsam kann nur sein, wer etwas *übrig hat* für die Welt, wer also seelisch *wohlhabend* und zu geben bereit ist. Achtsamkeit ist eine Verneigung vor allem, was lebt. Was lebt, ist verletzbar und will mehr werden, als es ist. Es trägt also ein Potenzial in sich, Möglichkeitsräume seiner Entfaltung. Wenn man das Leben als Geschenk sieht, folgt daraus Dankbarkeit und aus Dankbarkeit die Achtsamkeit.

Eine persönliche Haltung der Achtsamkeit legt nahe, alles im Zusammenhang zu betrachten. Das schließt ein, Entwicklungen im wirtschaftlichen System in Verbindung mit der globalen politischen Situation zu sehen. Das schließt andererseits nicht aus, das Leben zu genießen. Dazu gehört aber auch die Freiheit, Achtsamkeit leben zu können.

Mir gefällt der folgende Gedanke des indischen Dichters Rabindranath Tagore: »Wer Bäume setzt, obwohl er weiß, dass er nie in ihrem Schatten sitzen wird, hat zumindest angefangen, den Sinn des Lebens zu begreifen.« Die Früchte der Nachhaltigkeit schmecken köstlich, wenngleich man sie selbst nie ernten wird.

Wir selbst müssen die Veränderung sein, die wir in der Welt zu sehen wünschen, forderte Mahatma Gandhi. Dazu gehört ein Verneigen vor jedem Menschen als Teil eines achtsamen Umgangs. Aber nicht in einem devoten, sondern in einem respektvollen, demütigen Sinn. Materialität und Spiritualität sind dialektische Prinzipien. Wenn man das eine ohne das andere denkt, bewegt man sich nicht in der Realität. Achtsamkeit ist eine spirituelle Haltung, die das Ich zum Du transzendiert, und muss daher auch eine Domäne der Wirtschaft werden. Sie kann die Augen öffnen. In jedem Wesen steckt mehr, als zu sehen ist; es trägt Potenziale in sich. Was lebt, ist dadurch gekennzeichnet, dass es mehr werden will – beispielsweise aufmerksamer, tüchtiger, klüger.

Der jetzige Dalai Lama Tenzin Gyatso spricht sich für eine Ethik jenseits aller Religionen aus. Ethik ist ihm wichtiger als Religion, da speziell die monotheistischen Religionen aus ihren Absolutheitsansprüchen heraus zu Intoleranz neigen. Seit dem 2. Jahrhundert verweisen Christen als Begründung ihres Antijudaismus auf die Kollektivschuld der Juden an der Hinrichtung des Jesus von Nazareth. Im Mittelalter gaben Fürsten und das aufgehetzte Volk den Juden die Schuld am Ausbruch von Seuchen; ihnen wurden Hostienschändungen und Menschenopfer unterstellt. Jahrhundertelang hat das christliche Europa den arabischen Raum im Namen Gottes mit Kriegen überzogen. Die Eroberung des amerikanischen

Kontinents wurde von Kreuzzeichen begleitet. In den letzten Jahren werden wir alle, die wir uns in einem sicheren Teil der Welt vor Kriegen geschützt wähnten, von religiösen Fanatikern bedroht, die Lastwagen in Menschenansammlungen steuern oder Sprengstoffattentate verüben. Die Wellen ferner Kriege schlagen immer öfter an unsere Pforten.

Die Zahl der Mörder ist klein. Doch die Zahl der Intoleranten, die andere geringschätzen, verachten oder gar hassen, ist groß. Daher schlägt der Dalai Lama »eine neue Ethik jenseits aller Religionen vor« – eine »säkulare Ethik«, für die auch Agnostiker und Atheisten empfänglich sein können. Denn es gibt sehr viele unter diesen vermeintlich *Ungläubigen,* denen zwar Kirchen und Konfessionen wenig bedeuten, Ethik und Werte jedoch viel. Außerdem argumentiert der Dalai Lama, dass Ethik in der menschlichen Natur verwurzelt ist (als natürliche Begabung), während Religion und Konfessionen erst im Lauf der Sozialisation einer Kulturtechnik gleich erlernt werden. Spiritualität ist uns angeboren. Das lässt sich anthropologisch begründen. Wir waren als Gattung spirituell, bevor wir miteinander komplex zu kommunizieren und Religionen zu organisieren lernten. Staunen, fasziniert sein von einem Sternenhimmel, sich fragen, wohin die Sonne abends verschwindet, das konnten unsere Urahnen schon, bevor sie ein Wort wie *Gott* hatten. Liebe, Güte, Zuneigung empfinden ebenso. Solche Empfindungen liegen in den Genen – nicht allein in denen der Menschen. Beobachtungen an Löwen, Hunden, Rehen und Delfinen belegen das.

Wenn wir uns auf andere Lebewesen einlassen, wenn wir es schaffen, aufmerksam zuzuhören und mitfühlend zu sein, finden wir uns im anderen wieder, nehmen wir ihn auf und transzendieren uns in ihm. Spiritualität ist in diesem Sinne also nicht alleine auf das Göttliche und Ewige im Überirdischen bezogen, sondern gleichermaßen auf das Göttliche und Ewige im Mitmenschen.

Achtsamkeit ist mehr als eine Frage philosophischer Erörterungen, sie kann in Meditationen geübt werden. Achtsamkeit kann zu einem Teil des Verhaltens in der Gesellschaft werden. Erkennen wir den Mitmenschen als jemanden, der unseren Platz einengt, oder nehmen wir ihn als potenziellen Begleiter auf unserem Lebensweg wahr? Was ist Natur für uns? Wollen wir sie versiegeln, wollen wir sie atmen? Wie sehen wir die Bedeutung von Unternehmen wie dem unseren für die gesellschaftliche Entwicklung? Bei uns kann es vorkommen, dass wir im strategischen Controlling, bei dem es primär um die ökonomische Entwicklung des Unternehmens geht, plötzlich abschweifen und zwei Stunden über die gesellschaftspolitische Situation debattieren. So wie in der Frühzeit von *Kaiser* fragen wir uns immer wieder, welche Rolle wir als Bäcker in einem größeren Kontext spielen wollen. Bei den Meetings ist immer Platz für Gefühle. Manchmal wird gestritten, Aggressionen kommen hoch – nicht verdeckt, nicht hintenherum, sondern zumeist sehr offen. Es gibt immer Raum für persönliche Geschichten, für Freude und, wenn sie jemanden überkommt, natürlich auch für Trauer und Mitgefühl.

In Ernst Blochs ersten Sätzen seiner *Tübinger Einleitung in die Philosophie* »Ich bin. Aber ich habe mich nicht. Darum werden wir erst« ist meine Weltsicht zusammengefasst. »Ich bin«, ich existiere. Zunächst kann ich von mir ausgehen. Der zweite Teil – »Ich habe mich nicht« – hält mir vor Augen, dass ich nur teilweise mein eigener Herr bin. Vollkommene Autarkie existiert so wenig wie *Erlösung* im Individuellen. »Darum werden wir erst«, diese Schlussfolgerung erfasst die Bedeutung des Mitmenschlichen im WIR und die Abhängigkeit jeder Entwicklung von anderen.

Mit Bloch als Diskursgrundlage habe ich gelernt, dass es letztendlich nur ein gemeinsames Glück gibt. Ökologie und Biobäckerei müssen auch eine soziale Idee beinhalten. Auch als Unternehmer haben wir das WIR im Auge – von der obersten Hierarchieebene bis zu den Lehrlingen. Das ist für viele anfangs gewöhnungsbedürftig. Den meisten Azubis sind die flache Hierarchie und die offene Kommunikation neu. Sie haben selten erlebt, respektvoll gefragt zu werden, und zuvor kaum ihre Ansichten offen dargelegt. Daher regen wir zur Förderung des Selbstvertrauens und zu Diskussionen in den Jugendwerkstätten an. Die Neuen sollen spüren, dass unsere Biobäckerei kein Unternehmen ist, das nur aus Kästchen besteht, in die sie sich einpassen müssen, sondern ein vitaler Organismus, der sich laufend verändert.

Viele Führungskräfte sind wie Ingenieure, die Menschen wie kaputte Teile auswechseln und an Einstellungen zu drehen versuchen, als hätten sie Schrauben vor sich. Meines Erachtens sollten Führungskräfte jedoch wie Gärtner sein, die darauf achten, wie eine Pflanze gedeihlich wachsen kann. Auch dieses Prinzip lässt sich aus dem Bloch-Zitat ableiten. Das Unternehmen *ist* zwar im Moment, was es ist, doch muss das nicht so bleiben. Es ist nicht starr und kann sich laufend auf Qualitäts- und Zukunftsfragen einlassen. Da es mit Herstellern, Zulieferern, Händlern, Verkäufern und Verbrauchern verbunden ist, liegt seine Zukunft im WIR. Es braucht darüber hinaus eine Gesellschaft, die Interesse an ihm hat, und eine funktionierende Infrastruktur. Und es braucht eine Erde, die ihm wieder frische Grundstoffe zur Verfügung stellt. Unter diesen Gesichtspunkten gibt es zum Ökologischen und zum Sozialen keine Alternativen.

Ich will nicht behaupten, unser Unternehmen wäre von einer Kultur der Achtsamkeit durchdrungen. Menschen sind verschlossen und selbstbezogen; manche Bereiche sind stärker, andere schwächer, was Achtsamkeit betrifft. Wir müssen ständig an der Balance arbeiten und versuchen, künftige Entwicklungen abzuschätzen. Das geht so weit, dass wir uns fragen, was wir als Unternehmen gegen die Wachstumslogik tun können und wann, wie bei einem Baum, auch bei uns die natürlichen und funktionalen Grenzen erreicht sind.

Lässt sich in unserer durchökonomisierten Gesellschaft ein Verzicht auf Wachstum so gestalten, dass eine Firma trotzdem überlebensfähig bleibt? Kann es ein qualitatives ohne quantitatives Wachstum geben?


## Auf der Brücke des Als-ob


Visionäre hatten es nie leicht. Sie wurden verspottet, verunglimpft oder totgeschwiegen. »Idealist« ist fast ein Schimpfwort. Natürlich erreicht ein Idealist seine Ziele nie, seine Ziele liegen »im Himmel«. Idealismus besagt, dass die Wirklichkeit bis zu einem gewissen Grad formbar ist. Der Idealist appelliert, unser Fühlen und unsere

Werte nicht den realen Verhältnissen zu unterwerfen, sondern Ideen auf den Weg in eine unbekannte Zukunft zu schicken. Auch wenn wir anerkennen, dass die Welt niemals ideal sein wird, ist es trotzdem bereichernd, sich beim Planen von Idealen leiten zu lassen. Auf Idealismus zu verzichten wäre meines Erachtens so, als würden wir die Kirche zwar ins Dorf holen, Gott aber draußen lassen.

Der in Prag geborene Dichter Rainer Maria Rilke schrieb im April des Jahres 1903 aus Italien einen Brief an den jungen Franz Xaver Kappus. Darin versuchte Rilke dem Bewunderer etwas darzulegen, was mich tief beeindruckt hat: »Lassen Sie Ihren Urteilen die eigene stille, ungestörte Entwicklung, die, wie jeder Fortschritt, tief aus innen kommen muß und durch nichts gedrängt oder beschleunigt werden kann.« Rilke riet ihm zu »[…] reifen wie der Baum, der seine Säfte nicht drängt und getrost in den Stürmen des Frühlings steht ohne die Angst, daß dahinter kein Sommer kommen könnte. Er kommt doch.« Drei Monate später schrieb er aus Worpswede an Kappus: »[…] Geduld zu haben gegen alles Ungelöste in ihrem Herzen und zu versuchen, die Fragen selbst liebzuhaben […] Leben Sie jetzt die Fragen. Vielleicht leben Sie dann allmählich, ohne es zu merken, eines fernen Tages in die Antwort hinein.«

Den Dingen ihre Entwicklung lassen, Fortschritt aus dem Inneren, der Sommer kommt gewiss, die Frage lieben und allmählich in die Antwort hineinleben. Wenn man sich zutiefst mit einer Frage verbindet, wenn man die Frage *ist,* kommt früher oder später auch die Antwort. Vom »Reifen wie ein Baum« schreibt Rilke. Ein Baum gedeiht in einem bestimmten Klima und je nach

Klima anders. Er braucht Wasser und Licht. Hat er solide Wurzeln, streckt er sich in die Höhe, hält sich in Balance und widersteht fast jedem Sturm. Er verändert sich im Laufe der Jahreszeiten und wächst in die Breite. Irgendwann hat er »seine Größe« erreicht. In Gruppen habe ich oft schon die Textpassagen Rilkes zur Grundlage für Diskussionen über Wirtschaft und Unternehmen genommen.

Als wir unser Projekt begannen, waren wir eine von mehreren kleinen Bäckereien in der Stadt. Wir wurden belächelt. Wir waren überwiegend Amateure, wurden zu Slow-Baking-Pionieren und experimentierten mit sozialen Anliegen und Lebensformen. In den Augen jener, die notorisch auf uns herabblickten, halsten wir uns mit dem Bemühen, gesellschaftliches Engagement in die Bäckerei zu integrieren, unnötigen Ballast auf. Spontis an der Arbeitsfront – das kann nicht gut gehen, dachten die meisten in der Branche, und sie lagen in den meisten vergleichbaren Fällen richtig. Viele ähnliche Betriebe schlossen ihre Läden wieder. Sie scheiterten an internen Widersprüchen, schafften die Professionalisierung nicht oder verzettelten sich. All das traf auch auf uns zu. Doch aus Gründen, die sich nicht im Einzelnen festmachen lassen, lösten wir immer wieder unsere Probleme. Der Wille war immer stärker als die Widerstände und Widersprüche.

In den Anfangszeiten beschränkte sich unsere Kundschaft im Grunde auf die Alternativszene und einige wenige VIPs wie den Sportjournalisten Harry Valérien, der damals eine Fernsehinstitution war. Als wir schließlich wuchsen und Teil der Ökobewegung wurden, entwickelten wir uns zum Feindbild vieler. Oft sah es so aus, als könnten wir gegen die Supermärkte, die unser Terrain zu besetzen begannen, nicht bestehen. Die Industrie arbeitete mit Fertigmischungen, viele kleine konventionelle Bäckereien taten es ihnen gleich und hofften, durch Übernahme der industriellen Methoden und ihrer Dumping-Preise überleben zu können. Aber das klappt nicht, und es klappt heute noch weniger. Nur einige kleine Ökos von damals schafften es ins dritte Jahrtausend.

Heute gehören wir zu den zwei, drei Größeren in der Region, obwohl wir ausschließlich Bioprodukte anbieten. Das konnte natürlich nur in einem kulturellen Biotop gut gehen, in einem kulturellen Klimawandel. Hätten wir vor 40 Jahren gefragt: »Wollen Sie Sonnenblumenkerne im Brot?«, wäre die häufigste Antwort gewesen: »Was sollen wir mit Vogelfutter?« Heute sind Sonnenblumenkerne im Brot gang und gäbe. Die Wahrnehmung der Verbraucher kann sich sprunghaft ändern. Als ein paar Tage nach dem GAU im Kernkraftwerk Tschernobyl nahe der ukrainischen Stadt Prypjat die Welt von der Strahlenwolke erfuhr, die über Europa zog, packte viele die Panik. Scharenweise kamen die Leute zu uns, um Fünfzig-Kilo-Säcke Weizen zu kaufen – aus Angst, industrielles Getreide und Brot könnten kontaminiert sein.

So wie sich die Leute damals verhielten, erteilten sie mir ungewollt eine Lektion: Auch viele Ökos sind getrieben von Angst und Eigennutz. Sie wollen Bio essen, um länger zu leben. Es geht ihnen nur um die eigene Gesundheit, nicht um die Lebenswelt aller.

Die ursprüngliche Zielsetzung im ökologischen Anbau war die Stärkung der Bodenkultur gewesen. Gesündere Lebensmittel für den Menschen waren ein nachrangiges Ziel. Zuallererst müsste es darum gehen, die Erde nicht weiter zu zerstören und auszubeuten, fanden wir. Doch für die Tatsache, dass der biologische Anbau in einer *ökologischen Wertschöpfungskette* zunächst nichts mit der Gesundheit des Essens zu tun hat, sondern mit der Schonung der Welt, waren die Konsumentinnen und Konsumenten jener Zeit wenig aufgeschlossen – auch die Bauern kaum. Wir mussten Leute suchen, die für unsere Ansprüche offen waren, und sie überreden, ökologisch und nachhaltig zu produzieren. Es war schwierig, Butter, Sonnenblumenkerne, Walnüsse, Haselnüsse und Gewürze in ausreichenden Mengen in Bioqualität zu bekommen. Erst Anfang der 1990er-Jahre konnten wir den letzten Produktionsblock, Plundergebäck, auf Bio umstellen, mussten aber Margarine dafür verwenden, weil nur konventionelle Butter in ausreichender Menge vorhanden war. Parallel dazu bestanden auch viele Unklarheiten in den Bestimmungen. Bio war noch kein geschützter Begriff, und was nun wirklich bio war und was nicht, unterlag einem größeren Ermessensspielraum.

Fundamental und in die Breite gehend änderte sich die Grundeinstellung erst mit der BSE-Krise. Die als »Rinderwahnsinn« bekannte Bovine spongiforme Enzephalopathie wurde zum ersten Mal Mitte der 1980er-Jahre bei englischen Kühen nachgewiesen. Auf den Farmen waren jahrelang gemahlene Kadaver von Schafen, die an der schwammartigen Gehirnschädigung Scrapie litten, an Rinder verfüttert worden. Scrapie war seit 200 Jahren bekannt. Menschen waren davon nie betroffen gewesen. Nachdem die neue Seuche nicht mehr zu leugnen war, untersagte die britische Regierung die Verfütterung von Schafsinnereien an Rinder.

1992 starb in Schleswig-Holstein ein aus England importiertes Rind an BSE. Erst zwei Jahre später wurde das vom deutschen Bundeslandwirtschaftsministerium bekannt gegeben. Die Verfütterung von Tiermehl an Wiederkäuer wurde in der EU verboten, für andere Tiere (Schweine, Hühner, Fische) blieb es erlaubt. Mitte der 1990er-Jahre erst setzte sich die Erkenntnis durch, von BSE könnte eine Gefahr für den Menschen ausgehen durch eine neue Variante der das Gehirn zerstörenden Creutzfeldt-Jakob-Krankheit.

Im November 2000, sechs Jahre nach dem angeblichen Verbot der Verfütterung von Tiermehl, starb ein aus England nach Deutschland importiertes Rind an BSE. Bereits im April 1996 mussten vier Millionen Rinder in Großbritannien getötet und vernichtet werden. Es wurden jedoch weiterhin Tierabfälle verarbeitet – sie wurden bloß unter höheren Temperaturen als bisher geschreddert. Es musste von da an auf 133 Grad erhitzt werden, um die Erreger abzutöten. Trotzdem wurde im November 2000 bei in Schleswig-Holstein und Sachsen-Anhalt geborenen Kühen BSE festgestellt. Erst da trat ein generelles Verbot der Verfütterung von Tiermehl in Deutschland in Kraft. Später traten neuerlich Fälle bei einem bayerischen Familienbetrieb und in Niedersachsen auf.

Die Perversion, Wiederkäuer zu Karnivoren zu machen, war jahrzehntelange Praxis gewesen. Erst 15 Jahre nach Bekanntwerden ihrer Folgen wurde sie abgestellt. Viele Menschen begannen das System der Lebensmittelproduktion insgesamt zu hinterfragen. Was verschweigt man noch? Was wird sonst noch heruntergespielt? Die Aufmerksamkeit vieler dehnte sich ab nun auf Bereiche aus, die ihnen zuvor egal gewesen waren. Immer mehr stellten (sich) die richtigen Fragen.

Der Biobranche verlieh das wachsende kritische Bewusstsein Schub und Motivation. Nicht mehr nur die Leute mit den Jesus-Latschen kamen in die Bioläden. In vielen Ländern wurden die Fördersysteme umgestellt, und es wurde mehr Geld in ökologische Landwirtschaft investiert. Heute beträgt ihr Anteil in Österreich über 22 Prozent, im Bundesland Salzburg sogar 50 Prozent. Die Schweiz hinkt mit 13 Prozent und Deutschland mit gut 7 Prozent der Flächen hinterher. Doch auch in Deutschland hat sich der Anteil der ökologischen Landwirtschaft seit Mitte der 1990er-Jahre verdreifacht. Wenn *Kaiser* heute mit über 55 ökologisch ausgerichteten Landbetrieben kooperieren kann, dann hat das auch mit diesem langsamen, aber steten Kulturwandel zu tun – einem Kulturwandel, der vor Jahrzehnten von einigen wenigen Idealistinnen und Idealisten eingeleitet wurde.

Auch im Handel greift der Bewusstseinswandel um sich. Kundinnen und Kunden wollen Herstellungsverfahren und Rohstoffe kennen, denn beides wirkt sich im Geschmack und auf die Produktqualität aus. Bio wird als ökologisch wichtig angesehen, vor allem aber muss es gut schmecken. Und was sonst noch rund ums Brot eine Rolle spielt, soll auch passen. Ich bin sehr froh darüber, dass ich Mitte der 1970er-Jahre bei den Spontis von *Kaiser* reinschnupperte und mich von dem Gefühl leiten ließ: Was da abgeht, das ist zukunftsweisend.

Die Vorstellung, Treibgut im Fluss der Zeit zu sein, entspricht mir nicht. Die Zukunft greift nach uns. Denken wir an eine Welle im Meer. Wo ist ihr Anfang, wo ihr Ende? Wo ist ihr Vorher, wo ihr Nachher? Vielleicht existieren ähnliche Erscheinungen im Leben. Vielleicht können wir durch Gedanken einen Flow erzeugen, von dem

Sportler und Musiker sprechen, wenn sie vollkommen in ihrem Tun aufgehen und sich gleichsam aus der Zeit lösen. Als andere, reifere Menschen in mir etwas sahen, das ich noch lange nicht war, wirkte ihr Vertrauen wie tragfähige Brücken. Wohin ich wollte, musste sich erst herausstellen. Aber das Vertrauen war *gegeben*. Es motivierte und half über Unsicherheit und Furcht hinweg. Es erzeugte einen Sog zu mehr, das noch nicht war.

In meiner Unternehmensberatung arbeite ich mit einer Übung, die ich *Brücke des Als-ob* nenne. Dabei geht es darum, den eigenen Lebensweg aus zeitlicher Distanz zu betrachten. Das Ziel besteht darin, einen gewünschten Wandel zu imaginieren und auszudrücken, zum Beispiel raus aus einem Zwölfstundentag zu kommen und eine Balance zwischen verschiedenen Lebenssphären zu finden.

Eine Methode, die *Brücke des Als-ob* in einer Übung durchzuspielen, geht so: Wir stellen im Raum eine markante Linie her – mit einem Kreppband, das wir auf den Boden kleben. Das Band symbolisiert das Zeitmaß eines Jahres. Wer die Übung machen will, stellt sich an den Anfang der Linie und erzählt von einem großen Lebensthema, das sie oder ihn besonders beschäftigt. Worum geht es? Was ist das Problem? Was ist daran belastend? Ist das Anliegen ausreichend dargestellt, stellt sich die Person ans Ende der Zeitstrecke und spricht über dasselbe Anliegen im Rückblick mit der Vorgabe, dass alles gelang. Was hat sich verändert? Wie fühlt sich das an? Was war erforderlich gewesen, um diese Veränderung anzustoßen? Wie fühlt es sich an, dass die Veränderung vollzogen ist? Die Durchführenden sollen Fantasien des gelungenen Weges entwickeln.

Oft drücken sich die Veränderungen nicht allein im Erzählten aus, sondern im Atem, im Stimmklang auch. An der *Brücke des Als-ob* kann sich zwischen Gegenwart und Zukunft die Körperhaltung verändern. Neue Fragen tun sich auf, wie das persönliche Umfeld mit der Veränderung klarkommt.

Hatte sie Auswirkungen auf die Familie? Kommen die Kinder, der Mann oder die Frau mit der Veränderung zurecht? Oder ist die Veränderung für sie gar nicht so toll, weil sich gleichzeitig an der Haltung der Angehörigen und Freunde nichts verändert hat? Man imaginiert bei der *Brücke des Als-ob* die künftige Lage und öffnet sich für die gewünschte Veränderung. Man wird angeregt, die eigenen Erwartungshaltungen und das daraus resultierende Verhalten kritisch zu hinterfragen, und stößt so einen Wandlungsprozess in seinem Inneren an.

Was ich hier über Dispositionen und Psychologie des Einzelnen erzähle, ist im Prinzip auf Unternehmen übertragbar. Denn so, wie wir Menschen festgefahren sein können, sind es auch Unternehmen. Auch das Unternehmen lässt sich am Ende der Brücke platzieren. Und alle, denen es ein Anliegen ist, können darüber nachdenken und sprechen, wie es in einem, in fünf, in zehn Jahren sein soll.

Konkret sind unsere Fragestellungen an der Brücke derzeit folgende: Wie werden Produkte, Vertrieb und Qualitätsmanagement in zehn Jahren aussehen?

Um die Potenziale vieler Mitarbeiterinnen und Mitarbeiter zu nutzen, erging ein Brief mit der Bitte, sich zu überlegen, wie das Unternehmen am 1. Juni 2030 aussehen soll, und die Überlegungen in *Briefen aus der Zukunft* zu formulieren. Wie wird sich die neue Backstube bewährt haben? Was halten wir dann von unserer jetzt so fortschrittlichen Technik? Wie weit sind wir mit der Qualität unserer Produkte gekommen? Wie steht es um Innovationskraft, Teamgeist und die Freude an der Arbeit? Haben wir ein realistisches Verständnis von Handwerk gefunden? Gibt es neue, belebende arbeitsethische Ideen für die Arbeitswelt? Konnten wir der Kooperation mit den Landwirten eine noch partnerschaftlichere Form geben? Konnten wir Eigenverantwortung, Kollegialität und Achtsamkeit zugleich stärken?

# 6

## *Im Werden*

Ich will nun subjektiv und in aller Brüchigkeit darstellen, wie die Theorie in der Praxis funktioniert, wie wir in unserer Biobäckerei daran arbeiten, »den Himmel auf die Erde zu holen«. Nicht alles davon war und ist geplant, manches kommt einfach so. Gewiss bewerten einzelne Mitstreiter die Dinge anders, nichts ist vollkommen, Perspektiven sind unterschiedlich. Ein Unternehmen ist ein Organismus, ein Work in progress. Verschiedene Perspektiven bringen unterschiedliche Interpretationen der Wirklichkeit hervor. Und es sind Momentaufnahmen, die ich hier beschreibe, weil es niemals Gewissheit geben kann, dass die Ansprüche von heute auch noch die von morgen sind. Ich werde die Aspekte erörtern, die mir zentral erscheinen, und nicht verschweigen, woran es meiner Meinung nach hapert. Zu einer offenen Fehlerkultur gehört das Eingestehen von Schwächen auch gegenüber den Kunden und Kundinnen. So zu tun, als wäre man der Größte und Beste, ist eine überholte Vorstellung von Kommunikation. Ich finde es spannend, eine neue Form der Unternehmenskultur zu wagen. Da wir nach innen hin stolz auf unsere offene Vertrauenskultur sind, wollen wir sie nach außen hin erweitern. Schließlich ist allgemein bekannt, dass nichts fehlerfrei ist. Und wenn wir unsere Schwächen eingestehen, bekommt das, worauf wir uneingeschränkt stolz sein können, noch mehr Gewicht und Glaubhaftigkeit.

Anlässlich des 40-jährigen Firmenjubiläums im Sommer 2017 haben wir erstmals zu einem Erfahrungstag eingeladen, zu einer *Tour entlang der ökologisch und sozial nachhaltigen Wertschöpfungskette*. Wir bieten diese Tour nun jedes Jahr an. Sie führt in die verschiedenen Abteilungen des Betriebs bis hinaus auf Getreidefelder unserer Bioland-Bauern. Dabei stellen wir die Teilbereiche des Unternehmens vor und erklären, worum es jeweils geht und was unsere Gründe sind, dass wir die Dinge so und nicht anders machen. Wir wollen den Besucherinnen und Besuchern zeigen, was es bedeutet, eine ökologische und sozialethische Marke zu sein. Wir wollen sie gut versorgen, unterhalten, über Hintergründe informieren und den Gästen etwas mitgeben, worüber sie gerne sprechen. Es kann uns nur recht sein, wenn sie von unseren tollen Brötchen erzählen, dem Betriebsklima, von unseren Kooperationen mit Bauern und Müllern.

Aber ich würde doch auch gerne das eine oder andere zarte Pflänzchen tiefer gehender Reflexion setzen. Wir alle sind Teil des »Globe«, Biobrot schmeckt besser, es ist ökologisch und sozial fairer. Wir alle gehen ins Geschäft und kaufen etwas. Wir alle sind Arbeitende, Konsumentinnen und Konsumenten in einem sozialen Umfeld, die mit ihren Kaufentscheidungen mitbestimmen, was wachsen soll und was nicht. Uns treibt die Vision an, dass unser Unternehmen zum Kulturträger wird, so als wäre es eine Institution im Kulturbereich: aufrichtig und authentisch, kreativ und inspirierend, wohltuend und engagiert. Warum sollen die großen Anstöße immer von woanders kommen? Wir können auch von hier aus als Antreiber gesellschaftlicher Veränderungen wirken. Die höhere Wertschätzung für soziale Anliegen in Europa ist eine gute Voraussetzung dafür.

Doch alles der Reihe nach. Beginnen wir im Laden.

## Beseelte Läden

Für unsere *Tour entlang der ökologisch und sozial nachhaltigen Wertschöpfungskette* nehme ich einen ganz besonderen Laden zum Ausgangspunkt: die *KaiserZeit* in der Frankfurter Kaiserstraße. Wie bei allen anderen Läden auch haben wir für diesen Laden im Bahnhofsviertel ein Leitmotiv gewählt: den Wandel, die Metamorphose, die Zeit. Betritt man das Café, ist fast auf den ersten Blick zu sehen, dass es seitlich durch ein Kunstwerk geprägt wird: ein großes Wandbild, das alle ein, zwei Jahre von einer Künstlerin oder einem Künstler neu gestaltet wird – passend zum Thema Zeit. Wie stark das Wandbild auch wirken mag, sosehr es dem Raum über die Monate angehört, ist ihm doch nur eine bestimmte Periode vergönnt. Das Werk wird fotografisch dokumentiert, schließlich aber hinter einer neuen künstlerischen Arbeit verschwinden. Wir könnten diese Wand einfacher und werbewirksamer nutzen, doch das wollen wir nicht. Dieser Platz gehört der Inspiration, der Kunst (bisher haben ihn Barbara Bux sowie Daniel Felix Hartlaub, zwei Frankfurter Künstler, gestaltet).

Das Interieur ist hochwertig. So eine Art Laden ließe sich auch in schicke Gegenden von Wien, London oder New York exportieren. Andere Filialen sind zurückhaltender gestaltet und passen ebenso gut ins Zentrum wie in die Vorstadt. Wir verzichten auf ein einheitliches Erscheinungsbild, weil wir finden, dass es dem Biogedanken besser entspricht, wenn jeder Laden seine eigene Identität hat. Seinen Charakter planen wir nicht von oben herab, sondern entwickeln ihn aus dem Vorhandenen von innen heraus. Wenn wir Geschäftsräume übernehmen, belassen wir sie so weit wie möglich, wie sie sind. Jedes Erdgeschoss hat seine Geschichte, auf der das Haus darüber ruht. Also reißen wir unten nur dann Wände nieder und ziehen neue ein, wenn es sich nicht vermeiden lässt. Billiger ist es nicht, auf das Bestehende einzugehen, aber es ist organischer. Natürlich wird alles tipptopp renoviert; es werden neue Leitungen eingezogen, wenn die vorhandenen veraltet sind. Danach konzipieren wir alles Weitere so, dass es ins Bestehende passt. Unsere Vorgehensweise schließt von vornherein aus, dass eine Filiale wie die andere aussieht.

Sind die Grundlagen für ein neues Geschäft oder Café gelegt, machen wir uns darüber Gedanken, wie wir den Charakter des Ortes ganz aktiv anregen können. Es soll immer einen eigenen Grund geben, warum Menschen gerade diesen Laden besuchen wollen. Von unseren 17 Geschäften in Frankfurt, Wiesbaden, Mainz, Darmstadt und Umgebung sind einige mittelgroß, einige ganz klein. Wir haben eine Kabine am Bahnhof, einen Stand am Wochenmarkt, einen schnellen Imbiss hier und einige gemütliche Cafés in einem jeweils unterschiedlichen sozialen Umfeld dort. In Wiesbaden betreiben wir im Abstand von wenigen Hundert Metern zwei Geschäfte. Das eine ist ein Kleinod, das zweite ein Café zum Reinsetzen an der Bushaltestelle. Manche Läden haben ein eher trendiges, andere ein eher traditionelles Flair. Wir möchten keine Signalwirkung entfachen, sondern Einladungen aussprechen. In dem einen Laden muss eine rustikale Holzbank mit niedrigen Tischen reichen, um sich mit Teetasse und Croissant kurz niederzulassen, ein anderer Laden ist eng und hoch ohne Sitzmöglichkeiten. Dort konnten wir die Regale nur in die Höhe ziehen, wodurch die Anmutung einer Bücherstube entsteht. Es wäre unserer Ansicht nach unstimmig, biologisches Brot in stereotypen Umgebungen anzubieten. Es soll mit dem Raum und der Art, wie die Menschen ihre Zeit darin verbringen, korrespondieren. An manchen Orten erkennen uns die Menschen erst wieder, wenn sie im Laden drinnen sind, so zurückhaltend sind wir in der Selbstdarstellung.

Zwei Frauen kümmern sich um Läden: Unsere Architektin Tanja Maul schafft die richtige Atmosphäre, den Vertrieb und das Marketing leitet Rita Skóries. Und weil uns bei *Kaiser* verlässliche Kooperationen wichtig sind, arbeiten Rita und Tanja auch beim Umbau und bei Renovierungen normalerweise mit denselben Firmen zusammen. Die Fliesen an Böden und Wänden kommen aus einer deutschen Manufaktur und unterscheiden sich alle ein wenig voneinander – eben Handarbeit. Die Sitzflächen werden von einer Polsterin hergestellt, einem Eine-Frau-Betrieb. Dieses Ungenormte, Improvisierte kommt teurer, als wenn wir überall dieselben massengefertigten Elemente reinstopfen würden. Doch wenn wir Klein- und Mittelbetriebe stärken und individualistisch sind, ist das zum Wohle aller. Wir wollen den ökonomischen Kontext, dem wir selbst angehören, auch über die Produktfelder hinaus so weit wie möglich stärken. Für

Theken und Regale wird immer dieselbe Schreinerei verpflichtet, die ihr Material aus nachhaltiger Forstwirtschaft bezieht. Die Massivholz-Platten sind emissionsarm hergestellt und tragen das Umweltzertifikat. Unser Verständnis einer nachhaltigen Wertschöpfungskette beginnt eben nicht bei in der Bäckerei verwendeten Grundstoffen, es endet nicht beim eigenen Brot und Gebäck, sondern es schließt alle unsere Partner mit ein. Das Ziel besteht darin, die Netzwerke ethischen Unternehmertums auszudehnen, und es hat den Nebeneffekt, dass die beteiligten kleinen Firmen auch untereinander in Kontakt kommen.

Und noch etwas wollen wir erreichen: Während die Infrastruktur in den peripheren Zonen unserer Städte ausgedünnt wird, gerät sie in den Zentren immer uniformer. Sogar die Fußgängerzonen, die als Konsumzonen und Räume der Begegnung gedacht sind, ähneln in ihrer Ausgestaltung immer mehr den Shoppingmalls draußen. Namen, Motive und Designs werden wie Tapeten einfach runtergezogen. An vielen Einkaufsstraßen finden wir immer dieselben Handelsketten nebeneinander vor. Würde man Bilder der Standorte vergleichen, könnte man an ihnen nicht erkennen, in welcher Stadt sie aufgenommen wurden, aber Fachleute des Ladenbaus können innen erkennen, welche Generation von Interieur eingesetzt wurde.

Unsere Läden sollen einladen durch Wärme und liebevolle Gestaltung. Mit unserem Konzept, konsequent auf Individualisierung zu setzen, wollen wir einen Beitrag zur Beseelung des Stadtgebiets leisten – auch das kann ein ethischer Anspruch sein. Doch ebenso müssen wir mehr darauf achten, Brücken zu den Kundinnen und

Kunden zu bauen, über die sie gerne gehen. Wir kommen nicht umhin, als Marke erkennbarer zu werden. Die Menschen sollen wissen, wenn sie über diese Brücke schreiten, dann treffen sie nicht nur eine Entscheidung nach ihrem Geschmack und gesundheitlichen Empfinden, sondern eine Entscheidung für eine sozialethische und ökologische Haltung. Sie sollen sorglos einkaufen können und die Gewissheit haben, dass die Produkte, die sie bei uns kaufen, unter den besten Bedingungen produziert wurden.

## Produkte und Strategien im Wandel

Wir alle kaufen Dinge nur, wenn sie gut sind. Bei den einen Produkten legen wir Wert auf Innovation, bei anderen auf Kontinuität. Im Bäckereisektor trifft beides zu. Die meisten Menschen wollen für gewöhnlich dasselbe und doch manchmal etwas anderes. Bestimmte Brote sind als Standard zu führen, gleichzeitig soll aber auch laufend Neues geboten werden.

Klarerweise können wir als Biobetrieb nur etwas backen, wofür biologische Grundstoffe in ausreichender Menge verfügbar sind. Gerade die sind schwankungsanfällig. Das Wetter ändert sich, die Qualität des Getreides ist nicht jedes Jahr gleich. In konventionellen Backunternehmen werden Schwankungen mit Zusatzstoffen ausgeglichen. Das kommt in unserem Bereich nicht infrage. Da wir vom Mehl bis zu den Gewürzen ausschließlich mit ökologisch produzierten Rohstoffen arbeiten, müssen wir mit den Veränderungen ihrer Backeigenschaften auf natürlichen Wegen zurechtkommen. Backeigenschaften verändern sich nach der Ernte auch im Lauf des Jahres noch. Für die Kundinnen und Kunden aber muss das Gute immer gleich gut sein. Das erfordert viel Gespür für die Teigführung.

Die Menschen wollen Vielfalt und Abwechslung haben, daher muss man als Bäcker immer neue Produkte anbieten. Wir könnten dafür eigene Produktentwickler anstellen, wollen aber, dass Innovationen möglichst aus dem Betrieb kommen. Jedes Mitglied des Innovationsteams verantwortet ein eigenes Segment: Zielgruppen, spezielle Bedürfnisse (glutenfrei oder vegan), Kundenvorschläge, Ideen aus der Zukunftsforschung (spezielle Literatur), internationale Entwicklungen und Ideen der Mitarbeitenden. Eines Tages kam ein Beschäftigter mit dem Gugelhupf-Rezept seiner Großmutter an. Das ganze Team beriet, wie wir es in seiner Feinheit in größeren Produktionsmengen anwenden können. Sie fanden eine Lösung.

Was ich hier anspreche, fasst einen Entwicklungsprozess kurz zusammen, in dem viel Freude, Begeisterung, Vertrauen und Kooperation im Spiel waren: soziales Verhalten und Gefühle, die den Beteiligten ihre Arbeitszeit als Lebenszeit erfahrbar machten. Es geht um ein tolles Produkt, das kooperativ entsteht. Denn im Prinzip kann jeder erfahrene Mitarbeiter einen Innovationsauftrag einholen und sich in der Zeit, die er zur Entwicklung und zum Testen einer Idee benötigt, von anderen Prozessen freistellen lassen. Für gewöhnlich dauert die Entwicklung eines neuen Produkts zwei bis drei Monate. Dann wird es intern vorgestellt und getestet. Das Innovationsteam um Bäckermeister Georg Dürmuth nimmt sowohl die Entwicklung wie die Endabnahme eines Produkts vor. Bei der Festlegung des Preises prüft die Produktion, was zu berücksichtigen ist, damit das Stück kostendeckend bleibt. Unsere Biobäckerei hat sogenannte Innovationspaten und Qualitätspaten, die darauf achten, dass bei der Einführung von etwas Neuem auch wirklich alles passt. Wenn auch der Vertrieb sagt: »Super, das können wir nehmen«, dann definieren wir Probephasen und wählen ein paar Läden aus, in denen das Produkt in Chargengröße getestet wird, um den Qualitätsstand auch in der täglichen Praxis zu prüfen und um zu sehen, wie gut es den Kunden schmeckt.

Denn auch wenn wir große Backprofis sind, irren wir uns manchmal gewaltig. Wir hatten mal ein neues Produkt versucht, das unseren Ansprüchen ästhetisch in keiner Weise entsprach. Wir legten es zur Seite. Dann probierten einige Beschäftigte davon und futterten alles weg. Die Produktentwickler hatten sich vom Äußeren des Produkts leiten lassen. Sie fanden, es wäre hässlich, das kauft niemand. Doch gerade weil diese misslungenen Walnussbrötchen so rissig waren und so viele Einkerbungen aufwiesen, hatten sie besonders viele Röststoffe gewonnen und waren überaus knusprig und schmackhaft. Die Kollegen der Verwaltung, die als Testkunden fungierten, ließen sich vom Äußeren nicht täuschen und mochten die Walnussbrötchen besonders. Was in den Augen der Bäcker misslungen schien, kam bei den Verbrauchern sehr gut an.

Wir haben eine Kollegin, die immer wieder daheim Rezepte ausprobiert und mitbringt. Davon auszugehen, man könne die einfach in größerer Menge reproduzieren, wäre allerdings falsch. Im Übergang von Prototypen zu den Stückzahlen für die Läden stellen sich regelmäßig Diskrepanzen ein zwischen dem, wie das Produkt früh-morgens im Unternehmen entsteht, und dem, was der Kunde ein paar Stunden später im Laden angeboten bekommt. Es kann sich erweisen, dass Qualität und Quantität nicht so einhergehen, wie man angenommen hatte. Zehn Stück gelingen großartig, 100 aber sind nur mittelmäßig. Knetet man 100 Teige, liegen die früheren Stücke schon länger, als wenn man nur zehn macht und sie gleich in den Ofen schiebt. Die Temperaturen im Teig ändern sich. Geschmack oder Textur bleiben nicht gleich. Ein Brötchen verlässt die Bäckerei warm und knusprig, vier Stunden später aber ist es zäh. Dann analysieren wir, ob der Qualitätsabbau an der Chargengröße liegt oder an den zeitlichen Abläufen. Zu sagen, wunderbar, das ist ein schönes, wohlschmeckendes Brot, und davon machen wir jetzt 400 statt vier Stück, das funktioniert nicht. Am Ende der Sortimentsentwicklung kommt die Verkostung. Nicht in der Backstube frisch aus dem Ofen, sondern Stunden später, um zu sehen, wie der Kunde das Produkt erlebt. Finden wir das Produkt okay, geht es vielleicht in Produktion. Löst es Begeisterung aus, dann ganz sicher. Auch diese Entscheidungen trifft das Innovationsteam. So kam auch Omas Gugelhupf in unser Sortiment.

Bedauerlicherweise kann jedoch selbst das beste Produkt trotz viel Mühe, Engagement und erheblicher Investitionen zum Flop werden. Bei Omas Gugelhupf zum Beispiel war dies der Fall. Er erwies sich als ein Ladenhüter. Das tolle Produkt war den Kunden im Rhein-Main-Gebiet zu teuer (in Wien wäre diese Qualität bei einem

Preis von unter neun Euro gewiss ein Renner geworden, wie mir österreichische Freunde versichern).

Auch bei der Umsetzung strategischer Ziele suchen wir die Expertise der Mitarbeiterinnen und Mitarbeiter der verschiedenen Bereiche. Sechsmal im Jahr halten wir mit 15 Leuten aus dem Verkauf (quer durch alle Hierarchien) eine von einem externen Backprofi moderierte Sitzung ab, in der ähnlich der Sendung *Die Höhle der Löwen,* in der Start-ups um Investitionsmittel rittern, Mitarbeiterinnen und Mitarbeiter des Unternehmens besondere Ideen vorbringen: zum Entwurf eines Snack-Konzepts beispielsweise oder wie sich die Abhängigkeit des Unternehmens von größeren Abnehmern reduzieren ließe; wo wir unsere neuen mobilen Verkaufswagen platzieren oder wie man einen Brotautomaten bauen könnte, über den außerhalb der Ladenöffnungszeiten Brot angeboten wird; oder welche Alternativen uns zu *Amazon Fresh,* wo wir nicht mitmachen würden, einfallen. Welche Wege könnten wir stattdessen nutzen?

In diesen Vertriebsmeetings geht es nicht um Wettbewerb, sondern darum, dass sich alle mit ihren Leidenschaften und Vorlieben einbringen können. Die Mitarbeitenden bekommen für Sonderprojekte bis zu sechsstellige Budgets (zum Beispiel für ein neues Ladenkonzept), um ihre Projekte eigenverantwortlich umzusetzen. Betriebswirtschaftlich ließe sich argumentieren, wir versuchten auf diese Weise den Ideenreichtum und die Innovationskraft unserer Beschäftigten zu nutzen. Ethisch lässt sich argumentieren, dass unsere Art der Unternehmensführung den Beschäftigten zeigt, wie sehr wir ihren Neigungen und Einschätzungen vertrauen. Bei uns ist das eines von vielen Elementen in der Beseelung des Unternehmens.

## Vertrauenskultur und Feedback

Des Längeren habe ich mich mit folgender Überlegung von Jean-Paul Sartre beschäftigt: Ein großer Teil der Sorgen kommt aus unbegründeter Furcht. Anthropologisch ist der Umstand klar, dass die Menschheit eine angstgetriebene Spezies ist. Viele soziale Manöver (produktive wie schädliche), Ausflüchte, Winkelzüge, Aggressionen und Gewalt wurzeln in Ängsten oder im Versuch, sie zu überspielen. Doch das beste Mittel gegen die Angst ist Vertrauen. Vertrauen, das einem entgegenwirkt, Vertrauen in die Kompetenz des anderen, in einen achtsamen und respektvollen Umgang. Auch darauf, dass es keine negativen Konsequenzen zeitigt, wenn mal etwas schiefgeht oder man einen Blödsinn sagt.

In unserem Unternehmen bemühen wir uns, mit offenen Karten zu spielen. Die meisten Mitarbeiterinnen und Mitarbeiter wissen es zu schätzen. Und wird das Vertrauen von jemandem missbraucht, was immer wieder geschieht, erfordert die Schadensbehebung meiner Erfahrung nach einen deutlich geringeren Aufwand, als eine Misstrauenskultur zu etablieren und aufrechtzuerhalten. Die wäre unangenehm, unfreundlich und teurer.

Horizontal ist die Führungsebene am stärksten von Vertrauenskultur durchdrungen, weil sie das Verantwortungsbewusstsein eint und personell stabil ist. Wir kennen uns lange, und ein Neuzugang kann sich langsam in diese Ebene hineinfinden. Wir haben gewisse Eigenheiten, muss ich gestehen, die nicht für jede neue Person ganz leicht anzunehmen sind.

Alle unsere Meetings beginnen mit den sogenannten

*Blitzlichtern.* Die Anwesenden sind aufgefordert zu erzählen, mit welchen Gedanken, Einstellungen und Gefühlen sie zur Besprechung kommen. Diese Blitzlichter helfen beim Ankommen im Team – wie ein Drehkreuz im Supermarkt, das die Funktion hat, das normale Tempo der Eintretenden zu bremsen, sie zu entschleunigen. Das zweite Motiv für die Blitzlichter besteht darin, dass sich die Menschen füreinander öffnen und von sich als Person sprechen, nicht von ihren Funktionen. Eine erzählt vom letzten Wochenende, einer von den Urlaubsplänen. Einer klagt über Schmerzen im Genick und dass er schlecht schläft – deshalb der müde Blick. Eine vierte Person berichtet vom Studienabschluss eines Kindes oder von Belastungsgrenzen im Privaten. Wie weit er sich öffnet, entscheidet jeder selbst, und natürlich hängt es auch von der Zusammensetzung der Runde ab.

Was bräuchtest du denn? Wie hättest du es lieber? Solche Dinge voneinander zu hören stärkt den Zusammenhalt. Und auch wenn es einer Person über einen längeren Zeitraum schlecht geht und diejenige ihr *Blitzlicht* mit »Ich will nicht schon wieder klagen, aber…« beginnt, kann sie über die Monate und Jahre erleben, dass es anderen auch nicht besser geht. Besonders schön ist es, wenn jemand strahlt und die anderen mit seiner Freude ansteckt. Das stärkt uns als Kreis von Kollegen, Freunden und als Team. Man fühlt sich verstanden. Wir kommen auf eine gemeinsame, menschlich offene Ebene. Jedes Mal beleben wir damit unsere Vertrauenskultur, erweisen einander unsere Wertschätzung. Und falls jemand schweigen will, ist das auch okay.

Nach dieser ersten Runde steigen wir ins Fachliche ein. Die Themen jedes Einzelnen werden gesammelt:

Sind die neuen Produkte ausgereift? Wie weit sind die Lehrlinge? Wurden die Unklarheiten im Datenmanagement bereinigt? Was müssen wir bei der Planung des Neubaus berücksichtigen? Wir diskutieren, wie wichtig es für das Betriebsklima wäre, mehr Frauen in der Produktion einzustellen (Frauen wirken sich enorm positiv auf die Kommunikationskultur aus), und loben eine junge Praktikantin.

Ein wichtiges Thema kann auch sein, ob die körperliche Belastung der Beschäftigten in der Produktion reduziert werden muss und was sich gegebenenfalls machen lässt, um Abhilfe zu schaffen, auch wenn das viel Geld kostet. Wie klappt das mit den Flüchtlingen aus Eritrea? Integrieren sie sich gut in die Abläufe?

Wir teilen alle möglichen Informationen in der gesamten Führungsebene, auch wenn einzelne Punkte nur für einige von Relevanz sind. Aber wie ich schon früher dargestellt habe, ist es für die Identifikation gut, wenn die Menschen das Zentrum und die Peripherie des Unternehmens kennen. Wenn gelacht, geweint und gestritten wird, ist das keine verlorene Zeit, weil wir an Dinge erinnert werden, die wir ansonsten übersehen. Mitunter gibt es persönliche Konflikte, weil sich jemand zu wenig gewürdigt fühlt. In Gesprächen über das persönliche Befinden findet man manchmal heraus, was an den betrieblichen Abläufen nicht stimmt.

Führen heißt gemäß Anselm Grün, »dem Leben dienen, Leben hervorlocken in den Menschen, Leben wecken in den Mitarbeitern«. Dass wir so offen für Spontaneität, offen für Befindlichkeiten sind, macht *Kaiser* zu einem »saftigen« Unternehmen, in dem auch ich ganz grundsätzlich nicht von Kritik ausgenommen werde und immer wieder einiges einzustecken habe. Die Stärke einer Führungsperson erweist sich weder in ihrer Unberührbarkeit noch in ihren Siegen. »Beziehungsfreundliche Abgrenzung« nennt die Betriebswirtschaftlerin Evi Hartmann die Fähigkeit, Anwürfe sachlich und autonom zu parieren und die Abwärtsspirale einer Konflikteskalation zu unterbrechen.* Dank für einen Vorschlag ist besser als Zurechtweisung und Abgrenzung.

Auf der Führungsebene ist es, wie bereits gesagt, relativ einfach, die Vertrauenskultur zu leben. Aufwendiger ist es, das Unternehmen durch alle Bereiche vertikal damit zu durchdringen. Viele sind es von früheren Arbeitsverhältnissen und von der Schule gewohnt, dass Druck regiert und die Androhung von Sanktionen über den Arbeitsvorgaben schwebt. Menschen fürchten, etwas Falsches zu sagen und dumm dazustehen; sie fürchten Rüffel, Degradierung, Rauswurf.

Schon bei der Einstellung versuchen wir zu vermitteln, dass solche Verhältnisse bei uns nicht herrschen. In Orientierungsgesprächen wollen wir eine Vertrauenskultur säen, in der Lehrlingsausbildung und in jeder Weiterbildung versuchen wir sie zu vertiefen. Deshalb verlassen wir uns auf eine vitale Feedbackkultur unter möglichst flachen hierarchischen Bedingungen. Übt man Kritik, stellt man am besten positive Aspekte voran, um das Selbstvertrauen zu stabilisieren. Wenn die Beschäftigten erleben, dass Feedback nicht dazu da ist, sie runterzumachen, sondern die Sache an sich weiterzubringen, dann können sie es annehmen und das Unter-

---

* Evi Hartmann: Wie viele Sklaven halten Sie? Über Globalisierung und Moral, Campus, Frankfurt/New York, 2016, S. 183.

nehmen wie ein Team erleben – oder auch wie eine Familie, die ihnen Halt gibt. Feedback muss ohnehin immer mit einer wertschätzenden Haltung einhergehen, um die Vertrauenskultur zu stärken.

Es gibt das Modell des *Johari-Fensters,* das Mitte der 1950er-Jahre von amerikanischen Sozialpsychologen entwickelt wurde (*Johari* setzt sich zusammen aus den Vornamen von Joseph Puft und Harry Ingham). Es symbolisiert das Nebeneinander bewusster und unbewusster Persönlichkeits- und Verhaltensmerkmale und eignet sich gut zur Darstellung von Selbst- und Fremdwahrnehmung. Eines der vier Felder des Fensters steht für *das Öffentliche,* das, was der Mensch von sich zeigt, wie er sich darstellt (Erscheinungsbild, Umgangsformen, vorgelebte Werte und Eigenschaften). Ein zweites Feld steht für *das Geheime,* was der Mensch zwar von sich kennt, doch vor anderen verbirgt. Ein drittes Feld steht für *blinde Flecken,* was zwar andere wahrnehmen, nicht jedoch der Betreffende, um den es im Augenblick geht. Durch Feedback werden Aspekte eines Menschen vom blinden Fleck in den Quadranten *des Öffentlichen* verschoben. Geschieht das, kann der Betreffende produktiv damit umgehen. Der vierte Quadrant steht für *das Unbekannte,* was allen unbekannt ist.

Viele Faktoren, die eine Beziehung zwischen Menschen prägen, wurzeln in diesem Bereich. Es braucht die rücksichtsvolle Aufmerksamkeit aller. In einer lebendigen Feedbackkultur lernen alle einander besser verstehen. In einem vertrauensvollen, wertschätzenden, solidarischen Klima hat man die besten Chancen, neues Wissen zu generieren.

Das ethische Ziel bei *Kaiser* besteht nach meinen Vorstellungen darin, sich vor allem zu verneigen, was lebendig und verletzbar ist und nach der Entfaltung seines Potenzials strebt. Dazu gehört auch, sich vor demjenigen zu verneigen, den man zuvor eventuell verletzt und ausgegrenzt hat. Wenn die Beschäftigten in ihren Bedürfnissen und Eigenheiten respektiert werden, können sich Blockaden auflösen und Potenziale entfalten. Allerdings funktioniert das nur mit Sensibilität und Klugheit; die Rezepte einer ökonomischen Theorie sind dabei völlig untauglich. In Wertschätzung beweist sich, ob es mir als Chef nur auf meine Zahlen ankommt oder ob mir das Wohlergehen insgesamt am Herzen liegt.

Wertschätzung und Rücksichtnahme haben gewiss auch Grenzen. Die Schichteinteilung kann schwierig sein, und die Betriebsorganisation ist kein Wunschkonzert. Rücksicht auf eine Person zu nehmen kann zu Belastungen für eine andere führen. In einer kleinen Filiale findet sich leicht jemand, der die Morgenschicht macht, doch für die Nachmittage jemanden zu finden ist wegen fehlender und teurer Betreuungseinrichtungen für Kinder oft schwer. Trotzdem kann man versuchen, möglichst wenig zu verordnen und möglichst viele Einteilungen so vorzunehmen, dass divergierende Interessen ehrlich geäußert, offen abgewogen und ausbalanciert werden.

# Die Bäckerei als Lebensschule

Den folgenden Arbeitsbegriff legen wir unseren Bildungsinstrumenten zugrunde: Arbeit bietet viele Chancen zu reifen. Unternehmen sollten die bestmöglichen Bedingungen dafür einräumen. Ausbildung allein genügt nicht. Wir sollen versuchen, die Beschäftigten in der Weiterentwicklung ihres reflektierten Verhältnisses gegenüber sich und der Welt zu unterstützen. Menschen als Elemente einer Maschinerie in den Betrieb zu stellen ist kein Gewinn. Arbeit soll sich lohnen, nicht bloß finanziell, auch menschlich. Arbeit ist Lebensschule. Wir arbeiten deshalb daran, für die Mitarbeiterinnen und Mitarbeiter aller Bereiche die Angebote zur Weiterbildung so zu gestalten, dass sie ihrer persönlichen Weiterentwicklung dienen. Die Angebote können fachlicher, spiritueller, seelischer, psychologischer Natur sein oder die soziale Kompetenz betreffen. Dass wir von »Instrumenten« sprechen und nicht, wie üblich, von »Maßnahmen«, soll ihren Charakter widerspiegeln: Maßnahmen werden von einem höheren Willen gesetzt. Auf Instrumenten können Menschen spielen.

Ich versuche nun, die Instrumente eines nach dem anderen zu skizzieren: Da ist zunächst die *Grundlagenschulung*. Ihr Ziel ist, dass die Beschäftigten das Unternehmen so gut wie möglich verstehen – die Philosophie, das Leitbild, warum wir bestimmte Dinge so und nicht anders machen.

Die Grundlagenschulung besteht aus vier Modulen: ethische Grundlagen unserer Arbeit und das Leitbild, ökologischer Landbau und unsere Bioland-Bauern, Teige und Backen in unserer Backstube sowie Ernährung, Rohstoffkunde und Produkte. Die Teilnehmer bekommen wesentliche Elemente der Rohstoffe vermittelt, sie lernen Bauern und Mühlen kennen, den Unterschied zwischen bio und konventionell, Wirtschaftsethik, Grundzüge der Unternehmensführung (darunter das Balancemodell). Auch wenn sie nicht in der Bäckerei mitarbeiten und sonst nie mit Teig in Berührung kommen, sollen sie begreifen, dass ein Sauerteig kein träger, fader Matsch ist, sondern etwas sehr Lebendiges, das sich entwickelt. Sie sollen am Beispiel des Teiges verstehen, dass das Leben auf ständiger Verwandlung beruht. Und sie sollen durch Bildungsinhalte, Interaktion und die Art der Kommunikation erkennen, dass sie bei *Kaiser* einem sozialen Organismus angehören, der sie nicht vereinnahmen will, der sie wertschätzt, nicht ausbeuten will und deshalb eine Fülle von Angeboten unterbreitet, die sie annehmen können oder auch nicht.

Die Weiterbildungsangebote sind bewusst niederschwellig gehalten, dennoch zeigen nicht alle Beschäftigten Interesse daran. Von den 290 Mitarbeitenden mit 19 Staatsangehörigkeiten sind schätzungsweise 20 Prozent mit hoher Identifikation und Motivation bei uns tätig. Wir würden uns wünschen, es wäre die Hälfte. Da haben wir noch einiges an Arbeit vor uns.

Einige der aktuell 38 Auszubildenden (Azubis) kommen zu uns, weil sie mehr lernen wollen als anderswo. Einige haben schulische Problemkarrieren und wenig Hoffnung, dass sich die Dinge für sie zum Besseren wenden. Einige kommen aus anderen Bäckereien, in denen sie nicht bleiben wollten. Sie sind es nicht gewohnt, gefragt zu werden. In der *Jugendwerkstatt,* dem zweiten Instrument der Unternehmenspraxis *Arbeit als Lebensschule,* versuchen wir gegenzusteuern, sie aus ihrer Unsicherheit zu lösen, ihre persönlichen Defizite in der Kommunikationskultur auszugleichen, ihnen seelisch und psychisch den Rücken zu stärken. Die Azubis sollen lernen, ihre Bedürfnisse zu formulieren und sich konstruktiv auseinanderzusetzen. Die Jugendwerkstatt wird von einer Bewegungs- und Tanztherapeutin moderiert, um mit ihrer Hilfe nonverbale Kommunikation und soziales Verhalten mittels Körpersprache zu veranschaulichen. Die Azubis sollen sehen, riechen und spüren, was in den jeweiligen Bereichen des Unternehmens und rundherum vor sich geht. Im Rahmen der Jugendwerkstätte sind Besuche auf Schloss Freudenberg, dem *Erfahrungsfeld zur Entfaltung der Sinne und des Denkens,* sehr wichtig. Dort nimmt sich ein Agraringenieur der Azubis an. Alle sollen den gesamten Prozess der Brot- und Gebäckherstellung verstehen, sie haben zumindest einmal in ihrer Ausbildung Getreide gesät und geerntet, egal, ob sie Bäcker, Verkäufer oder Logistiker werden wollen. Daher sind die wichtigen Getreidesorten der letzten Jahrtausende auf kleinen Parzellen angepflanzt, unserem Weizenevolutionsfeld. Dort lässt sich Wachstum an sich studieren und beschreiben. Die Bewegungstherapeutin ermutigt die Azubis, Parallelen zum eigenen Aufwachsen zu ziehen und zu fühlen, was die Beobachtung der Natur in ihnen auslöst.

Naturgemäß kann man bei der Jugendarbeit auch an seine Grenzen stoßen. Wir wollten unseren Azubis etwas Besonderes bieten und luden sie in zwei Gruppen zum Stammtisch ein. Beim ersten Termin war die Stimmung prächtig. Die Kommunikation floss, das Interesse an Sachthemen, am Verstehen und gegenseitigen Kennenlernen war groß. Beim zweiten Termin dagegen lief alles andersrum. Die Teilnehmenden zeigten kein Interesse an den Sachthemen, was uns sehr enttäuschte. So ist das nun mal, wenn Ideale auf die Wirklichkeit treffen.

Ein drittes Instrument des Prinzips *Arbeit als Lebensschule* gehört dem Bereich der *Feedbackkultur* an. Sie läuft darauf hinaus, Entwicklungen über wertschätzende Rückmeldungen anzustoßen. Dazu gehören Dialogfeedback, Teamfeedback und das Orientierungsgespräch. Weil dieses in vielen Unternehmen üblich geworden ist, greife ich es heraus: Idealerweise sollte ein Mitglied der Führungsebene jeden Mitarbeiter, jede Mitarbeiterin (auch die alteingesessenen) einmal pro Jahr dazu einladen. Es wird wertschätzend darüber gesprochen, wie einer auf den anderen wirkt. Fühlt sich die betreffende Person im Unternehmen gewürdigt und wohl? Wird die Führungsebene ihren eigenen Ansprüchen gerecht? Hat sich seit dem letzten Gespräch im Betrieb, in der Selbstwahrnehmung etwas verbessert oder verschlechtert? Zum Positiven, zum Negativen? Was ließe sich besser machen? In den Orientierungsgesprächen verständigen sich die Führungskräfte mit ihren Mitarbeitenden auf persönliche Entwicklungsziele. Wer will, kann Ausbildungsangebote in Anspruch nehmen (Praktika bei befreundeten Unternehmen oder an der von Bernd Kütscher geleiteten Akademie Deutsches Bäckerhandwerk in Weinheim besuchen oder beispielsweise eine systemische Ausbildung belegen).

Ein viertes Instrument betrifft die *Arbeit in den Läden.* Wenn ein Kunde etwas über unser Brot wissen will (zum Beispiel glutenfreies Brot), muss die Verkäuferin belastbare Auskünfte über Rohstoffe, Backprozesse und ge-

215

sundheitliche Aspekte geben können. Wenn sie keine Ahnung hat, soll sie das Selbstvertrauen besitzen, das zuzugeben, ohne sich schlecht zu fühlen. Wir wollen auf jeden Fall vermeiden, dass jemand etwas Falsches sagt. Die Person soll sich an die Zentrale wenden und nachfragen. Kommt der Kunde wieder, weiß sie Bescheid.

Um Kenntnisse und Selbstvertrauen zu stärken und in eine formale Qualifikation zu gießen, die das Verkaufspersonal in ein anderes Arbeitsverhältnis mitnehmen kann, haben wir in unserem Unternehmen das Zertifikat »Fachverkäufer/-in für Biobackwaren« eingeführt. Hinter dem Begriff verbirgt sich ein eigenes Weiterbildungskonzept über biologische Rohstoffe, Sauerteige und Ernährungskunde. Auch physische und mentale Rückenstärkung ist in diesem Ausbildungspaket enthalten. Warum? Wir wollen die Verkäuferinnen in ihrem Selbstvertrauen stärken. Wie die Verkäuferin oder der Verkäufer sich individuell ausdrückt, ist ihre Sache. Auch das gehört zu unserem Menschenbild, niemanden auf die Funktion einzuengen. Natürlich erfüllen sie auch eine Funktion, aber eben so, wie es ihrem Bedürfnis nach Lebendigkeit und Entfaltung entspricht. Auf grundlegende Höflichkeit legen wir natürlich Wert, auf ganz normale gute Umgangsformen. Alle sollen wertschätzend kommunizieren, doch ihren Stolz und ihre Würde verteidigen können.

Wer die einstündige schriftliche und mündliche Schlussprüfung Fachverkäufer/-in für Biobackwaren besteht (wegen der hohen Motivation die allermeisten), bekommt eine Bescheinigung, die belegt, dass sie oder er die Kompetenz zur Kundenberatung nach den neuesten Erkenntnissen der Ökotrophologie, also der Ernährungswissenschaften, des ökologischen Landbaus und der Backtechnik erworben hat. Die Fachkräfte können über die Eigenschaften von Getreidesorten und Drei-Stufen-Sauerteigführung sprechen und darauf eingehen, was *Kaiser* macht oder unterlässt. Sie haben Wissen über den Aufbau eines Weizenkorns, über Allergien und Unverträglichkeiten, ernährungsphysiologische Besonderheiten von Krankheitsbildern und Bio-Zertifizierungen. Bisher haben wir auf diese Weise über 400 Leute in ganz Deutschland ausgebildet. Für die eigene Firma, für Biomärkte und Kollegenbetriebe, die so ähnlich ticken wie wir. Betriebswirtschaftlich betrachtet, müssten wir bei Weitem nicht so viel Geld für Weiterbildung ausgeben. Wir könnten sagen, weniger reicht auch. Hauptsache, alle wissen, was sie zu tun haben, und machen keine Fehler. Doch damit wäre den Menschen nicht gedient. Wir wollen sie anregen weiterzudenken.

Vor zehn Jahren habe ich mit den sogenannten *Führungswerkstätten* begonnen, die ich seither viermal pro Jahr leite. Wir laden dazu Menschen aus unterschiedlichen Berufsfeldern ein: Sozialarbeiter, Künstler, Ärzte, Psychiater, Medienleute, Unternehmer und bis zu drei Führungskräfte aus der eigenen Firma – insgesamt bis zu zwölf Leute. Jede Person bringt ihre Kompetenzen ein, ihre Fragen, Erfahrungen und Beispiele. Diese formulieren wir dann zu »Werkstücken«, die wir im Kreis der Meisterinnen und Meister bearbeiten. Dabei führen wir die unterschiedlichen Erfahrungen mit Führung zusammen und bedienen uns der Instrumente systemischer Arbeit (Aufstellung, Perspektivenwechsel, Rollenspiel).

Vielleicht ist es dieses Prinzip *Arbeit als Lebensschule*, das uns am allerstärksten von anderen Unternehmen unterscheidet.

## Offene Fehlerkultur

Nicht nur zum Handel mit Lifestyle-Produkten (Autos, Mode, Luxus usw.) gehören kleine »Traumfabriken«. Auch der Bereich Lebensmittel arbeitet mit Bildern, die seine Produkte zum Teil »wundervoller« machen, als sie sind. Die wirkungsvollsten Bilder erschafft, wer sich die besten Fotografen oder Kameraleute und die stärkste Inszenierung leisten kann. Also steht die Kuh auf der Alm, und es bimmeln die Glocken, egal, aus welchem Stall der Massentierhaltung die Milch über computergesteuerte Melkmaschinen wirklich kommt. Das »glückliche Schwein« läuft in der Werbung über eine blühende Wiese und kann sogar sprechen wie das Film-Schweinchen Babe; das Gemüse wächst in einem Garten am Alpenhang. Da geht der Bauer ein reifes Feld entlang und streicht mit der Hand über goldene Ähren. Die Bilder der Werbe- und Image-Videos suggerieren, dass ein junger hübscher Mensch sich der Brötchen persönlich annimmt und ein paar Laibe mit einem Holzschieber einzeln aus dem Ofen holt. Die Regale im Geschäft sind immer voller frischer Ware, und der Filialleiter hat Zeit für einen Plausch mit der Kundin. Und kaum kommt Mama heim und legt die Sachen auf den Tisch, kommen die Kinder schon gelaufen und essen das frische Teil.

Nach meiner Überzeugung können Supermarktketten ihre Backwaren aufwendiger bewerben als wir, obwohl Natürlichkeit, Nachhaltigkeit und biologische Produkte nicht in ihrem ureigentlichen Interesse liegen. Die legen keine Bioware in die Regale, weil sie etwas für den Naturschutz tun wollen, sondern weil Nachfrage besteht und weil es gut für das Image ist. Ihre Inszenierungen wirken, auch wenn das Getreide vom Weltmarkt, das rustikale Aussehen vom Zusatzstoff und Teig nur mit Edelstahl in Berührung kam, bevor das Brot in Plastik verschweißt wird.

Im Wettbewerb um die besten Bilder können mittelständische Biobetriebe schwer bestehen. Trotzdem müssen wir uns an Scheinwelten messen lassen, die nur das Schönste und Beste zeigen und das Problematische verschweigen. Wir finden, dass Offenheit zu einer wertschätzenden Kundenbeziehung gehört. Und Wertschätzungen erweist man am besten, indem man sagt, was Sache ist. Wir nennen das: *offene Fehlerkultur*. Damit wollen wir unsere Kundinnen und Kunden in die Vertrauenskultur einbeziehen. Wir wollen in den Läden kommunizieren, was wir gut machen, aber auch, worauf wir nicht stolz sind und was (noch) nicht so läuft, wie wir es gerne hätten.

Vielleicht sind wir zu streng mit uns, vielleicht kommt es in den Augen der Menschen auf dieses oder jenes Detail gar nicht so sehr an; wir wollen aber nicht mit falschen Bildern operieren. Unsere Milch kommt nicht frisch von der Kuh, wir verarbeiten Milchpulver aus Bioland-Beständen im Kuchen. Die Biokürbiskerne beziehen wir aus China (nichts gegen China, doch der Transportweg ist unökologisch). Wir kommunizieren, dass wir ein Work in progress sind und nicht perfekt. Dem idealisierenden Bild von der Oma, die beim Backen daheim die Eier aufschlägt und geschickt das Klar vom Dotter trennt, kann unser Betrieb nicht entsprechen. Das wäre zeitlich nicht zu schaffen. Unsere Kundinnen und Kunden werden aber nicht hinters Licht geführt. Wir bekennen uns zu dem Mangel, Flüssigeier aus Bioland-Beständen zu beziehen.

»Nicht Teige für Maschinen, sondern Brot für Menschen« lautet unser altes Motto. Manche Gäste unserer *Tour entlang der ökologisch und sozial nachhaltigen Wertschöpfungskette* sind daher überrascht, dass es in unserer Biohandwerk-Backstube Maschinen gibt. Sie waren davon ausgegangen, ein großer Biohandwerksbetrieb wäre nur die Multiplikation eines kleinen und würde jeden einzelnen Arbeitsgang mit der Hand vollziehen. Dazu stehen Apparaturen in der Produktion in einem zumindest ästhetischen Widerspruch. Das Entscheidende ist aber nicht, ob ein Mann die Teige abwiegt oder eine Maschine portioniert, was viel schneller geht und vor allem den Rücken der Arbeitenden entlastet.

Man muss immer den gesamten Kulturunterschied zwischen industriellen und handwerklichen Methoden bedenken, wenn man Vergleiche zieht. Die Industrie steckt sich, gelinde gesagt, andere Ziele. Dort geht es um Wachstum und Profitentwicklung. Beides ist nur mit Beschleunigung der Prozesse, möglichst geringem Einsatz von Menschen und billigen Rohstoffen erzielbar. Wenn wir im Handwerksbetrieb Maschinen einsetzen, ist das kein Verrat an der guten Sache. Maschinelle Portionierung und Kühltechniken sind in keiner Weise mit den Backstraßen der Industrie gleichzusetzen. Bei uns wird mit Unterstützung von Maschinen langsam gebacken. Es arbeiten viele Menschen, das Brot wird individuell hergestellt, wir verwenden nur die besten Rohstoffe und leben mit relativ geringer Rendite. Nahezu alle Bäckereien, einschließlich des Biobereichs und der kleinen Landbäckereien, frieren einen Teil der Produkte halb gebacken ein und backen diese dann in den Läden fertig. Warum? Weil es extrem verschiedene Konsumspitzen gibt, die Beschäftigten im Betrieb aber zu Recht geregelte Arbeitszeiten wünschen. Außerdem bringen die Bäcker so mehr Frische bis zum Kunden. Zu Spitzenzeiten, speziell zu Ostern, Weihnachten und verlängerten Wochenenden, könnten sie die dann auftretenden Produktionsspitzen anders nicht bewältigen. Bäcker sind keine Brezel-Roboter, wie sie in der Industrie im Einsatz sind. Unsere Lagerzeiten im Froster sind kurz – einige Tage höchstens und nur bei einigen Produkten.

Dass Frostung von Getreide unbedenklich ist, lässt sich damit belegen, dass in der Globalen Saatenbank auf der norwegischen Insel Spitzbergen am Polarkreis 20 000 Sorten Saatgut aus der ganzen Welt bei minus 18 Grad lagern. Syrien zum Beispiel hat Saatgut aus seinen Beständen zurückgeholt, nachdem im Bürgerkrieg eine Sorte vernichtet worden war. Nicht das Einfrieren ist also problematisch, sondern die Gründe (Masse und Billigkeit um jeden Preis) und Produktionsweisen (Zusatzstoffe), die nur zum Ziel haben, mit niedrigen Herstellungskosten immer größere Marktmacht zu erringen.

Ein kleines Lob des Handwerks, wie ich es verstehe: Handwerk heißt Sorgfalt. Handwerk ist Hingabe. Handarbeit folgt dem Impuls, Dinge so gut machen zu wollen wie nur möglich. Nicht weil einem dies jemand sagt, sondern weil man es von innen heraus will – mit Herz, Hirn und Verstand.

Die meisten kennen das: Man überlegt, ob einem ein Kleidungsstück oder eine Keramik oder ein verpackter Käse zusagt. Was tut man? Man nimmt das Teil zur Hand und befühlt es. Bei den meisten Dingen fehlen uns die

Worte, um auszudrücken, was wir fühlen. Trotzdem *begreifen* wir einen Gegenstand, *erfassen* wir ihn besser als ohne Berührung. Vielleicht bewirkt ein besonderer Kontakt mit einem lebendigen Gegenstand wie dem Teig auch in diesem etwas. Hände sind nicht bloß die ausfahrbaren Greifer des Torsos. Und sind sie nicht häufig dort im Spiel, wo es um die Liebe geht? Auch solche Themen wie die Diskrepanz zwischen idyllischen Vorstellungen und der Realität des Biobäckers stellen wir auf der *Tour entlang der ökologisch und sozial nachhaltigen Wertschöpfungskette* zur Diskussion. Die Wirkung des Taktilen auf die Qualität des Teiges wollen wir in der Backstube erforschen.

Die allermeisten Bäckereien machen um das Thema Retouren einen weiten Bogen, weil es bei den Kundinnen und Kunden nicht gut ankommt. Auch damit gehen wir offensiv um, denn was kann man tun? Paarweck, Dinkelsemmel und Knackfrisches, also die meistverkauften Sorten, müssen bis Ladenschluss verfügbar sein, auch wenn schlussendlich etwas übrig bleibt. Ein Teil landet bei Sozialtafeln, bei Biobauern zum Verfüttern und in der Biogasanlage. Letzteres schmerzt. Aber es ist leider unmöglich, immer genau so viel zu backen, wie über den Ladentisch geht. Wir können und wollen auch keinen Mangel erzeugen, sodass früher oder später die Kundinnen und Kunden vor leeren Regalen stehen. Dann kann man zwar stolz darauf pochen, keinen Überschuss zu produzieren, die Kundschaft wäre aber verärgert und bliebe weg.

# Biolandbau

Die Arbeit von Bauern besteht nicht bloß darin, zu säen und zu ernten, sondern auch ihre Böden zu pflegen. Bioland-Bauern stellen einen gesunden und belebten Boden ins Zentrum ihres Wirtschaftens. Damit gehen sie weit über die EU-Verordnung Ökologischer Landbau hinaus. Ein gesunder Boden und ein weitgehend geschlossener Nährstoffkreislauf auf dem Hof sind die Basis für langfristiges Gedeihen und damit ebenso wichtig wie monetärer Erfolg.

Bioland-Bauern stellen ihren gesamten Betrieb auf ökologischen Anbau um. Denn Boden ist nicht vermehrbar, und ein einmal geschädigter Boden wird nur schwer wieder ein gesunder. Die Mengen an Stickstoffdünger sind begrenzt, Gülle aus konventioneller Tierhaltung und Gärreste aus konventionellen Biogasanlagen sind verboten. Unsere Bauern stärken die Böden gegen Belastungen durch Schadstoffe aus der Umwelt und schützen sie vor den Auswirkungen von Düngemitteln auf die Bodenlebewesen. Und wenn wir bei uns ausschließlich Mehl verarbeiten, das von ökologisch hochwertigen Feldern kommt, ist der gesamten Wertschöpfungskette gedient: der Natur, dem Bauern, dem Müller, dem Bäcker, weil er etwas Organisches verarbeitet, und letztlich den Kundinnen und Kunden, weil alle etwas Gesundes bekommen – gut für den Körper und für das Gewissen.

Immer mehr Biobäckereien experimentieren mit alten Getreidesorten. Das macht nicht nur geschmacklich Sinn, sondern auch wegen des teilweise höheren Gehalts an Eisen, Zink und Selen. Modernes industrielles Getreide wurzelt flach und wächst auf Böden, die im konventionellen Anbau von immer denselben Sorten ausgelaugt sind. Viele können daher nur mit chemischen Düngemitteln den erwarteten Ertrag bringen.

Oft gehen die Auseinandersetzungen darüber, wie groß die gesundheitlichen Risiken moderner Nahrungsmittel und der darin enthaltenen Giftrückstände sind, am Kern vorbei. Da wird zum Beispiel über Grenzwerte gestritten, ohne dass sich schlüssig beweisen ließe, wie viel der Mensch tatsächlich bedenkenlos zu sich nehmen kann. Es gibt harte Kämpfe um die Wissenschaftlichkeit von Experimenten. Konzerne halten ihre Studien unter Verschluss. Viele davon tragen keine Autorennamen, weil sich keine Wissenschaftler daran beteiligen wollen. Umgekehrt werden kritische Studien unabhängiger Institutionen reflexhaft als unwissenschaftlich diffamiert.

Die jahrelange Debatte in Europa über die Gefährdung der Gesundheit durch das Herbizid Glyphosat hat gezeigt, wie fahrlässig ein Konzern mit dem Verdacht der Krebsförderung und Schädigung des Immunsystems umgehen kann. In den USA kam es 2016 zur Anhörung eines Forschungsteams vor einem Ausschuss des amerikanischen Kongresses. Die Wissenschaftlerinnen und Wissenschaftler legten Hinweise vor, dass Pestizide den Stoffwechsel im Gehirn beeinträchtigen (bis hin zu Autismus und Parkinson) und bleibende Störungen des Immunsystems auslösen können (bis hin zu Multipler Sklerose).

In Europa läuft zurzeit eine internationale Studie, die sich mit den Effekten von hormonaktiven Substanzen befasst, die über Nahrungsmittel oder Hautkontakt in den Körper gelangen. Es gibt gute Gründe für die Annahme, dass schon geringste Mengen die Entwicklung eines Kindergehirns beeinträchtigen.

Bei aller wissenschaftlicher Redlichkeit und Genauigkeit ist es dennoch möglich, dass die Forschung zu keinen unbestreitbaren, hundertprozentig sicheren Erkenntnissen kommt, also noch immer eine gewisse Restunsicherheit bleibt, die von den Herstellern der Umweltgifte genutzt werden, um Studien in Bausch und Bogen als nichtig zu erklären. Es kann bei aller Verantwortung der staatlichen und europäischen Stellen auch dazu kommen, dass die Gefahren und Schädigungen durch die Chemiecocktails zwar als eindeutig bewiesen anerkannt werden, es aber dennoch zu keinen Verboten von Umweltgiften kommen wird, da die konventionelle, industrielle Landwirtschaft von den Mitteln abhängig ist und alles in Bewegung setzen wird, um einschneidende Maßnahmen zu verhindern.

Ich glaube an so etwas wie »präventive Verantwortung«. Die Risiken sind zu gravierend und die bekannten und (noch) unbekannten Nebenwirkungen von Giften auf die Natur und über die Nahrungsmittel auf den Menschen zu groß, um diese Gifte einzusetzen. Es geht auch anders, die Alternativen sind bekannt. Wir brauchen eine radikale Neuausrichtung der Förderpolitik hin zu einer rein ökologisch orientierten Landwirtschaft. Wir müssen uns vom System des Raubbaus und der Zerstörung verabschieden. Das wird in der Summe nicht viel mehr kosten, denn auch der Gifteinsatz führt nur zunächst zu geringeren Kosten und mehr Ertrag. Die Folgekosten sind beträchtlich. Sie werden halt nicht vom Agrarbereich, sondern vom Gesundheitssystem getragen. Bienen und andere Insekten verschwinden, Wildtiere verhungern, die Menschen werden krank. Oder ein anderes Beispiel, das von dem Agrarwissenschaftler und Landwirt Felix Prinz zu Löwenstein stammt. Er beziffert die Kosten der Wasserwerke in Frankreich dafür, dass sie Pestizide und Herbizide aus konventionell angebautem Getreide aus dem Trinkwasser filtern, auf 1,5 Milliarden Euro jährlich. Viel Geld, das zur Förderung einer biologischen Landwirtschaft besser eingesetzt wäre.

Das Gegenargument, dass die Menschheit mit ökologischer Landwirtschaft nicht zu ernähren wäre, weil die Ernten zu gering ausfallen, hält einer kritischen Überprüfung nicht stand, wie der Weltagrarrat in seinem Bericht *Landwirtschaft am Scheideweg (Agriculture at a Crossroads)* argumentiert. Der von der Weltbank initiierte Bericht verfolgte das Ziel, Wege aus der Unterernährung und Armut zu weisen. Die Kernbotschaft lautete: Nicht die Steigerung der Produktivität bringt uns weiter, sondern die Verfügbarkeit von Lebensmitteln vor Ort. Kleine Bauern und ihr lokales Umfeld müssen gestärkt werden. Anbauflächen für Lebensmittel in Treibstoffflächen zu verwandeln ist ein grundsätzlich falscher Weg. Gentechnik lenkt das Forschungsinteresse auf patentierbare Produkte, nicht darauf, was der Natur und den Menschen guttut und sozial verträglich ist.

Was die Nahrungsmittelindustrie mit uns anstellt, »ist der größte Feldversuch in der Geschichte der Menschheit«, sagte mir ein Forscher einer staatlichen Lebensmittelbehörde am Rand einer Konferenz im persönlichen Gespräch. Eine amerikanische Forscherin ergänzte, es käme einem Todesurteil für die universitäre Karriere gleich, sich mit den Folgen der Gifte und Zusatzstoffe in Nahrungsmitteln wissenschaftlich auseinanderzusetzen und darüber zu publizieren. Und der Primararzt eines öffentlichen Krankenhauses meinte selbstkritisch, das Leben eines Arztes in seiner Position wäre zu angenehm, um sich mit der Nahrungsmittelindustrie, ihren Anwälten und ihrer Medienmacht anzulegen.

Einzelansichten? Mag sein. Aber warum soll man Pflanzen chemisch düngen, wenn in den Böden so viel Leben ist, das man durch natürliche Stoffe und Zwischenfrüchte, die man zu Düngezwecken unterpflügt, fördern kann? Wir verarbeiten rund 2500 Tonnen Getreide pro Jahr, über sechs Tonnen pro Tag. Auch wenn die Faktenlage eine definitive Wahrheitsfindung oft erschwert, sollten wir, die wir den Menschen Lebensmittel anbieten, uns dem Risiko einer Belastung durch Gifte entschieden verweigern. Auch wenn ich Gesundheitsfragen gänzlich außer Acht lassen würde, wäre die Sachlage allein schon im Hinblick auf die Natur sonnenklar. Deshalb kooperieren wir mit unseren mehr als 55 Biobauern in der engeren und weiteren Region. Deshalb verwenden wir nur natürliche Sorten; wir suchen auch ständig interessante Getreidesorten und testen ihre Backeigenschaften.

Bei den Getreidepreisen orientieren wir uns nicht am Weltmarkt, sondern an den Kosten unserer Bauern. 2018 sind wir eine erweiterte Wertschöpfungspartnerschaft mit der Bioland-Getreideerzeugergemeinschaft für Hessen und Rheinland-Pfalz eingegangen. Wir bezahlen zusätzlich zu den überdurchschnittlichen Preisen einen Bonus, wenn wir unsere Mindestrendite erreichen. Zieht der Preis im nächsten Jahr an, bekommen wir die Ernte etwas günstiger. So ist uns allen mit einigermaßen stabilen Preisen geholfen. In schwierigen Zeiten kommen uns die Bauern mit ihren Preisen erheblich entgegen.

An langfristigen, stabilen Kooperationen liegt uns viel. Wir beziehen von jedem Bauern zwischen vier und 300 Tonnen Getreide pro Jahr – zu rund 75 Prozent von hessischen Betrieben, darunter auch eher seltene Sorten wie Emmer und Einkorn, weil sie besonders schmecken und wir einen Beitrag zur Erhaltung der Artenvielfalt leisten wollen. Roggensorten mit hellen Körnern waren so gut wie verschwunden. Die Getreidezüchtungsforschung Darzau hat einen Lichtkornroggen entwickelt und für den Biolandbau verfügbar gemacht. Brote aus dem Mehl des Lichtkornroggens sind heller und lockerer, als man es von anderen Roggensorten gewöhnt ist.

Von der Gentechnikindustrie wird immer behauptet, sie alleine wäre in der Lage, Ernährungssicherheit zu gewährleisten und eine wachsende Weltbevölkerung versorgen zu können. Eine einfache, anschauliche Zahl dazu: Nur 43 Prozent des Getreides dient als Nahrungsmittel. 57 Prozent wird zu Tierfutter (wegen des wachsenden Bedarfs an billigem Fleisch aus der Massentierhaltung), Biokraftstoff und Industrierohstoffen verarbeitet. Wo bitte geht es hier um Ernährungssicherheit? Eine nachhaltige, ökologische Landwirtschaft kann laut dem Welt-Agrarbericht von 2008 die Menschheit ernähren – ohne chemische Belastungen. Man müsste bloß die Verschwendung reduzieren, Tierfütterung und Tierhaltung ändern und den Fleischkonsum reduzieren. Ökologische Anbaumethoden laugen die Böden weniger aus und bauen Humus auf, statt ihn abzubauen. Das Getreide ist robuster gegen Krankheiten und Wetterkapriolen, außerdem hat es mehr Mineralstoffe. Das Argument, eine weniger ertragreiche ökologische Landwirtschaft würde mehr agrarische Flächen erfordern, stimmt also nur, insoweit wir weiter hinnehmen, dass Anbauflächen für Lebensmittel zur Gewinnung von Treibstoff und Tierfutter verwandelt werden.

Allerdings gibt es Ausnahmejahre, in denen selbst die stärksten Sorten so ungünstigen Wetterlagen ausgesetzt sind, dass die Qualität auch beim besten Boden und bei der besten Anbauweise nicht stimmt. 2017 war so ein Jahr beim Roggen. In Hessen gab es einen Totalausfall. In Süddeutschland passten Qualität und Quantität im Großen und Ganzen, doch dort brauchte man die gesamte Ernte für die regionale Produktion. Wir haben in Mitteldeutschland von unseren 55 Bioland-Bauern gekauft, was sie hatten. Da weder Menge noch Backfähigkeit ausreichend gegeben waren, mussten wir 15 Prozent unseres Bedarfs an hochwertigem Roggen aus dem europäischen Ausland zukaufen. Die schwächere Qualität des heimischen Roggens haben wir mit der höheren Stärke des ausländischen Mehls (zum Beispiel von unseren befreundeten spanischen Partnern) veredelt.

Für uns bedeutet Regionalität, das Getreide möglichst nah einzukaufen, die Lieferanten persönlich zu kennen, ein Vertrauensverhältnis zu ihnen aufzubauen und über lange Zeiträume zu pflegen. Zu kommunizieren, dass das nicht immer gelingt, ist Teil unserer offenen Fehlerkultur.

Auch wenn es nicht den Erwartungen der Kundinnen und Kunden entspricht, muss gesagt werden: Regionalität, absolut gesetzt, ist ein schönes, ehrliches Bedürfnis, aber nicht durchgehend erreichbar. Sie ist bei guten Ernten in der Region nur mit viel Aufwand, bei schlechten Ernten unmöglich umsetzbar. Natürlich versucht ein Biobetrieb, Transportwege kurz zu halten und Kosten zu sparen, aber was soll man machen, wenn es regional nicht genug backfähigen Dinkel gibt oder die Weizenernte schwach ausfällt? Keine Brötchen mehr backen?

## Ethische Investitionsentscheidungen

Falko Ahrendt hat bei uns die Bäckerlehre gemacht und einige Jahre im Betrieb gearbeitet. Er stieg aus, um an der Uni zu studieren. Jetzt arbeitet er als freier Architekt bei uns in der Planung und Konzeptentwicklung eines für uns großen Projekts: der Erweiterung der Produktionsstätte in Mainz-Kastel.

Quantitative und qualitative Ansprüche gehen Hand und Hand. Wir brauchen dringend mehr Platz zum Arbeiten, und wir passen das Architektonische der sozialen und ökologischen Planung an. Für die Ökologie tätigen wir große technologische Investitionen: Fotovoltaik reduziert den Strombedarf in der Produktion derzeit um bis zu 20 Prozent. In der nächsten Ausbaustufe wird das Brauchwasser über Wärmerückgewinnung aus der Kälteanlage und bei weiterem Bedarf durch Rauchgaswärmetauscher erhitzt.

Als Investitionen im sozialen Bereich schaffen wir neuartige Räume für die Beschäftigten – Räume, die einladen, im Betrieb auf andere Gedanken zu kommen, sich zu entspannen oder zu konzentrieren. Wir schaffen einen *Raum für das Lernen,* eine Bibliothek mit iPads, Laptops und wichtigen Büchern auf dem Feld der Psychologie, Soziologie, Spiritualität und Backkunst. Dieser Raum soll dem fachlichen Interesse, dem Studium, dem Wissen, der Erfindung gewidmet sein.

Und wir schaffen einen *Raum für die Seele,* einen Ort zum Entspannen. Hier sollen die Beschäftigten einfach mal loslassen und sich in sich selbst vertiefen können, meditieren, Musik hören auf der Klangliege – wie es ihnen lieber ist. Wir wollen den Betrieb so organisieren, dass das zwei-, dreimal in der Woche für jeden eine halbe Stunde lang möglich ist, setzen uns aber eine Stunde pro Tag zum Ziel (noch wissen wir nicht, wie sich das ökonomisch machen lässt). Unser Plan unterscheidet sich vom Silent Room der Technologiefirmen im Silicon Valley darin, dass es uns nicht darum geht, die Leistungen der Kolleginnen und Kollegen durch solche Angebote zu optimieren.

Darüber hinaus wird es einen *Raum für den Körper* geben. Bäcker ist ein den Rücken stark belastender Beruf. Daher haben wir länger schon einmal die Woche einen Physiotherapeuten im Betrieb, den die Beschäftigten der Produktion während der Arbeitszeit konsultieren können. Er wendet die Alexander-Technik an, um Verspannungen zu lösen, Schmerzen zu lindern und körperliche Fehlhaltungen, die aus einseitigen Belastungen resultieren, zu erkennen. Der Unterricht erfolgt in einem fast meditativen Tempo, bei dem sich der Schüler ähnlich wie bei der Feldenkrais-Methode kleiner Bewegungs- und Haltungsunterschiede bewusst wird. Der Therapeut begleitet die Beschäftigten an ihren Arbeitsplatz, beobachtet ihre Haltungen und Bewegungen, erkennt, was sie belastet und verspannt, und versucht korrigierend einzugreifen, damit die natürlichen Bewegungsmuster wiedererlangt werden können. In vielen

Musik- und Schauspielschulen des angloamerikanischen Raumes ist die Alexander-Technik Teil des Ausbildungsprogramms, um das Beziehungsgeflecht von äußeren und inneren Haltungen zu studieren. Dieses Angebot gilt für alle im Unternehmen.

Das Prinzip ethischer Investitionen ist einfach: Jede Investitionsentscheidung soll den Beschäftigten, dem Produkt und der Rendite in etwa gleichermaßen förderlich sein. Bringt die Investition eine Arbeitsplatzverbesserung? Wird die Qualität unserer Produkte verfeinert? Wirkt sie sich mittelfristig positiv auf die Rendite aus? All diesen Fragen müssen wir uns offen stellen, um die richtige Balance im Unternehmen zu fördern.

Meditation, Yoga, Tai-Chi, Feldenkrais, Massagen, Klangliege, *KaiserPedia* – auch einen Tischkicker haben wir. Alles läuft darauf hinaus, die klassische Vorstellung aufzulösen, während der Arbeitszeit müsse es um die Arbeit und in der Freizeit dürfe es um die Erholung gehen. Wir wollen versuchen, Regeneration schon im Arbeitszeitraum beginnen zu lassen. In den sozialethischen Bereich fällt auch, bei finanziellen Engpässen auszuhelfen. Einen Kleinkredit beantragen kann bei der Bank aufwendig und teuer sein, falls er gewährt wird. Deshalb vergeben wir manchmal rasch und unbürokratisch Darlehen. Beispielsweise wenn eine Kaution gestellt werden muss, eine außertourliche Zahnarztrechnung oder Steuerschulden zu berappen sind. Auch wenn ein Mitarbeitender von Pfändung bedroht ist, leihen wir Geld. Unter freiwillige soziale Leistungen fällt auch Unterstützung beim E-Bike-Leasing, das der Staat über Steuervergütungen fördert. Und es ist weniger kostspielig, als man vermutet, Direktversicherungen für die Beschäftigten abzuschließen, eine steuerlich geförderte private Altersvorsorge, die das Unternehmen bezuschusst.

Gewinne machen die Wertsteigerung eines Unternehmens aus, doch Arbeitende bringen ihre Lebenszeit ein. Was hat mehr Gewicht? Gewinn oder Lebenszeit? Natürlich sollen Gesellschafter Geld sehen als Verzinsung ihres Einsatzes. Sie dürfen aber keinen unbotmäßigen Vorteil gegenüber den Beschäftigten genießen. Daher rechnen wir mit einer niedrigen Gewinnmarge von vier bis acht Prozent. Ab vier Prozent werden Anteile daraus an die Mitarbeiter und Bauern ausbezahlt. Vom Rest schütten wir maximal 30 Prozent an die Eigentümerinnen und Eigentümer aus. In den nächsten Jahren wird alles, was über die notwendigen vier Prozent hinausgeht, in die ethische Entwicklung und in die Wertschöpfungskette gesteckt werden.

Künftig werden alle in der Wertschöpfungskette das Angebot bekommen, sich am Unternehmen selbst zu beteiligen. Wenn sie Interesse haben, können Beschäftigte, Zulieferer, Kundinnen und Kunden Miteigentümer von *Kaiser* werden. Doch selbst da sehen wir noch nicht unsere Grenzen ethischen Investierens. Wir dehnen die Wertschöpfungskette auf die Natur aus, weil sie die elementarsten Beiträge dazu leistet. Wir sagen: Ein Bienenvolk ist ein Rechtssubjekt und gehört geschützt, weil es Arbeit für unsere Lebensmittelversorgung erbringt. Daher treffen wir juristische Vorbereitungen, um Bienenvölker und Naturlandschaften zu Rechtssubjekten zu machen. Wenn wir die Menschen mit unseren Argumenten und Zielen berühren, werden die Kundinnen und Kunden sehen, dass wir mit unseren Gewinnen sozialen und ökologischen Nutzen schaffen.

Bis jetzt sind wir als Unternehmen beständig gewachsen. Die Frage ist nun: Wann haben wir die ideale Größe erreicht? Der seelische Maßstab dafür ist, ob es mit unseren ethischen Vorstellungen emotional durchdrungen werden kann. Es muss unser Ziel sein, mit der Wachstumslogik zu brechen. Zu wachsen wie ein Baum sollte unser Bestreben sein.

Auch eine Bäckerei erreicht – wie der Baum – irgendwann seine ideale Größe (unser Kaufmännischer Leiter Jörg Hanika nimmt sich dieses Themas besonders an). Wie können wir unsere Größe stabilisieren? Wir müssen Kostensteigerungen verkraften, Kundenvertrauen binden, die Marke stärken. Wir leben in einer Ökonomie, in der eine mittelständische Bäckerei jährliche Kostensteigerungen von 1,7 bis 2 Prozent verkraften muss. Rohstoffpreise steigen langfristig, Aus-, Weiterbildungs-, Energie- und Technikkosten addieren sich, Löhne und Abgaben steigen laufend. Die betrieblichen Abläufe lassen sich nicht immerfort optimieren. Leistungsdruck auf die Mitarbeiterinnen und Mitarbeiter oder Preisdruck auf die Zulieferer auszuüben ist keine Option. Bleibt also nur, die Preise neu zu strukturieren. Manche Produkte bleiben gleich, andere werden teurer. Aber ziehen die Kundinnen und Kunden da mit – und was muss man als Unternehmen leisten, damit sie das tun?

## Wissen und handeln

In der Vergangenheit hat ein durch den Club of Rome
(»Grenzen des Wachstums«), Wackersdorf, Gorleben,
Tschernobyl, BSE, Fukushima und Bienensterben ge-
weckter Zeitgeist dem Bio- und Ökobereich Schubkraft
verliehen. Das Gesundheitsbewusstsein hat zugenom-
men, es erstreckt sich nicht allein auf den eigenen Körper. Biobrot wird nicht nur als Wert an sich und als gesund angesehen, sondern auch als vitalisierend und einer
Lebenseinstellung entsprechend. Bei der Entscheidung,
wo die Menschen ihr Brot kaufen, spielt die Lage der Läden die größte Rolle. Brot zu kaufen soll keinen besonderen Zeitaufwand erfordern. Qualität und Preis-Leistungs-
Verhältnis stehen laut unserer Kundenbefragung an
zweiter Stelle – ein Bereich also, in den Genuss, Ökologie
und Kosten fallen. Werte wie lange Teigführung, Handarbeit, Regionalität, Zusammenarbeit mit Bauern im
Rhein-Main-Gebiet, Ablehnung künstlicher Konservie-
rungsstoffe, Frische und das Prinzip der Achtsamkeit im
Umgang mit Ressourcen, Mitarbeitenden und Partnern
kommen am besten an. Mit unserem tollen Ausbildungs-
programm für Lehrlinge (Kompetenzsteigerung, körperliche, psychische Rückenstärkung) punkten wir unseren
Erfahrungen nach bisher kaum. Es ist uns ein großes
praktisches und ethisches Anliegen, den ökologischen
Bereich im Unternehmen weiterzuentwickeln und den
sozialen auszubauen. Wir wollen zusätzlich zur Öko-
und Gesundheitsmarke auch eine soziale Marke werden,
um das Wohlbefinden zu steigern und den Ansatz »Arbeitszeit als Lebenszeit« zu stärken. An der Konzeption

arbeiten 16 Beschäftigte aus allen Unternehmensbereichen – mit Unterstützung renommierter Kulturwissenschaftler/-innen. Wir wollen versuchen, die Kundinnen und Kunden einzuladen, sich von den Qualitäten einer ökologischen und sozialethischen Balance zu überzeugen, sie als Wert zu erkennen, dem sie sich durch ihre Konsumentscheidungen anschließen können. Aber kann das gelingen? Was sagt die Forschung?

Laut einer 2014 veröffentlichten Studie des Bundesministeriums für Bildung und Forschung haben sich »nachhaltige Konsummuster noch nicht entscheidend durchgesetzt«. Der Hamburger Designer Carsten Buck berichtet in seinem Buch *Zombie Design* von einer australisch-britischen Studie, deren Autoren zu dem Schluss kamen, »dass der ›ethische Konsument‹ in den Rang eines modernen Ökomythos gerückt sei«. Bedürfnisse nach ökologisch und sozial korrekten Waren blieben im Bereich der Absichten befangen. Leitend im Konsumverhalten wären sie kaum. Buck schlägt daher vor, »grüne Produkte besser als Innovationen und nicht als Statussymbole moralischer Überlegenheit« zu vermarkten.

Aber wie verträgt sich das damit: Gemäß dem früheren Konzernvorstand der Otto Group Timm Homann ist »ethischer Konsum [...] im Alltag der Menschen angekommen«. Auch während der Finanzkrise konnte er sich behaupten. Der *Otto Trendstudie* zufolge kaufte 2009 jeder vierte Befragte häufig Produkte, die ethisch korrekt hergestellt wurden, 2011 waren es 41 Prozent, 2013 hat sich diese Zahl auf 56 Prozent erhöht. »Der Vertrauensverlust in der Bevölkerung steigerte die Sehnsucht nach Fair Play. [...] Die Einsicht, dass die Umwelt nicht ausgebeutet werden sollte, wurde ergänzt um die Einsicht, dass man soziale Beziehungen nicht ausbeuten sollte.«

Stimmen beide Perspektiven – die skeptische und die optimistische *irgendwie?* Geben die Menschen wirklich unterschiedliche Antworten, je nachdem, ob sie sich als Konsumenten oder als Bürger angesprochen fühlen? Studien in Europa und Nordamerika kommen auf Zustimmungsraten von 90 Prozent für ökologische Anliegen. Mehr als zwei Drittel der Europäerinnen und Europäer halten sich für aufmerksam Konsumierende. Sie sind strikt gegen Kinderarbeit, gegen Massentierhaltung und für regionale Landwirtschaft. Doch im Geschäft oder online entscheiden sie anders. Jedes Sonderangebot ist eine Einladung an die Konsumenten, primär an sich zu denken und nicht daran, mit welchen Opfern an Integrität, Würde, Gerechtigkeit der Entlohnung und Unversehrtheit von Körper und Natur ein günstigerer Preis zustande kommt. Wer von den Arbeitsbedingungen im Niedriglohnsektor hört, ist zunächst entsetzt, nutzt aber schon morgen seine Dienstleistungen wieder. Fast alle Menschen sind für Tierschutz, trotzdem kaufen die meisten das Fleisch aus der Massentierhaltung. Das Bewusstsein wäre ja da, es leitet das Verhalten aber nur zu einem gewissen Grad an. Alle wissen, dass die Arbeitsbedingungen bei Amazon miserabel sind. Trotzdem kaufen so viele ihre Bücher dort und nicht in der Buchhandlung ein paar Straßen weiter.

Sind die Menschen zu faul, das Richtige zu tun? Ist es so, wie der Forscher Stefan Bergheim von der Denkfabrik Zentrum für gesellschaftlichen Fortschritt meint, dass wir nur »von Zeit zu Zeit einen Stupser [brauchen], um unsere Konsumgewohnheiten zu hinterfragen, eine

Erinnerung an das, was wir eigentlich schon wissen«? Oder müssen wir resignierend zur Kenntnis nehmen, dass ohnehin nur ein kleiner Prozentsatz motivierter Menschen willens ist, komplexere Überlegungen anzustellen, und sich ökonomisch in der Lage sieht, Mehrkosten aufzuwenden? Wird es bis auf Weiteres also doch nichts mit einer Veredelung des Konsumverhaltens auf breiter Linie? Werden Unternehmen, die ethische Investitionsentscheidungen tätigen, von den Kunden im Regen stehen gelassen? Kann man es sich als Unternehmer leisten, zu tun, was man für richtig und notwendig erachtet?

Die Menschen kommen weder wegen unserer sozialen Investitionsentscheidungen noch wegen unserer einzigartigen Ausbildungskonzepte zu *Kaiser,* sondern weil die Läden schön, ihre Lage günstig, die Produkte besonders gut und preislich angemessen sind.

Viele beantworten Wertefragen so, wie sie es für sozial angebracht halten. Sie sehen sich als große Freunde fairen Handels – theoretisch. »Gekreuzelt wird gemäß sozialer Erwünschtheit«, hieß es in einem Hörfunk-Beitrag auf Bayern 2. Die Leute merken zwar, dass zwischen ihrem Denken und Handeln eine Diskrepanz herrscht, doch statt schärfer zu reflektieren und Pläne für ein anderes Handeln zu entwerfen, schieben sie die Schuld lieber auf die Unternehmen, die den Unterschied nicht deutlich genug machen. In vielen Bereichen mag das gerechtfertigt sein, etwa im Elektroniksektor. Der Lebensmittelsektor ist in Angebot und Deklaration aber fortschrittlicher. Trotzdem werden die Angebote nur begrenzt genutzt. Vielen fiele es nicht im Traum ein, ein paar Euro mehr für den Tageseinkauf auszugeben. Oder sie sagen: »Die betrügen uns sowieso alle.« Aber das stimmt nicht. Die allermeisten Angaben sind zutreffend. Es gibt genügend Informationsquellen für Einkäufe, die man guten Gewissens tätigen kann. Beispielsweise den *Nachhaltigen Warenkorb* (kostenlos im Internet und als Broschüre). Er ist verständlich formuliert, übersichtlich nach Themen gegliedert (Essen und Trinken, Mode und Kosmetik, Energie und Elektronik, Shoppen und online bestellen, nachhaltige Investments …), und man wird nicht von Infos erschlagen.

Menschen sind keine Ego-Monster. Ich glaube, immer mehr haben Sehnsucht nach Respekt und Fairness. Da liegen noch große kommunikative Aufgaben vor uns. Gut sein und richtig handeln zu wollen kann ein Element des Eigennutz-Komplexes werden. Stärken wir es medial, in der Werbung, auf der Ebene der Bewusstseinsbildung und in der Kommunikation in sozialen Netzwerken und Peergroups. Stärken wir es mit unserer persönlichen Glaubwürdigkeit.

Für unsere sozialen Ideen wollen wir einladen, inspirieren und begeistern. Die jetzt neu entwickelte Marke soll das geteilte Wissen gewährleisten, dass es an einem Ort wie dem Kaiser-Laden und an vielen, vielen anderen Orten Gutes gibt – nicht nur manifestiert in Brot und Kuchen, sondern ebenso in sozialen Maßnahmen. Die Menschen können gewiss sein, mit ihrem Einkauf ein sinnvolles Netzwerk zu stützen, und müssen sich keine Sorgen machen, der Natur Schaden zugefügt zu haben. Unmittelbar spüren sie die höhere Qualität, den besseren Geschmack und fühlen sich nach einem frischen *Bios*-Sandwich körperlich wohler, als wenn sie in Plastik eingeschweißte Tramezzini gegessen hätten, die mit Antischimmelmittel und Konservierungsstoffen für eine Woche haltbar gemacht wurden. Am stärksten motiviert der persönliche Vorteil. Ethischer Konsum ist immer noch »Konsum für mich« und daher ein Akt der Selbstverbesserung. Also muss ein Unternehmen Begeisterung auslösen.

Das Feld der Konsumkultur ist eine riesige Baustelle, zu der allen der Plan fehlt. Aber so ist das Leben, so ist die Wirtschaft: ein beständiges Ausbalancieren. Tief drinnen sehnen sich viele nach einer besseren Welt, schätzen aber die Macht des eigenen Beitrages gering ein. Vielleicht braucht es wirklich bloß stärkere Anstöße, die Macht auf die Probe zu stellen. Uns muss es als Unternehmen gelingen, die bessere Praxis transparenter darzustellen und Handlungsanreize zu schaffen: Es geht ja doch, es zahlt sich aus, es fühlt sich gut an. Denn die »Produktion kann ausgelagert werden, Moral nicht«, wie Evi Hartmann es formuliert.

Greifen wir die Kette der Verstrickungen noch einmal auf: Der Neoliberalismus hat zur Machtkonzentration geführt (1995 hatten die 100 größten börsennotierten Konzerne den 31-fachen Marktwert der 2000 kleinsten, 2015 den 7000-fachen Wert). Die Ideale der alternativen Milieus der 1970er- und 1980er-Jahre, die Befreiung von Zwängen und Selbstentfaltung zum Ziel hatten, wurden von Ideen der radikalen Eigenverantwortung des Neoliberalismus vereinnahmt und von der Deregulierung in der Wirtschaft begleitet – am radikalsten in der Finanzbranche. Beide gehen so gut Hand in Hand, dass es schwierig ist, sich gegen den Neoliberalismus zu wehren, wie die Soziologin Greta Wagner von der Goethe-Universität Frankfurt in einer TV-Diskussion betonte. Eingriffsmöglichkeiten und Gestaltungsspielräume der Politik wurden laufend verringert, was einen Vertrauensverlust in die politischen Institutionen zur Folge hatte (bei gleichzeitigem Anstieg des Vertrauens in NGOs). Parallel wurde immer mehr Verantwortung »privatisiert«. Wir alle haben verstanden, dass wir Mittäter sind (Stichwort: Klimawandel), und wollen das teils nicht wahrhaben beziehungsweise eine Verhaltensänderung wahr machen, teils fühlen wir uns einfluss- und machtlos. Wie können wir uns aus diesen Verstrickungen befreien?

Ich schlage vor, vom Gewissen auszugehen. Wir können in den Genuss der Gewissheit kommen, nicht nur das Richtige für unsere eigene Gesundheit zu tun, sondern das Richtige für die Gesundheit der Welt und das Wohlergehen der Menschen – wie und wo immer wir an den Prozessen der Produktion und Verteilung teilnehmen. Wir können als Unternehmen den Konsumenten die ethische Sicherheit einer sozialen Marke gewährleisten. Unsere Bedürfnisse nach Identifikation lassen sich erfüllen. Ethischer Konsum steigert die Lebensqualität seelisch. Betriebe wie unserer können den Menschen das gute Gefühl geben, dass sie sich auf ihren Bäcker verlassen können. In einer offenen Fehlerkultur kommunizieren wir, was wir noch nicht so toll machen. Niemand ist perfekt, doch das allermeiste bekommen wir nahezu optimal hin.

## Beobachtung und Intuition

Der Kundenkreis für Biobrot hat sich stark verändert. Früher kamen die Hippies, Allergiker, Ökos und Freaks ins Geschäft, heute die sportliche Mittelschicht, Geschäftsfrauen, Studierende, Menschen mit ethischem Bewusstsein. Früher war die Kundschaft für Bioprodukte eher esoterisch drauf, heute ist sie pragmatisch. Dem entspricht auch die Wahrnehmung der Produkte. Kuchen früher: trocken und bröselig. Kuchen heute: saftig und frisch. Aber wie geht es weiter? Und wie finden wir das heraus?

Von den Rahmendaten der Marktforschung lassen sich Interessenlagen, Werthaltungen, Präferenzen ableiten. Der Nachteil von Marktforschung: Sie misst einen Istzustand mit Blick auf die Vergangenheit. Marktentwicklung ist aber nichts Lineares. Man kann keine Schnur ziehen von der Vergangenheit zur Gegenwart und schlussfolgern, was in drei Jahren los sein wird. Märkte verändern sich sprunghaft und chaotisch. Es braucht nur einen wirtschaftlichen Einbruch zu geben, einen Krieg, einen Skandal, einen Boykott, und schon werden frische Vorsätze von heute zu Schnee von gestern. Besser ist, man übt sich in der Kunst des freien Denkens.

Für mich sind die drei wichtigsten Quellen für das Ausmachen künftiger Entwicklungen klar: Erstens die *Beobachtung des Umfeldes,* die Recherche, hinzuschauen, was sich ringsum tut. Zweitens *die Sensorien jedes Einzelnen im Team,* der Austausch, die Gruppendynamik, die gemeinsame Fokussierung und Kommunikationsfähigkeit. Alle tragen ihre Gedanken hinein in eine Vertrauenskultur, in der man auch Blödsinn sagen darf. Die dritte Quelle ist *die Innenschau*, das Loslassen, um eine Gefühlswelt aufzuspüren, wie die Dinge in drei Jahren sein könnten, ohne dass sie jetzt sichtbar sind. Es geht darum, dem Erahnen Raum zu geben. Freies Denken heißt auch, sich der Einsamkeit auszusetzen, da man dort, wohin man geht, zunächst allein ist und den Kontakt zum Bekannten verliert. Doch wird man reich belohnt. Wenn sich Intuition und Werte mit Mut und Vertrauen in das kulturelle Umfeld verbünden, kann nicht viel schiefgehen. Dann stellen sich vorausblickend stimmige Bilder der Zukunft ein. Meditation kann dabei hilfreich sein.

Um die soziale Ebene und Teamarbeit zu fördern, haben wir das *Junge Kaiser-Team* ins Leben gerufen – eine Denk- und Wahrnehmungswerkstatt für interessierte Nachwuchskräfte, die das Unternehmen in Zukunft steuern sollen. Sie diskutieren ethische Fragen, die Unternehmensentwicklung, Weiterbildungskonzepte, Führungsfragen, intuitive Wahrnehmungskompetenz oder den Umgang mit der Digitalisierung des Alltags. Wie könnte das Unternehmen in Zukunft strukturiert und abgesichert sein? Das *Junge Kaiser-Team* handelt eigenständig. Es soll das sichere Terrain des Bewährten verlassen und Gedankenräume betreten, in denen noch keiner war. Ein Musiktherapeut steht dem Team bei, um die Leute emotional zu öffnen, Perspektivenwechsel und Intuition anzuregen. Neben alltagstauglichen Konzepten diskutieren sie auch über komplexere Dinge: *Kaiser* hat die Zahl der Mitarbeitenden seit 2009 fast verdoppelt. Jetzt sind wir viel stärker IT-gebunden. Das macht es schwieriger, das familiäre Klima zu erhalten. Wie kann die biologische

Handwerksbäckerei der Zukunft aussehen? Wie lässt sich ein künftiges Berufsbild zwischen Handwerk, Klischee und Industrie gestalten? Der Biobäcker von morgen sollte als Produzent in einer Manufaktur mit technischen Hilfsmitteln und handwerklichem Geschick eine Mengenleistung erbringen können, ohne dass er sich kaputtmacht. Heute müssen manche Bäcker mehrere Tonnen täglich bewegen. Ist das wirklich nötig? Oder gibt es ausgefeilte Technologien, die man sich zunutze machen könnte? Ich würde mir wirklich wünschen, dass der Bäcker einen Beruf hat, den er von 17 bis 67 Jahren ausüben kann, ohne sich körperlich zu verschleißen oder geistig und seelisch zu erlahmen. Die kleine Bäckerei, in der ein, zwei Leute nachts im Schweiße ihres Angesichtes backen, hat meines Erachtens kaum eine Überlebenschance. Einzelkämpfer in allen Ehren! Wer das will und schafft, wird immer besondere Qualitäten produzieren und seine ganz individuelle Chance nutzen können. Aber schon mit ein paar Angestellten ist das kein Zukunftsmodell. Ich kenne Bäcker, die wollen keine Shops mehr, die wollen lieber Selbstbedienungsregale im großen Handel bestücken. Wie kann sich ein Mittelbetrieb zwischen den kleinsten und größten Strukturen positionieren?

Mir liegt die Aufwertung des Berufs sehr am Herzen. Die Mitarbeitenden sollen etwas von Produkt- und Potenzialmanagement verstehen, nicht allein die Schulungsleiterinnen. In einer ineinandergreifenden Organisation sollen die Menschen permanent lernen, sodass sich die Arbeit als Lebensschule anfühlt.

## Briefe aus der Zukunft

Ich hatte zuvor schon die *Briefe aus der Zukunft* erwähnt: Mitarbeiterinnen und Mitarbeiter schreiben aus dem Jahr 2030 und imaginieren, wie sich das Unternehmen in den 2020er-Jahren entwickelt hat. Für uns ist das Teil des Projekts, möglichst viele, die dies wollen, an der Beseelung des Unternehmens zu beteiligen.

Was kam in den Briefen zurück? Das Unternehmen soll in eine Genossenschaft verwandelt werden, bei der alle Stationen entlang der Wertschöpfungskette vertreten sind – was auch zu einem besonderen Wir-Gefühl in der gesamten Kette führen würde. Die Zentrale wäre dann nur noch Dienstleisterin für die verschiedenen Filialen, die einzelnen *Kaiserreiche*. Innovationsfreude wäre künftig in die Gene des Unternehmens eingeschrieben, auch wenn die jetzige Führungsgarde in Pension ist und nur noch hie und da zum Consulting kommt. Es soll ein eigenes Schulungszentrum mit täglichen Kursen geben, in dem auch Beratung und Workshops von Personen aus psychosozialen Berufen angeboten werden. Eine Charta der Standards für Mitarbeiter und Kooperationspartner soll vorliegen, in der festgelegt ist, was bio & fair für *Kaiser* bedeutet.

Einige wünschten sich mehr Kopf- und weniger Handarbeit, weniger formale Hierarchie, nur noch Kompetenzhierarchien. Neue Arbeitszeitmodelle und mehr Arbeitszeitflexibilität sind ein Thema sowie verbesserte Absprachen und noch mehr Teamgeist. Verständlicherweise wäre eine klimatisierte Backstube viel angenehmer sowie alles, was die körperlichen Anstrengungen verringert und die maximale Hebe- und Tragelast auf 20 Kilo reduziert. Manche Bäckerinnen und Bäcker der zentralen Produktion würden dann und wann gerne in einer Filiale stehen und dort unsere Produkte verkaufen. Und in der Verwaltung bekämen einige lieber weniger E-Mails. Es sollte nach Ansicht einiger Mitarbeiterinnen und Mitarbeiter bis 2030 ein Monitoring von Lohnspreizung und Ungleichverteilung in den Einkommen nach Geschlechtern verwirklicht sein. Ein Solidartopf zur Unterstützung von in Not geratenen KollegInnen wird gewünscht, ein Betriebskindergarten und die Förderung von *Kaiser*-Kindern.

Einige Projektionen betreffen die Aufwertung des Bäckerberufes an sich; er sollte so begehrt sein, dass viele junge Leute und vor allem mehr Frauen unbedingt in unserer Branche arbeiten wollen. Die Grundhaltung einiger Kollegen sollte sich ändern:  Nicht sagen: »Das geht nicht«, sondern die Frage stellen: »Was müssen wir tun, damit es geht?« Nicht nur unsere Arbeitsplätze, auch unsere Produkte sollten noch beliebter werden. Die Menschen sollen aus einem höheren Gesundheitsbewusstsein heraus Brot kaufen, alle sollen unser Brot wollen. In der Zentrale möchten manche weniger Produkte herstellen, dafür mehr Produkte in den Filialen (keine Showbäckereien, sondern Schaubäckereien). Und es möge mehr Snacks und auch ein Catering mit Bioprodukten geben.

Zusätzlich zur Fotovoltaik- soll eine Windkraftanlage aufs Dach, um irgendwann 100 Prozent $CO_2$-neutral zu produzieren. Und zum Standing von *Kaiser* im Jahr 2030: Das Unternehmen ist im gesamten deutschen Sprachraum bekannt und eine Begegnungsstätte für alle geworden, die sich im Ökobereich betätigen.

Das ist eine ganze Menge an Veränderungen, die unsere Mitarbeiterinnen und Mitarbeiter in ihren Briefen aus der Zukunft wünschen. Ich will noch einen Punkt hinzufügen, der mir besonders wichtig ist: Ich empfinde es als skandalös und entwürdigend, dass Bauern von den Preisen, die sie für ihre Produkte bekommen, nicht leben können und auf Subventionen angewiesen sind. Ich wünsche mir in meinem Brief aus der Zukunft in aller Dringlichkeit faire Preise für die Landwirtschaft. Dann kann sich die Europäische Union ihre Agrarsubventionen sparen und das viele Geld stattdessen in den Klimaschutz stecken.

Damit einhergehen muss ein neues, vertieftes Preisbewusstsein der Konsumentinnen und Konsumenten hinsichtlich Qualität und Quantität. Individuelle Produkte in Bioqualität sind etwas teurer als konventionelle Massenware. Dafür gibt es viele Gründe: Slow Baking braucht Zeit, es macht Arbeit, und die Rohstoffe im Biobereich kosten allesamt mehr, weil die Erträge etwas geringer sind. Doch Tatsache bleibt: Am Ende bezahlt immer jemand – oder etwas – für die Differenz: die Natur durch Schädigungen von Böden, Tieren und Wasserqualität, die Beschäftigten in der Bäckerei und im Handel durch schlechtere Arbeitsverhältnisse und/oder letztendlich die Konsumentinnen und Konsumenten durch schwächere Qualität. Etwas mehr zu bezahlen lohnt sich also auf vielfältige Weise. Das schafft ein gutes Gefühl.

# 7

## *Bäcker aller Länder*

Am Ende jedes Jahres halte ich innere Rückschau und frage mich, was ich unternehmerisch und privat anders machen würde, wenn ich über unbegrenzte Finanzmittel verfügte. Während solcher Überlegungen stellt sich heraus, dass sich fast alles davon ohne unbegrenzte Finanzmittel verwirklichen lässt. In Wahrheit geht es nur darum, mit starkem Willen, Achtsamkeit und Gefühl einen als richtig erfassten Weg zu gehen.

Der inneren Rückschau können gefühlte Ausblicke folgen. Man stelle sich vor, man wüsste genau, wie lange man noch lebt: fünf Jahre, ein Jahr, ein halbes, einen Monat. Man kennt sogar sein Sterbedatum. Wie würde man die verbleibende Zeit verbringen? Was hätte Wert, noch getan zu werden – und warum genau das? Verbittert man, oder öffnet man sich dem Schönen? Wer die Begrenztheit seiner Lebenszeit verinnerlicht, widmet sich meiner Erfahrung nach nicht der Rendite, sondern der Liebe, den Lieben, der Natur, dem Licht, den Ideen und Verhältnissen, die Bestand haben.

Ich bin überzeugt, dass Unternehmen sich von der Konkurrenzphilosophie lösen und einer Kooperationsphilosophie zuwenden sollten. Dazu ein kurzer Blick auf die Statistik: Von 2010 bis 2016 sank die Zahl der Bäcker-Meisterbetriebe in Deutschland von fast 20 000 auf unter 12 000 (vor 60 Jahren gab es in der BRD noch 55 000 Meisterbetriebe). Man kann wohl zu Recht von einem

Bäckersterben sprechen. Die kleinen verschwinden, die mittelgroßen kämpfen ums Überleben. Die ganz großen, die Aufbäcker und Industriebäcker etablieren Filialen und Verkaufsstellen.

Meiner Philosophie zufolge ist ein Konkurrenzverhalten, das die Verdrängung anderer zum Ziel hat, ungesund. Ich will *konkurrenzlos* sein und trete an, mit Betrieben, die die Grundidee teilen, zu kooperieren, statt zu konkurrieren. Denn immer wenn ein Biohandwerk-Backbetrieb zusperrt, bedeutet das eine Schwächung des gesamten Sektors. Manchmal gehe ich daher als Berater in Betriebe, mit denen die *Kaiser Biobäckerei* dasselbe Feld beackert. Bäcker, die wie wir *Alnatura* beliefern, schicken ihre Führungskräfte in meine Führungswerkstatt. Viele Kolleginnen und Kollegen sind so wie ich der Ansicht, dass wir einander brauchen, dass es zu unserem Vorteil und zum Wohle der Gesellschaft ist, wenn wir die Unterscheidbarkeit verschiedener Betriebe im Biobereich gewährleisten. Durch Kooperation des Unterschiedlichen wollen wir Win-win-Situationen schaffen und uns aus der Nimmersatt-Kultur ausklinken. Kooperation ist menschlich, und die Forschung gibt uns recht.

Der Molekularbiologe Joachim Bauer fasste seine Kernthese über das *Prinzip Menschlichkeit* rund um die FUTURE-Konferenz 2017 so zusammen: »Wir Menschen sind nicht primär auf Egoismus und Konkurrenzdenken eingestellt, sondern auf Kooperation und Resonanz. Anerkennung, Zuwendung und Vertrauen sind der neurobiologische Treibstoff der Motivationssysteme.« Ein gutes Miteinander wird vom Gehirn belohnt, indem es Botenstoffe aussendet, die uns ein Gefühl von Wohlbefinden bescheren. Nichts motiviert mehr als gute zwischenmenschliche Beziehungen, Zuwendung, Wertschätzung, Liebe und ein gelungenes Werk. Darin liegt ein wesentliches Element erfolgreichen Unternehmertums. Eine simple Tatsache, die in zahllosen Betrieben wenig Beachtung findet.

Schauen wir noch einmal zur Tanzfläche: Auch auf Geschäftsreisen lasse ich kaum eine Gelegenheit aus, zur Milonga zu gehen. Das machen viele begeisterte Tänzerinnen und Tänzer des Tango Argentino so. Deshalb begegnet man dort immer wieder Leuten, die man von anderswoher kennt – jemanden aus Bad Soden trifft man in Tel Aviv, und man tanzt mit einer Bekannten aus Salzburg in Berlin.

Etwas Ähnliches wie diese »Tango-Internationale« würde mir für den Bäckerberuf vorschweben – ein Netzwerk von Bäckern in ihrer Unterschiedlichkeit. Ich fände es wunderbar und für alle Seiten profitabel, wenn unsere Azubis Erfahrungen bei befreundeten Bäckern gewinnen. Azubis und Meister aus Deutschland könnten zum philosophischen Richard Bourdon nach Massachusetts fliegen, sich von ihm inspirieren lassen oder von dem erfinderischen, hochgradig engagierten österreichischen Meister Helmut Gragger, der nicht nur wundervolles Brot backt, sondern auch einen Solarbackofen für Afrika entwickelt hat. Und wenn einer unserer Gesellen erfahren will, wie es sich anfühlt, als Einzelgänger eine kleine Backstube zu betreiben, dann sollte er mal eine Woche lang bei Dieter Smolle im 7. Wiener Gemeindebezirk aushelfen und sehen, wie der sich organisiert. Südkoreanische, malaysische oder japanische Gesellen könnten für einige Zeit zu *Kaiser* kommen – oder unsere Gesellen arbeiten und lernen einige Monate lang in Ostasien und lösen sich dabei von überkommenen Vorstellungen, wie und was Brot ist. Christophe Vasseur, der in seiner wunderschönen Bäckerei *Du Pain et Des Idées* (Von Brot und Ideen) in Paris seine außergewöhnlich dicken Krusten des *Pain des Amis* backt, könnte eine seiner Beschäftigten zu Georg Öfferl und Lukas Uhl ins niederösterreichische Weinviertel schicken, um zu sehen, wie die ihre *Madame Crusto* hinbekommen (und umgekehrt). Wir könnten uns alle mal im *Café himmelgrün* in Augsburg bei Bäcker Schubert treffen und gemeinsam mit einigen Kolleginnen und Kollegen von *Back Bord* aus Bochum Überlegungen über Lokalkonzepte austauschen. In vielen Ländern gibt es fantastische Bäckerinnen und Bäcker, die einander stärken könnten.

Wir sollten die reisenden Meister früherer Jahrhunderte wieder einführen, um Rezepte und ethische Wertvorstellungen auszutauschen. Im Sinne von *Bäcker aller Länder vereinigt euch* könnten wir der Globalisierung der Waren und Dienstleistungen eine Globalisierung der guten Ideen entgegensetzen – bei der Qualität der Lebensmittel, beim Vertrieb, bei den Kooperationsmodellen mit den Bauern. Zusammen haben wir die Chance, ein neues Berufsbild für Bäckerinnen und Bäcker zu schaffen. Und unsere Kundinnen und Kunden können spüren, dass sie Teil einer guten Sache sind. Die Erfahrung, die ich in den letzten Jahren mit zunehmender Etablierung gemacht habe, ist wesentlich die, dass Teilen das Herz und die Seele stärkt.

Silicon Valley gilt als Synonym großer Innovationen. Wir können auch von hier aus Anstifter großer Veränderungen sein – in ökologischer, sozialer und ethischer Hinsicht etwa. Der Beruf des Handwerks- und Biobäckers eignet sich besonders gut dafür. Schließlich liegt Brot seit Jahrtausenden im Zentrum der menschlichen Kultur. Bäckereien können Kulturträger sein, aufrichtig und authentisch, kreativ und inspirierend, wohltuend, liebenswert und engagiert. Machen wir Brot so, dass es zum Symbol eines gedeihlichen Umgangs mit Mensch und Natur wird. Wir backen täglich frisch, und wir können den vielen Menschen, die zu uns kommen, ein Modell von Wirtschaft vor Augen führen, in dem nur das ökonomisch ist, was das Leben an sich fördert. Ein Modell, das sich auf andere Arbeitswelten und auf die Gesellschaft übertragen lässt.

Beginnen wir in der Backstube damit, Markt, Wirtschaft und Unternehmen in Zukunft besser gebacken zu kriegen.

Ein spannender Selbstversuch, den Widerspruch zwischen
Konsum, Ökologie und Ethik zu überwinden.

*Petra Pinzler & Günther Wessel*

# Vier fürs Klima

## Wie unsere Familie versucht, $CO_2$-neutral zu leben

»Wir sind die Guten. Dachten wir. Und wer das glaubt, hört
mit dem Nachdenken schnell auf. Bis wir unseren ökologischen Fußabdruck ermittelten – und feststellten: Auch wir
sind am Klimawandel schuld. Wollen wir den Temperaturan-
stieg auf zwei Grad beschränken, müssen auch wir unseren
$CO_2$-Verbrauch reduzieren. Wie aber geht das, wie lebt es sich
damit? Ist der eingelagerte Bioapfel klimafreundlicher als der
aus Chile? Schwein oder Rind? Flugzeug oder Auto?«

Eine vierköpfige Familie hat es versucht: klimafreundlich
zu leben und gute Kompromisse im Alltag zu finden. Sie hat
recherchiert und ein Haushaltsbuch der Klimasünden geführt.
In diesem unterhaltsamen Bericht ihres Selbstversuches erzählt sie, was geht und was nicht. Was wirklich wirkt. Was
Spaß macht. Und um welche Erfahrungen sie reicher geworden sind.

»Gute Kompromisse im Alltag suchen, die für alle praktikabel
sind und dabei mehr Spaß machen als Verzicht erfordern – ein
sympathischer, lebensnaher Selbstversuch.«    *WWF Magazin*